论,墨子重视感性认识的经验,强调认识始于接知,终于恕知。他说:"恕也者,以其知论物,而其知之也著,若明。"(《经说上》)提出了认识由感性认识到理性认识的阶段性。同时还提出了作为认识真理准则的"三表",《墨子·非命上》云:"何谓三表?子墨子言曰:有本之者,有原之者,有用之者。于何本之?上本之古者圣王之事。于何原之?下原察百姓耳目之实。于何用之?废以为刑政,观其中国家百姓人民之利。此所谓言有三表也。"就是说对理论或观点(即"言")的检验既要依据历史经验,也要体察实际情况和人民群众的经验,还要施之实践,看它最终效果如何,即用实践来检验,看其是否符合国家百姓人民的利益。墨子对他提出的兼爱、非攻、尚贤、尚同等十论在《墨子》一书中基本都运用了三表这一原则来进行检验。墨子在逻辑学上也有较大成就,逻辑学墨子称之为辩学,晋鲁胜曾这样评价墨子的辩学,他说:"墨子著书,作《辩经》以立名本,惠孙、公孙龙祖其学,以正刑名显于世。孟子非墨子,其辩言正词则与墨同。荀卿、庄周等皆非毁名家,而不能易其论也。"墨家学派同时在军事学、工程学、力学、几何学、光学上也都有相当研究和贡献,先秦的科学技术成就大都赖《墨子》以传。

现存《墨子》一书,为墨子自著和其弟子记述的墨子言论两部分所组成。《汉书·艺文志》云:"《墨子》七十一篇。"由于汉代独尊儒术,墨子之说逐渐式微,加上汉末及魏晋兵乱,七十一篇已散逸不全,且淆乱已甚。《隋书·经籍志》云:"《墨子》十五卷,目一卷。"未说明篇数。《中兴馆阁书目》和《玉海》云:"《墨子》十五卷,自《亲士》至《杂守》为六十一篇。"较《汉志》已缺十篇。到清代,编辑《四库全书》时,《墨子》已仅存五十三篇,且由于编简的脱烂和抄写刊刻的讹误,以致不少篇章文字颠倒错误,不可卒读。乾隆时,卢文弨、孙星衍互校此书,略有端绪。乾隆四十七年(1782)至四十八年(1783),

毕沅在卢、孙二人所校《墨子》的基础上，"遍览唐宋类书、古今传注所引，正其讹谬，又以知闻疏通其惑"，《墨子》一书始得可读。以后，孙诒让在清儒前贤考释校注《墨子》的基础上，作《墨子间诂》，对《墨子》作了系统详尽的校注。

毕沅注《墨子》，灵岩山馆曾刻之，后浙江书局汇刻《二十二子》，取灵岩山馆本为底本覆刻。毕刻原本今已难觅，这次标点以浙江书局《二十二子》本为底本，除明显的注文错误径改外，余皆依原本不作改动。

目　录

1

叙

毕 沅

　　《墨子》七十一篇，见《汉·艺文志》。隋以来为十五卷，目一卷，见《隋·经籍志》。宋亡九篇，为六十一篇，见《中兴馆阁书目》。实六十三篇，后又亡十篇，为五十三篇，即今本也。本存《道藏》中，缺宋讳字，知即宋本。又三卷一本，即《亲士》至《尚同》十三篇，宋王应麟、陈振孙等仅见此本。有乐台注，见郑樵《通志·艺文略》，今亡。案《通典》言兵有守拒法，而不引《墨子·备城门》诸篇，《玉海》云《后汉书注》引《墨子·备突篇》，《诗正义》引《墨子·备冲篇》，似亦未见全书，疑其失坠久也。今上开四库馆，求天下遗书，有两江总督采进本。谨案亦与此本同。自此本以外，有明刻本，其字少见，皆以意改，无《经》上、下及《备城门》等篇，盖无足观。墨书传述甚少，得毋以孟子之言，转多古言古字。先是仁和卢学士文弨、阳湖孙明经星衍互校此书，略有端绪。沅始集其成，因遍览唐宋类书、古今传注所引，正其讹谬，又以知闻疏通其惑。自乾隆壬寅八月至癸卯十月，逾一岁而书成。

　　世之讥墨子以其节葬、非儒说。墨者既以节葬为夏法，特非周制，儒者弗用之；非儒则由墨氏弟子尊其师之过，其

1

称孔子讳及诸毁词,是非翟之言也。案他篇亦称孔子,亦称仲尼,又以为孔子言亦当而不可易,是翟未尝非孔。孔子之言多见《论语》、《家语》及他纬书、传注,亦无斥墨词。至孟子始云"能言距杨、墨者,圣人之徒",又云"杨、墨之道不息,孔子之道不著"。盖必当时为墨学者流为横议,或类《非儒篇》所说,孟子始嫉之。故《韩非子·显学》云:"墨离为三,取舍相反不同,而皆自谓真孔墨。"韩愈云:"辩生于末学,各务售其师之说,非二师之道本然。"其知此也。今惟《亲士》、《修身》及《经上》、《经下》疑翟自著,余篇称"子墨子",《耕柱篇》并称"子禽子",则是门人小子记录所闻,以是古书不可忽也。且其《鲁问篇》曰:"凡入国,必择务而从事焉。国家昏乱,则语之尚贤、尚同;国家贫,则语之节用、节葬;国家憙音湛湎,则语之非乐、非命;国家淫僻无礼,则语之尊天、事鬼;国家务夺侵凌,则语之兼爱。"是亦通达经权,不可訾议。又其《备城门》诸篇,皆古兵家言,有实用焉。

书称中山诸国亡于燕、代、胡、貉之间,考中山之灭在赵惠文王四年,当周赧王二十年,则翟实六国时人,至周末犹存。故《史记》云:"或曰并孔子时,或曰在其后。"班固亦云:"在孔子后。"司马贞按:《别录》云:'墨子书有文子。文子,子夏之弟子,问于墨子。'如此,则墨子者在七十子后。"李善引《抱朴子》亦云:"孔子时人,或云在其后。"今按其人在七十子后。若《史记·邹阳传》,邹阳曰:"宋信子罕之计而囚墨翟。"司马贞云:"《汉书》作'子冉'。不知子冉是何人。文颖曰:'子冉,子罕也。'《荀卿传》云:'墨翟,孔子时人,或云在孔子后。'又襄公二十九年《左传》'宋饥,子罕请出粟'。时孔子适八岁,则墨翟与子罕不得相辈,或以子冉为是。"不知如何也。又《文选》亦作"子冉",注云:"文子曰:'子罕也。'冉,音任。善曰:未详。"沉亦不能定其时事。又司马迁、班固以为翟宋大夫,葛洪以为宋人者,以《公输篇》有为宋守之事。高诱注《吕氏春秋》以为鲁人,则是楚鲁阳,汉南阳县在鲁山之阳,本书多有鲁阳文君问答,又亟称楚四竟,非鲁、卫之鲁,不可不察也。

先秦之书,字少假借,后乃偏旁相益。若本书"源流"之字作"原",一又作"源";"金以溢为名"之字作"益",一又作"镒";"四竟"之字作"竟",一又作"境"。皆传写者乱之,非旧文。乃若"贼㪍百姓"之为"杀"字古文,"遂而不反"合于"遂亡"之训,"关叔"之即"管叔",实足以证声音文字训诂之学,好古者幸存其旧云。如其疏略,以俟敏求君子。

乾隆四十八年,岁在昭阳单阏涂月,叙于西安节署之环香阁。

第一卷

亲　士[1]

　　入国而不存其士，则亡国矣。见贤而不急，则缓其君矣。非贤无急，非士无与虑国；缓贤忘士，而能以其国存者，未曾有也。

　　[1]《众经音义》云："《仓颉篇》曰：亲，爱也，近也。"《说文解字》云："士，从一，从十。孔子曰：推十合一为士。"《玉篇》云："《传》曰：通古今，辩不然，谓之士。"此与《修身篇》无称"子墨子云"，疑翟所著也。

　　昔者文公出走而正[1]天下，桓公去国而霸诸侯，越王勾践遇吴王之丑而尚摄中国之贤君[2]。三子之能达名成功于天下也，皆于其国抑而大丑也[3]。太上无败[4]，其次败而有以成，此之谓用民。

　　[1]读如"征"。
　　[2]尚与上通。摄，合也，谓合诸侯。郭璞注《尔雅》云："聂，合。"摄同聂。
　　[3]犹曰"安其大丑"。《广雅》云："抑，安也。"
　　[4]李善《文选注》云："河上公注《老子》云：太上，谓太古无名之君也。"

1

墨 子

　　吾闻之曰:"非无安居也,我无安心也;非无足财也,我无足心也[1]。"是故君子自难而易彼[2],众人自易而难彼。君子进不败其志,内不[3]究其情[4];虽杂庸民,终无怨心[5]。彼有自信者也。是故为其所难者,必得其所欲焉;未闻为其所欲,而免其所恶者也。是故逼臣伤君,谄下伤上[6]。君必有弗弗之臣,上必有诤诤之下[7]。分议者延延,而支苟[8]者诤诤,焉可以长生保国。

　　[1] 言不肯苟安,如好利之不知足。

　　[2] 言自处于难,即躬自厚而薄责人之义。

　　[3] 旧脱此字,据上文增。

　　[4] 疚、究同,犹云内省不疚。

　　[5] 言遗佚不怨。

　　[6] 言佞人病国,与逼臣同。

　　[7]《礼记》云:"言容诤诤。"郑君注云:"教令严也。"《说文》云:"论讼也。"《玉篇》云:"鱼格切。"

　　[8] 二字疑误。

　　臣下重其爵位而不言,近臣则喑[1],远臣则唫[2],怨结于民心。谄谀在侧,善议障塞,则国危矣。桀、纣不以其无天下之士邪?杀其身而丧天下。故曰:归国宝[3],不若献贤而进士。

　　[1] 当为"瘖"。《说文》云:"瘖,不能言也。""喑,宋、齐谓儿泣不止曰喑",非此义。《玉篇》云:"瘖,於深切,不能言。""喑,於金、於甘二切,啼极无声也",则作喑亦是。

[2]与"噤"音义同。《史记》蒯通曰："吟而不言。"《索隐》云："吟，音户荫反，又音琴。"

[3]归，读如"齐人归女乐"之归。

今有五锥，此其铦[1]，铦者必先挫；有五刀，此其错[2]，错者必先靡[3]。是以甘井近竭，招木[4]近伐[5]，灵龟近灼，神蛇近暴[6]。是故比干之殪，其抗也；孟贲之杀，其勇也；西施之沉，其美也；吴起之裂，其事也[7]。故彼人者，寡不死其所长。故曰：太盛难守也。

[1]《史记集解》云："徐广曰：思廉反。骃案：《汉书音义》曰：铦，谓利。"

[2]言磨错之利。

[3]挫、靡为韵，靡字麻声。

[4]招与乔音相近。

[5]竭、伐为韵。

[6]灼、暴为韵。

[7]谓事功。

故虽有贤君，不爱无功之臣；虽有慈父，不爱无益之子。是故不胜其任而处其位，非此位之人也；不胜其爵而处其禄，非此禄之主也。良弓难张，然可以及高入深；良马难乘，然可以任重致远；良才难令，然可以致君见尊。是故江河不恶小谷之满己也，故能大。圣人者，事无辞也，物无违也，故能为天下器。是故江河之水，非一水之源也[1]；千镒之裘[2]，非一狐之白也。夫恶有同方取不取同而已者乎[3]？

盖非兼王之道也。是故天地不昭昭，大水不潦潦[4]，大火不燎燎，王德不尧尧者[5]。

[1] 旧云"非一源也"，据《初学记》。江引此增二字，裘引此与旧同。《艺文类聚》引作"非一水之源"，《北堂书钞》引作"非一源之水"。古无源字。本书《修身》云"原浊者流不清"，只作原。此类俗写乱之，非旧文也。

[2] 镒，从金，俗写。本书《贵义》云"侍女以千益"，只作"益"。《文选注》云："贾逵《国语注》曰：一溢二十四两。"《汉书·食货志》云："黄金以溢为名。"孟康曰："二十两为溢也。"

[3] 恶，读如乌。言圣人之与士同方相合，犹江河同源相得，乌有不取诸此而自止者。

[4] 《说文》云："潦，雨大貌。"然此义与明了同。《老子》云："水至清则无鱼也。"

[5] 《说文》云："尧，高也。从垚在兀上，高远也。"《白虎通》云："尧，犹峣峣，至高之貌。"

乃千人之长也，其直如矢，其平如砥，不足以覆万物。是故溪陕者速涸[1]，逝浅者速竭，硗埆者[2]其地不育；王者淳泽不出宫中，则不能流国矣。

[1] 《说文》云："涸，渴也。"读若"狐貂"之貂。

[2] 硗埆当为"硗确"，磐石也，见《说文》。俗写以土。何休《公羊学》曰："硗确不生五谷。"

修　身^[1]

　　君子战虽有陈,而勇为本焉;丧虽有礼,而哀为本焉;士虽有学,而行为本焉。是故置本不安者,无务丰末;近者不亲,无务来远;亲戚不附,无务外交;事无终始,无务多业;举物而暗,无务博闻。

　　[1] 修治之字从彡,从肉者脩脯字,经典假借多用此。

　　是故先王之治天下也,必察迩来远。君子察迩而迩修者也。见不修行^[1],见毁^[2],而反之身者也,此以怨省而行修矣。潜慝之言^[3],无入于耳;批扞之声^[4],无出之口;杀伤人之孩^[5],无存之心。虽有诋讦之民^[6],无所依矣。

　　[1] 句。
　　[2] 句。
　　[3] 《玉篇》云:"慝,他得切,恶也。"经典多此字。古只作"匿"。
　　[4] 《说文》云:"扞,忮也。"《玉篇》云:"扞,古安切,又胡旦切,扰也。"
　　[5] 当读如"根荄"。
　　[6] 《说文》云:"诋,诃也;讦,面相斥罪也。"《玉篇》云:"诋,都礼切;讦,居谒切。攻人之阴私也。"

　　故君子力事日强,愿欲日逾,设壮^[1]日盛。君子之道也，贫则见廉，富则见义[2]，生则见爱，死则见哀；四行者不可虚假，反之身者也。藏于心者，无以竭爱；动于身者，无以竭恭；出于口者，无以竭驯。畅之四支，接之肌肤，华发隳[3]颠而犹弗舍者，其唯圣人乎！

[1] 疑作"饰庄"。

[2] 字当为"羛"，《说文》云："墨翟书义从弗。"则汉时本如此。今书义字，皆俗改也。

[3] 字当为"堕"。

志不强者，智不达；言不信者，行不果[1]；据财不能以分人者，不足与友；守道不笃，遍物不博，辩是非不察者，不足与游；本不固者，末必幾[2]；雄[3]而不修者，其后必惰；原浊者，流不清；行不信者，名必耗[4]。名不徒生，而誉不自长。功成名遂，名誉不可虚假，反之身者也。务言而缓行，虽辩必不听；多力而伐功，虽劳必不图。慧者心辩而不繁说，多力而不伐功，此以名誉扬天下。言无务为多，而务为智；无务为文，而务为察。故彼[5]智无察，在身而情，反其路者也[6]。善无主于心者不留，行莫辩于身者不立；名不可简而成也，誉不可巧而立也，君子以身戴行者也。思利寻焉[7]，忘名忽焉，可以为士于天下者，未尝有也。

[1]《文选注》云："许君注《淮南子》云：果，成也。"

[2]《广雅》云："幾，微也。"或禾字之假音，《说文》云："禾，木之曲头，不能上也。"

〔3〕雄,犹勇。

〔4〕旧从耒,非。《玉篇》云:"耗,可到切,减也,败也。《诗》云:耗致下土。又云:耗正作耗。"

〔5〕当为"非"。

〔6〕言非智无察,则所欲反其道。《说文》云:"情,人之阴气有欲者。"

〔7〕寻,习。

所　染[1]

子墨子言，见染丝者而叹，曰：染于苍则苍，染于黄则黄。所入者变，其色亦变；五入必[2]而已则[3]为五色矣[4]。故染不可不慎也！

[1]《吕氏春秋》有《当染篇》，文略同。
[2]一本无此字。
[3]《吕氏春秋》无此字。
[4]《后汉书注》引作"五入之则为五色"，《太平御览》引作"五入则为五色"。

非独染丝然也，国亦有染[1]。舜染于许由、伯阳[2]，禹染于皋陶、伯益，汤染于伊尹、仲虺，武王染于太公、周公。此四王者所染当，故王天下，立为天子，功名蔽天地。举天下之仁义显人，必称此四王者。

[1]《太平御览》、吴淑《事类赋》俱作"治国亦然"，又节文。
[2]高诱注《吕氏春秋》云："伯阳盖老子也，舜时师之者也。"杨倞注《荀子》云："老子姓李，字伯阳，号聃，著书五千言。"案：此云舜染，则非聃也。

夏桀染于干辛[1]、推哆[2]，殷纣染于崇侯、恶来，厉王染于厉公长父[3]、荣夷终[4]，幽王染于傅公夷、蔡[5]公穀[6]。此四王者所染不当，故国残身死，为天下僇[7]。举天下不义辱人，必称四王者。

[1]《吕氏春秋》云："夏桀染于羊辛。"又《慎大》云："桀为无道，干莘任威，陵轹诸侯，以及兆民。"高诱曰："干辛，桀之谀臣。"《说苑》云："桀用干莘。"班固《古今人表》云："干辛、崇侯，与之为恶则行。"《表》又作"干莘"，同《说苑》。

[2]本书《明鬼》云："王手禽推哆大戏。"下又云："推哆大戏，主别兕虎，指画杀人。"《古今人表》作"雅侈"。

[3]《吕氏春秋》"厉"作"虢"，云"虢、荣二卿士"。

[4]一本作"公"，《史记》云："厉王好利，近荣夷公。"

[5]一本作"祭"。

[6]《吕氏春秋》作"虢公鼓、祭公敦"。

[7]此"戮"字假音。

齐桓染于管仲、鲍叔，晋文染于舅犯、高偃[1]，楚庄染于孙叔、沈尹[2]，吴阖闾染于伍员、文义[3]，越句践染于范蠡、大夫种[4]。此五君所染当，故霸诸侯，功名传于后世。

[1]未详。《吕氏春秋》"高"作"郤"，疑当为"郤"。晋有郤氏。

[2]《吕氏春秋》作"沈尹蒸"。又《赞贤》有沈尹茎，楚庄王欲以为令尹，沈尹茎辞曰：期思之鄙人有孙叔敖者，圣人也。又《尊师》云："楚庄师孙叔敖、沈申巫。"高诱曰："沈县大夫。"《新序》作"沈尹竺"。案：申、尹，茎、巫、竺，皆字之误。

[3]《吕氏春秋·尊师》云："吴王阖闾师伍子胥、文之仪。"高诱曰："文，氏；之仪，名。"案：彼有之字者，如庾公差，《孟子》云"之斯"；专诸，《史记》云"设诸"，音之缓急。

　　[4] 高诱注《吕氏春秋》云："大夫种，文氏，字子禽，楚之邹人。"

　　范吉射染于长柳朔、王胜[1]，中行寅染于籍秦、高彊[2]，吴夫差染于王孙雄[3]、太宰嚭[4]，知伯摇[5]染于智国、张武，中山尚染于魏义、偃长[6]，宋康染于唐鞅、佃不礼[7]。此六君者所染不当，故国家[8]残亡，身为刑戮，宗庙破灭，绝无后类，君臣离散，民人流亡。举天下之贪暴苛扰者[9]。必称此六君也。

　　[1]《吕氏春秋》"长"作"张"，"胜"作"生"字。高诱注云："吉射，晋范献子鞅之子，昭子也。张柳朔、王生二人者，吉射家臣也。"
　　[2]《吕氏春秋》作"黄籍秦"，非。高诱注云："寅，晋大夫中行穆子之子，荀子也。黄籍秦、高彊，其家臣。高彊，齐子尾之子，奔晋，为中行氏之臣。"《史记索隐》云："《系本》：籍秦，晋大夫籍游之孙，籍谈之子。"
　　[3] 旧误作"雒"。
　　[4] 高诱注《吕氏春秋》云："嚭，晋伯宗之孙，楚州黎之子。"
　　[5] 一本作"瑶"。
　　[6]《吕氏春秋》作"榱"，高诱注云："尚，魏公子牟之后，魏得中山以邑之。义、长，其二臣。"
　　[7]《吕氏春秋》"佃"作"田"，是；"礼"作"裡"，误。
　　[8]《吕氏春秋》作"皆"。
　　[9] 扰，"犪"字之误，经典通用此。

　　凡君之所以安者，何也？ 以其行理也。行理性于染当[1]。故善为君者，劳于论人，而佚于治官；不能为君者，伤形费神，愁心劳意，然国逾危，身逾辱。此六君者，非不重其国、爱其身也，以不知要故也。不知要者，所染不当也。

[1] 性，当为"生"。一本作"在"，误。

非独国有染也，士亦有染。其友皆好仁义，淳谨畏令，则家日益，身日安，名日荣，处官得其理矣[1]，则段干木[2]、禽子[3]、傅说之徒是也。其友皆好矜奋，创作比周，则家日损，身日危，名日辱，处官失其理矣，则子西、易牙、竖刀之徒是也[4]。《诗》曰："必择所堪[5]"、"必谨所堪"者，此之谓也。

[1] 理，犹治。
[2] 《吕氏春秋》云："田子方学于子夏、段干木。"
[3] 《吕氏春秋》云："禽滑釐学于墨子，许犯学于禽滑釐。"此称禽子，则墨子门人小子之文矣。
[4] 《经》、《传》或作"竖貂"，此作"刀"者，貂省文。旧作"刁"，非。《玉篇》云："刀，丁幺切，亦姓，俗作刁。"
[5] 堪，当为"媅"字假音。

法 仪[1]

子墨子曰：天下从事者，不可以无法仪；无法仪而其事能成者，无有。虽至士之为将相者，皆有法；虽至百工从事者，亦皆有法。百工为方以矩，为圆以规，直以绳，正以县[2]。无巧工、不巧工，皆以此五者为法。巧者能中之[3]；不巧者虽不能中，放依以从事[4]，犹逾己[5]。故百工从事，皆有法所度。今大者治天下，其次治大国，而无法所度，此不若百工辩也[6]。

[1] 法，《说文》云："灋，刑也，平之如水，从水、廌，所以触不直者去之。法，今文省。"此借为法度之义。仪，义如浑天仪之仪。《说文》云："权，干也。"仪与权音相近。又《说文》云："仪，度也。"亦通。

[2] 此"县挂"正字。

[3] 《史记索隐》云："《仓颉篇》云：中，得也。"

[4] 《说文》云："仿，相似也。"放与仿同。

[5] 犹胜于己。

[6] 《说文》云："辩，治也。"

然则奚以为治法而可？当皆法其父母，奚若[1]？天下之为父母者众，而仁者寡。若皆法其父母，此法不仁也。法不仁，不可以为法。当皆法其学，奚若？天下之为学者众，而仁者寡。若皆法其学，此法不仁也。法不仁，不可以为法。当皆法其君，奚若？天下之为君者众，而仁者寡。若皆法其君，此法不仁也。法不仁，不可以为法。故父母、学、君三者，莫可以为治法而可。

[1] 与"何如"同。

然则奚以为治法而可？故曰：莫若法天。天之行广而无私，其施厚而不德，其明久而不衰，故圣王法之。既以天为法，动作有为，必度于天，天之所欲则为之，天所不欲则止。然而天何欲何恶者也？天必欲人之相爱相利，而不欲人之相恶相贼也。奚以知天之欲人之相爱相利，而不欲人之相恶相贼也？以其兼而爱之、兼而利之也。奚以知天兼而爱之、兼而利之也？以其兼而有之、兼而食之也。

今天下无大小国，皆天之邑也。人无幼长贵贱，皆天之臣也。此以莫不牛羊[1]、豢犬猪[2]，絜为酒醴粢盛[3]，以敬事天。此不为兼而有之、兼而食之邪？天苟兼而有食之，夫奚说以不欲人之相爱相利也？故曰：爱人利人者，天必福之；恶人贼人者，天必祸之。曰杀不辜者，得不祥焉。夫奚说人为其相杀而天与祸乎？是以天欲人相爱相利，而不欲人相恶相贼也。

[1] 当云"牛羊"。
[2] 《说文》云："牛，以刍茎养牛也。""豢，以谷圈养豕也。"《玉篇》云："牛，则俱切，今作刍。"陆德明《庄子音义》云："司马云：牛羊曰刍，犬豕曰豢。"

　　〔3〕洁字正作"絜"。《说文》云："粢，稷也"，"粢，稻饼也"，然则粢盛之字作盉。

　　昔之圣王禹、汤、文、武，兼爱[1]天下之百姓，率以尊天事鬼。其利人多，故天福之，使立为天子，天下诸侯皆宾事之。暴王桀、纣、幽、厉，兼恶天下之百姓，率以诟天侮鬼。贼其人多，故天祸之，使遂失其国家，身死为僇于天下。后世子孙毁之，至今不息。故为不善以得祸者，桀、纣、幽、厉是也；爱人利人以得福者，禹、汤、文、武是也。爱人利人以得福者，有矣；恶人贼人以得祸者，亦有矣。

　　〔1〕旧脱此字，以意增。

七　患

　　子墨子曰：国有七患。七患者何？城郭沟池不可守而治宫室，一患也；边国至境[1]，四邻莫救，二患也；先尽民力无用之功，赏赐无能之人，民力尽于无用，财宝虚于待客，三患也；仕者待禄，游者忧反，君修法讨，臣慑而不敢拂，四患也；君自以为圣智而不问事，自以为安强而无守备，四邻谋之不知戒，五患也；所言不忠，所忠不信，六患也；畜种菽粟[2]不足以食之，大臣不足以[3]事之，赏赐不能喜，诛罚不能威，七患也。以七患居国，必无社稷[4]；以七患守城，敌至国倾[5]。七患之所当，国必有殃[6]。

　　[1] 当为"竟"。本书《耕柱》云"楚四竟之田"，只作"竟"。
　　[2] 菽正为"术"。
　　[3] 旧脱此字，一本有。
　　[4] 国、稷为韵。
　　[5] 城、倾为韵。
　　[6] 当、殃为韵。

　　凡五谷者，民之所仰也，君之所以为养也。故民无仰，则君无养[1]；民无食，则不可事[2]。故食不可不务也，地不可不立也，用不可不节也[3]。五谷尽收，则五味尽御于主；不尽收，则不尽御[4]。一谷不收谓之馑，二谷不收谓之旱，三谷不收谓之凶，四谷不收谓之馈[5]，五谷不收谓之饑[6]，五谷不孰谓之大侵[7]。

[1] 仰、养为韵。

[2] 食、事为韵。

[3] 立、节为韵。

[4] 主、御为韵。

[5] 《汉书·食货志》云"负担馈饷"，师古曰："馈亦馈字，言须馈饷。"

[6] 《太平御览》引作"饥"，误，此饥饿字。

[7] 八字旧脱，据《艺文类聚》增。《穀梁传》云："一谷不升谓之嗛，二谷不升谓之饥，三谷不升谓之馑，四谷不升谓之康，五谷不升谓之大侵。"《尔雅》云："谷不孰为饥，蔬不孰为馑，果不孰为荒。"与此异。

岁馑，则仕者大夫以下皆损禄五分之一；旱，则损五分之二；凶，则损五分之三；馈，则损五分之四；饥、大侵[1]，则尽无禄，禀食而已矣。故凶饥存乎国，人君彻鼎食五分之五，大夫彻县，士不入学，君朝之衣不革制；诸侯之客，四邻之使，雍食[2]而不盛；彻骖䮲[3]，涂不芸[4]，马不食粟，婢妾不衣帛；此告不足之至也。

[1] 二字旧脱，据《艺文类聚》增。

[2] 疑一"饔"字，《说文》云："饔，孰食也。"

[3] 高诱注《吕氏春秋》云："在中曰服，在边曰骒。"

[4] 涂，俗写从土。本书《非攻中》云"涂道之修远"，只作"涂"。芸，"耘"省文。

今有负其子而汲者，队其子于井中[1]，其母必从而道之。今岁凶、民饥、道饿，重其子[2]，此疚于队，其可无察邪？故时年[3]岁善，则民仁且良；时年岁凶，则民吝且恶。夫民何常此之有[4]？为者疾，食者众，则岁无丰。

[1] 此坠正字。《说文》云："队，从高队也。"井，读如"阱"。

[2] 言重于其子。

[3]《说文》云："年，谷熟也。"故曰"时年"。

[4] 句。

故曰：财不足则反之时，食不足则反之用。故先民以时生财，固本而用财，则财足。故虽上世之圣王，岂能使五谷常收而旱水不至哉？然而无冻饿之民者，何也？其力时急而自养俭也。故《夏书》曰"禹七年水"，《殷书》曰"汤五年旱[1]"，此其离凶饿甚矣[2]，然而民不冻饿者何也？其生财密，其用之节也。故食无备粟，不可以待凶饥；库无备兵，虽有义不能征无义；城郭不备全，不可以自守；心无备虑，不可以应卒，是若庆忌无去之心，不能轻出[3]。

[1]《管子·权数》云："管子曰：汤七年旱，禹五年水。"与此文互异。《庄子·秋水》云："汤之时，八年七旱。"《荀子·王霸》云："禹十年水，汤七年旱。"贾谊《新书》云："禹有十年之蓄，故免九年之水。汤有十年之积，故胜七年之旱。"《淮南子·主术》云："汤之时，七年旱。"又异。

[2] 离，读如"罗"。

[3] 言庆忌虽勇，犹轻出致死。昔吴王患庆忌之在邻国，恐合诸侯来伐。要离诈以负罪出奔，戮妻子，断右手，如卫，求见庆忌，与东之吴，

渡江中流,顺风而刺庆忌。事见《吴越春秋·阖闾内传》。

夫桀无待汤之备,故放;纣无待武之备,故杀。桀、纣贵为天子,富有天下,然而皆灭亡于百里之君者,何也?有富贵而不为备也。故备者,国之重也;食者,国之宝也;兵者,国之爪也;城者,所以自守也。[1]此三者,国之具也。

[1]宝、爪、守为韵。

故曰:以其极赏,以赐无功;虚其府库,以备车马、衣裘、奇怪;苦其役徒,以治宫室观乐。死又厚为棺椁[1],多为衣裘。生时治台榭[2],死又修坟墓。故民苦于外,府库单于内[3],上不厌其乐,下不堪其苦。故国离寇敌则伤[4],民见凶饑则亡,此皆备不具之罪也。且夫食者,圣人之所宝也。故《周书》曰:"国无三年之食者,国非其国也;家无三年之食者,子非其子也。"此之谓国备[5]。

[1]旧作"槨",俗写。

[2]当为"谢"。《荀子·王霸》云"台谢甚高",杨倞曰:"谢、榭同。"陆德明《左氏音义》云:"榭,本亦作谢。"知古无"榭"字。

[3]《史记》云:"王之威亦单矣。"《集解》云:"徐广曰:单亦作殚。"《索隐》云:"按单音丹。单,尽也。"

[4]离,读如"罗"。

[5]《周书》云:"《夏箴》曰:小人无兼年之食,遇天饑,妻子非其有也;大夫无兼年之食,遇天饑,臣妾舆马非其有也。"墨盖夏教,故义略同。

辞　过[1]

　　子墨子曰：古之民[2]未知为宫室[3]时，就陵阜而居，穴而处。下润湿伤民[4]，故圣王[5]作为宫室。为宫室之法[6]，曰：高足以辟润湿[7]，边[8]足以圉风寒[9]，上足以待雪霜雨露，宫墙之高[10]足以别男女之礼。谨此则止[11]。费财劳力，不加利者，不为也[12]。役[13]，修其城郭，则民劳而不伤；以其常正，收其租税，则民费而不病。民所苦者，非此也，苦于厚作敛于百姓[14]。是故圣王作为宫室，便于生[15]，不以为观乐也；作为衣服带履，便于身，不以为辟怪也[16]。故节于身，诲于民，是以天下之民可得而治，财用可得而足。当今之主，其为宫室，则与此异矣。必厚作敛于百姓，暴夺民衣食之财，以为宫室台榭曲直之望、青黄刻镂之饰[17]。为宫室若此，故左右皆法象之。是以其财不足以待凶饥、赈孤寡，故国贫而民难治也。君实欲天下之治而恶其乱也，当为宫室不可不节。

　　[1]辟受之字从受，经典假借用此。过，谓宫室、衣服、饮食、舟车、蓄私五者之过也。

　　[2]《太平御览》引作"上古之民"。

　　[3]旧脱此字，据《太平御览》增。

　　[4]三句《太平御览》节。

　　[5]《太平御览》引作"人"。

　　[6]《太平御览》引作"制"。

　　[7] 辟，"避"字假音。

　　[8]《太平御览》引作"中"，非。

　　[9] 刘逵注左思赋引作"御"，《太平御览》引作"禦"。《玉篇》云："圉，禁也。"

　　[10]《太平御览》引作"墙高"二字。

　　[11] 谨，"厪"字假音。

　　[12] 此下旧接"是故圣王作为宫室"云云，今移。

　　[13] 当云"以其常役"，上脱三字。

　　[14] 旧三十九字在"作诲妇人治之"下，卢学士校云"当在此"，今移。

　　[15]《太平御览》引作"以便生"。

　　[16] 辟，"僻"字假音。

　　[17] 已上六句《太平御览》节。

　　古之民未知为衣服时，衣皮[1]带茭[2]，冬则不轻而温，夏则不轻而清。圣王以为不中人之情，故作诲妇人治[3]丝麻，捆布绢[4]，以为民衣。为衣服之法：冬则练帛之中[5]，足以为轻且煗[6]；夏则绤绤，轻且[7]清。谨此则止。故圣人为衣服，适身体、和肌肤[8]而足矣，非荣耳目而观愚民也。当是之时，坚车良马，不知贵也；刻镂文采，不知喜也。何则？其所道之然。故民衣食之财，家足以待旱水凶饥者，何也？得其所以自养之情，而不感于外也。是以其民俭而易治，其君用财节而易赡也[9]。府库实满，足以待不然；兵革不顿，士民不劳，足以征不服；故霸王之业可行于天下矣。当今之王，其为衣服，则与此异矣。冬则轻暖，夏则轻清，皆已具

矣；必厚作敛于百姓，暴夺民衣食之财，以为锦绣文采靡曼
衣之，铸金以为钩，珠玉以为珮[10]；女工作文采，男工作刻
镂，以为身服。此非云益暖之情也，单财劳力，毕归之于无
用。以此观之，其为衣服非为身体，皆为观好。是以其民淫
僻而难治，其君奢侈而难谏也。夫以奢侈之君，御好淫僻之
民，欲国无乱，不可得也。君实欲天下之治而恶其乱，当为
衣服不可不节。

[1]《艺文类聚》引作"衣皮毛"，非。

[2]《说文》云："茭，干刍。"

[3]已上旧有"役修其城郭"云云四十八字，今移前。

[4] 椆字当为"裯"，《说文》云："紩束也。"

[5]中，读去声。

[6]《文选注》引作"暖"。

[7]已上七字旧脱，据《北堂书钞》增。

[8]《北堂书钞》引云："以适身体，以和肌肤。"

[9]《吕氏春秋·适音》云"不充则不詹"，高诱曰："詹，足也。詹，读
如澹然无为之澹。"《文选注》云："许君注《淮南子》云：澹，足也。古无从
贝字，此俗写。"

[10] 当为"佩"，古无此字。

古之民未知为饮食时，素食而分处。故圣人作诲男耕
稼树艺[1]，以为民食。其为食也，足以增气充虚，强体适腹
而已矣。故其用财节，其自养俭，民富国治。今则不然，厚
作敛于百姓，以为美食刍豢、蒸炙鱼鳖[2]；大国累百器，小国
累十器，美食方丈[3]，目不能遍视，手不能遍操，口不能遍

味;冬则冻冰,夏则饰馐[4]。人君为饮食如此,故左右象之。是以富贵者奢侈,孤寡者冻馁[5]。虽[6]欲无乱,不可得也。君实欲天下治而恶其乱,当为食饮不可不节。

[1] 古只作"埶",《说文》云:"埶,种也。从坴丮,持而种之。"

[2] 《太平御览》引此"炙"作"庖","鼈"作"鳖"。

[3] 旧作"前方丈"三字,今据《文选注》两引改"美食方丈"。《太平御览》作"前则方丈"。

[4] 饰,若覆食之幕是也。馐,《说文》云:"饭伤湿也。"

[5] 当为"馁",《说文》云:"馁,饥也。"

[6] 旧脱此字,据《太平御览》增。

古之民未知为舟车时,重任不移,远道不至。故圣王作为舟车,以便民之事。其为舟车也,全[1]固轻利,可以任重致远。其为用财少而为利多,是以民乐而利之。故法令不急而行,民不劳而上[2]足用,故民归之。当今之主,其为舟车与此异矣。全固轻利皆已具,必厚作敛于百姓,以饰舟车;饰车以文采,饰舟以刻镂。女子废其纺织而修文采,故民寒;男子离其耕稼而修刻镂,故民饥。人君为舟车若此,故左右象之。是以其民饥寒并至,故为奸邪,多则刑罚深,刑罚深则国乱[3]。君实欲天下之治而恶其乱,当为舟车不可不节。

[1] 《太平御览》引作"完"。

[2] 旧作"止",一本如此。

[3] 《太平御览》引云:"而国乱矣。"

凡回于天地之间，包于四海之内，天壤之情，阴阳之和，莫不有也，虽至圣不能更也。何以知其然？圣人有传：天地也，则曰上下；四时也，则曰阴阳；人情也，则曰男女；禽兽也，则曰牡牝、雄雌也。真天壤之情，虽有先王，不能更也。虽上世至圣，必蓄私，不以伤行，故民无怨。宫无拘女，故天下无寡夫；内无拘女，外无寡夫，故天下之民众。当今之君[1]，其蓄私也，大国拘女累千，小国累百。是以天下之男多寡无妻，女多拘无夫，男女[2]失时，故民少。君实欲民之众而恶其寡，当蓄私不可不节。

[1] 上俱作"主"。
[2] 旧作"子"，一本如此。

凡此五者，圣人之所俭节也，小人之所淫佚也；俭节则昌，淫佚则亡。此五者，不可不节，夫妇节而天地和，风雨节而五谷孰，衣服节而肌肤和。

三 辩[1]

程繁[2]问于子墨子曰:"圣王不为乐? 昔诸侯倦于听治,息于钟鼓之乐;士大夫倦于听治,息于竽瑟之乐;农夫春耕夏耘[3],秋敛冬藏[4],息于聆[5]缶[6]之乐。今夫子曰'圣王不为乐',此譬之犹马驾而不税[7],弓张而不弛,无乃非有血气者之所不能至邪?"

[1] 此辩圣王虽用乐,而治不在此。三者,为尧舜及汤及武王也。
[2] 《太平御览》引作"程子"。
[3] 《说文》云:"耘,除苗间秽也。薅或字。"此省文。
[4] 古只作"臧"。
[5] 当为"瓴"。
[6] 《太平御览》引作"吟谣",是也。缶是"畚"字之坏。
[7] 《太平御览》作"脱",同。

子墨子曰:"昔者尧舜有茅茨者[1],且以为礼,且以为乐;汤放桀于大水,环天下自立以为王,事成功立,无大后患,因先王之乐,又自作乐,命曰《护》,又修[2]《九招》[3];武王胜殷杀纣,环天下自立以为王事成功立,无大后患,因先王之乐,又自作乐,命曰《象》;周成王因先王之乐,命曰《驺虞》[4]。周成王之治天下也,不若武王;武王之治天下也,不若成汤;成汤之治天下也,不若尧舜。故其乐逾繁者,其治逾寡。自此观之,乐非所以治天下也。"

[1] 茅茨旧作"第期",今据《太平御览》改。

[2] 旧作"循",今以意改。

[3] 已上十六字旧脱,今据《太平御览》增。《吕氏春秋》云:"汤命伊尹作为《大护》,歌《晨露》,修《九招》、《六列》。"

[4]《吕氏春秋》云:"周公为《三象》。"乃成王之乐。此云《象》又是武王作,未详。

程繁曰:"子曰'圣王无乐',此亦乐已,若之何其谓圣王无乐也?"

子墨子曰:"圣王之命也,多寡之。食之利也,以知饥而食之者,智也;因为无智矣。今圣有乐而少,此亦无也[1]。"

[1] 言人所以生者,食之利,但必以知饥而食之,否则非智。今圣人虽用乐而少,此亦无违于圣人。"无"下疑有脱字。

第二卷

尚 贤 上 [1]

　　子墨子言曰:"古者王公大人为政于国家者,皆欲国家之富,人民之众,刑政之治。然而不得富而得贫,不得众而得寡,不得治而得乱,则是本失其所欲,得其所恶。是其故何也?"子墨子言曰:"是在王公大人为政于国家者,不能以尚贤事能为政也。是故国有贤良之士众,则国家之治厚;贤良之士寡,则国家之治薄。故大人之务,将在于众贤而已。"

[1]《说文》云:"贤,多才也。"《玉篇》云:"有善行也。"尚与上同。

　　曰:"然则众贤之术将奈何哉?"子墨子言曰:"譬若欲众其国之善射御之士者,必将富之,贵之,敬之,誉之,然后国之善射御之士,将可得而众也。况又有贤良之士,厚乎德行,辩乎言谈,博乎道术者乎?此固国家之珍而社稷之佐也[1],亦必且富之,贵之,敬之,誉之,然后国之良士,亦将可得而众也。"是故古者圣王之为政,言曰:"不义不富,不义不贵,不义不亲,不义不近。"是以国之富贵人闻之,皆退而谋曰:"始我所恃者,富贵也。今上举义不辟贫贱,然则我不可不为义。"亲者闻之,亦退而谋曰:"始我所恃者,亲也。今上举义不辟亲疏,然则我不可不为义。"近者闻之,亦退而谋曰:"始我所恃者,近也。今上举义不辟近,然则我不可不为义。"远者闻之,亦退而谋曰:"我始以远为无恃。今上举义不辟远,然则我不可不为义。"逮至远鄙郊外之臣、门庭庶子、国中之众、四鄙之萌人[2]闻之,皆竞为义。是其故何也?曰:上之所以使下者,一物也;下之所以事上者,一术也。譬之富[3]者,有高墙深宫,墙立既谨,上为凿一门;有盗人入,阖其自入[4]而求之,盗其无自出。是其故何也?则上得要也。

[1] 佐,当为"左"。
[2] 萌,"氓"字之假音。
[3] 旧作"异",一本如此。
[4] 言所从入之门。

故古者圣王之为政,列德而尚贤,虽在农与工肆之人,有能则举之。高予之爵,重予之禄,任之以事,断予之令,曰:爵位不高,则民弗敬;蓄禄不厚,则民不信;政令不断,则民不畏。举三者授之贤者,非为贤赐也,欲其事之成。故当是时,以德就列,以官服事,以劳殿赏[1],量功而分禄。故官无常贵而民无终贱,有能则举之,无能则下之。举公义,辟私怨[2],此若言之谓也。

[1] 殿,读如"奔而殿"。
[2] 辟,读如"辟举"之辟。

　　故古者尧举舜于服泽之阳[1]，授之政，天下平。禹举益于阴方之中[2]，授之政，九州成。汤举伊尹于庖厨之中[3]，授之政，其谋得。文王举闳夭、泰颠于罝罔之中[4]，授之政，西土服。故当是时，虽在于厚禄尊位之臣，莫不敬惧而施[5]；虽在农与工肆之人，莫不竞劝而尚意。故士者，所以为辅相承嗣也。故得士则谋不困，体不劳，名立而功业彰，而恶不生，则由得士也。是故子墨子言曰："得意，贤士不可不举；不得意，贤士不可不举。尚欲祖述尧、舜、禹、汤之道，将不可以不尚贤。夫尚贤者，政之本也。"

　　[1] 未详其地。"服"与"蒲"音之缓急，或即蒲泽，今蒲州府。

　　[2] 未详其地。

　　[3]《韩非子》云："上古有汤，至圣也。伊尹，至智也。然且七十说而不受，身执鼎俎为庖宰，昵近习亲，汤乃仅知其贤而举之。"《文选注》云："鲁连子曰：伊尹负鼎佩刀以干汤，得意，故尊为宰舍。"又云："文子曰：伊尹负鼎而干汤。"

　　[4] 事未详。或以《诗·兔罝》有"公侯腹心"之语而为说，恐此诗即赋闳夭、泰颠事。古者书传未湮，翟必有据。

　　[5] 下疑脱一字。

尚 贤 中

子墨子言曰：今王公大人之君人民，主社稷，治国家，欲修保而勿失，故[1]不察尚贤为政之本也[2]。何以知尚贤之为政本也？曰：自贵且智者为政乎愚且贱者，则治；自愚贱者为政乎贵且智者，则乱。是以知尚贤之为政本也。

[1] 一本作"胡"。
[2] 卢云："当云'尚贤之为政本'。"

故古者圣王甚尊尚贤而任使能，不党父兄，不偏贵富，不嬖颜色。贤者举而上之，富而贵之，以为官长；不肖者抑而废之，贫而贱之，以为徒役。是以民皆劝其赏，畏其罚，相率而为贤者，以贤者众而不肖者寡，此谓[1]进贤。然后圣人听其言，迹其行，察其所能，而慎予官，此谓事能。故可使治国者，使治国；可使长官者，使长官；可使治邑者，使治邑。凡所使治国家、官府、邑里，此皆国之贤者也。

[1] 一本作"为"。

贤者之治国[1]也，蚤朝晏退[2]，听狱治政，是以国家治而刑法正。贤者之长官也，夜寝夙兴，收敛关市、山林、泽梁之利，以实官府，是以官府实而财不散。贤者之治邑也，蚤出莫入，耕稼树艺，聚菽粟，是以菽粟多而民足乎食。故国家治则刑法正，官府实则万民富。上有以絜为酒醴粢盛，以祭祀天鬼；外有以为皮币，与四邻诸侯交接；内有以食饥息劳，将养其万民；外有以怀天下之贤人。是故上者天鬼富之，外者诸侯与之，内者万民亲之，贤人归之。以此谋事则得，举事则成，入守则固，出诛则强。故唯昔三代圣王尧、舜、禹、汤、文、武之所以王天下、正诸侯者，此亦其法已。

[1] 一本有"家"字。
[2] "蚤"字同"早"。

既曰若法[1]，未知所以行之术，则事犹若未成，是以必为置三本。何谓三本？曰：爵位不高，则民不敬也；蓄禄不厚，则民不信也；政令不断，则民不畏也。故古圣王高予之爵，重予之禄，任之以事，断予之令。夫岂为其臣赐哉？欲其事之成也。《诗》曰："告女忧恤，诲女序爵[2]。孰能执热，鲜不用濯？"则此语古者国君诸侯之不可以不执善承嗣辅佐也，譬之犹执热之有濯也，将休其手焉。古者圣王惟毋得贤人而使之[3]，般爵以贵之[4]，裂地以封之，终身不厌。贤人唯毋得明君而事之，竭四肢之力以任君之事，终身不倦；若有美善则归之上。是以美善在上，而所怨谤在下；宁乐在君[5]，忧戚在臣。故古者圣王之为政若此。

[1] 若，犹顺。
[2] 旧作"予爵"，卢以意改。

［3］毌，读如"贯习"之贯。

［4］般，读如"颁赐"之颁。

［5］当为"宁"，经典通用此。

今王公大人亦欲效人，以尚贤使能为政，高予之爵而禄
不从也。夫高爵而无禄，民不信也，曰："此非中实爱我也，
假藉而用我也[1]。"夫假藉之，民将岂能亲其上哉？故先王
言曰："贪[2]于政者，不能分人以事；厚于货者，不能分人以
禄。"事则不与，禄则不分，请问天下之贤人将何自至乎王公
大人之侧哉？若苟贤者不至乎王公大人之侧，则此不肖者
在左右也。不肖者在左右，则其所誉不当贤，而所罚不当
暴。王公大人尊此，以为政乎国家，则赏亦必不当贤，而罚
亦必不当暴。若苟赏不当贤而罚不当暴，则是为贤者不劝，
而为暴者不沮矣。是以入则不慈孝父母，出则不长弟乡里；
居处无节，出入无度，男女无别；使治官府则盗窃，守城则倍
畔；君有难则不死，出亡则不从；使断狱则不中，分财则不
均；与谋事不得，举事不成；入守不固，出诛不强。故虽昔者
三代暴王桀、纣、幽、厉之所以失措其国家，倾覆其社稷者，
已此故也[3]。何则？皆以明小物而不明大物也。

［1］古无"借"字，只用"藉"。《说文序》有"假借"字，从人，俗写
乱之。

［2］旧作"食"，一本如此。

［3］古字以、已通，一本作"以"，非。

今王公大人有一衣裳不能制也，必藉良工；有一牛羊不能杀也，必藉良宰。故当若之二物者，王公大人未知以尚贤使能为政也。逮至其国家之乱，社稷之危，则不知使能以治之，亲戚则使之，无故富贵、面目佼好则使之[1]。夫无故富贵、面目佼好则使之，岂必智且有慧哉？若使之治国家，则此使不智慧者治国家也；国家之乱，既可得而知已。

[1] 佼，"姣"字假音。《说文》云："姣，好也。"《玉篇》云："姣音狡，妖媚也。"

且夫王公大人有所爱其色而使其心，不察其知而与其爱。是故不能治百人者，使处乎千人之官；不能治千人者，使处乎万人之官。此其故何也？曰：若处官者，爵高而禄厚，故爱其色而使之焉。夫不能治千人者，使处乎万人之官，则此官什倍也。夫治之法将日至者也，日以治之，日不什修；知以治之，知不什益。而予官什倍，则此治一而弃其九矣。虽日夜相接，以治若官，官犹若不治。此其故何也？则王公大人不明乎以尚贤使能为政也。故以尚贤使能为政而治者，夫若言之谓也；以下贤为政而乱者，若吾言之谓也。今王公大人中实将欲治其国家，欲修保而勿失，胡不察尚贤为政之本也？

且以尚贤为政之本者，亦岂独子墨子之言哉？此圣王之道，先王之书，距年之言也[1]。《传》曰："求圣君哲人，以裨辅而身。"《汤誓》曰："聿求元圣，与之戮力同心，以治天下。"则此言圣之不失以尚贤使能为政也。

[1]"距年"，下篇作"竖年"，犹云远年。

　　故古者圣王唯能审以尚贤使能为政，无异物杂焉，天下皆得其利。古者舜耕历山[1]，陶河濒[2]，渔雷泽[3]；尧得之服泽之阳[4]，举以为天子，与接天下之政，治天下之民。伊挚，有莘氏女之私臣[5]，亲为庖人；汤得之，举以为己相，与接天下之政，治天下之民。傅说被褐带索，庸[6]筑乎傅岩[7]；武丁得之，举以为三公，与接天下之政，治天下之民。此何故始贱卒而贵，始贫卒而富？则王公大人明乎以尚贤使能为政，是以民无饥而不得食，寒而不得衣，劳而不得息，乱而不得治者。

　　[1]《史记集解》云："郑玄曰：在河东。"《水经注》云："河东郡南有历山，谓之历观，舜所耕处也。有舜井，妫、汭二水出焉。"二说在今山西永济县。高诱注《淮南子》云："历山在沛阴成阳也，一曰济南历城山也。"《水经注》又云："周处《风土记》曰：记云，耕于历山，而始宁、剡二县界上。舜所耕田于山下，多柞树。吴越之间名柞为枥，故曰历山。"与郑说异。《括地志》云："蒲州河东县历山南有舜井。"又云："越州余姚县有历山舜井。二所又有姚墟，云生舜处也。及妫州历山舜井，皆云舜所耕处，未详也。"案：说各不同。

　　[2]此古"滨"字，见《说文》。《史记集解》云："皇甫谧曰：济阴，定陶西南陶邱亭是也。"《正义》曰："按：于曹州滨河作瓦器也。《括地志》云：陶城在蒲州河东县北三十里，即舜所都也。南去历山不远，或陶所在，则何必定陶方得为舜陶之陶也。斯或一焉。"按：守节说本《水经注》是也。雷泽则亦以山西永济说为强也。

　　[3]《太平御览》、《玉海》引作"濩泽"。《地理志》："河东郡有濩泽。"

应劭曰："泽在西北。"《通典》云："泽州阳城县有濩泽水。"《史记集解》云："郑玄曰：雷夏兖州泽，今属济阴。案：今山西永济县南四十里雷首山下有泽，亦云舜所渔也。"

[4]服泽，疑"蒲泽"。

[5]《汉书》作"娎"。《玉篇》："娎、嫐二同色臻切，有娎国。"《说文》云："吕不韦曰：有侁氏以伊尹媵女。"案：《吕氏春秋·本味》云："有侁氏女子采桑，得婴儿于空桑之中，献之其君，其君令烰人养之，长而贤。汤闻伊尹，使人请之有侁氏，有侁氏不可。伊尹亦欲归汤。于是请取妇为婚，有侁氏喜，以伊尹为媵送女。"高诱曰："侁，读曰莘。"有莘在今河南陈留县。《括地志》云："古莘国，在汴州陈留县东五里，故莘城是也。"《陈留风俗传》云："陈留外黄有莘昌亭，本宋地，莘氏邑也。"或云在陕西郃阳，非。

[6]《史记索隐》引作"傭"。

[7]孔安国《书传》云："傅岩在虞、虢之界。"《史记索隐》云："在河东太阳县。"又夏靖书云："猗氏十里河西岸吴坂下，便得隐穴，是说所潜身处也。"案：今在山西平陆县东二十五里。

故古圣王以审以尚贤使能为政，而取法于天。虽天亦不辩贫富、贵贱、远迩、亲疏，贤者举而尚之，不肖者抑而废之。

然则富贵为贤以得其赏者谁也？曰：若昔者三代圣王尧、舜、禹、汤、文、武者是也。所以得其赏何也？曰：其为政乎天下也，兼而爱之，从而利之，又率天下之万民以尚尊天事鬼，爱利万民。是故天鬼赏之，立为天子，以为民父母。万民从而誉之曰圣王，至今不已。则此富贵为贤以得其赏者也。

然则富贵为暴以得其罚者谁也？曰：若昔者三代暴王桀、纣、幽、厉者是也。何以知其然也？曰：其为政乎天下也,兼而憎之,从而贱之,又率天下之民以诟天侮鬼,贱傲万民。是故天鬼罚之,使身死而为刑戮,子孙离散,室家丧灭,绝无后嗣。万民从而非之曰暴王,至今不已。则此富贵为暴而以得其罚者也。

然则亲而不善以得其罚者谁也?曰:若昔者伯鲧,帝之元子,废帝之德庸,既乃刑之于羽之郊[1],乃热照无有及也[2],帝亦不爱。则此亲而不善以得其罚者也。

[1] 郭璞注《山海经》云:“今东海祝其县西南有羽山。”案:在今山东蓬莱县。

[2] 言其罪绩用弗成,亦止见有所不及耳。

然则天之所使能者谁也?曰:若昔者禹、稷、皋陶是也。何以知其然也?先王之书《吕刑》道之,曰:“皇帝清问下民,有辞有苗[1]。曰:群后之肆[2]在下,明明不常[3],鳏寡不盖[4],德威维威[5],德明维明。乃名三后[6],恤功于民:伯夷降典,哲民维刑[7];禹平水土,主名山川;稷降播种,农殖嘉谷。三后成功,维假[8]于民。”则此言三圣人者,谨其言,慎其行,精其思虑,索天下之隐事遗利,以上事天,则天乡其德[9];下施之万民,万民被其利,终身无已。故先王之言曰:“此道也,大用之天下则不究[10],小用之则不困,修用之则万民被其利,终身无已。”

[1]《孔书》作“鳏,寡有辞于苗”。

[2]《孔书》作“逮”。

[3]《孔书》"不"作"棐",《传》云"辅",据此当作"匪"。

[4]《孔书》作"侮"。

[5]《孔书》作"畏"。

[6]《孔书》"名"作"命"。

[7]《孔书》"哲"作"折"。

[8]一本作"殷",《孔书》亦作"殷"。

[9]乡,读如"向"。

[10]一本作"宛",非。

《周颂》道之,曰:"圣人之德,若天之高,若地之普,其有昭于天下也;若地之固,若山之承,不坼不崩;若日之光,若月之明,与天地同常。"则此言圣人之德章明博大,埴固[1]以修久也。故圣人之德,盖总乎天地者也。

[1]埴,训黏土坚牢之意。

今王公大人欲王天下,正诸侯,夫无德义,将何以哉?其说将必挟震威强。今王公大人将焉取挟震威强哉?倾者民之死也。民生为甚欲,死为甚憎。所欲不得而所憎屡至[1],自古及今,未有尝能有以此王天下、正诸侯者也。今大人欲王天下、正诸侯,将欲使意得乎天下,名成乎后世,故不察尚贤政之本也[2]?此圣人之厚行也。

[1]屡,即"屡"字省文。《史记》或作"屡",《汉书》或作"娄",皆训数。

[2]当云"不可不察"。

尚 贤 下

子墨子言曰：天下之王公大人皆欲其国家之富也，人民之众也，刑法之治也。然而不识以尚贤为政其国家百姓，王公大人本失尚贤为政之本也。若苟王公大人本失尚贤为政之本也，则不能毋举物示之乎？

今若有一诸侯于此，为政其国家也，曰："凡我国能射御之士，我将赏贵之；不能射御之士，我将罪贱之。"问于若国之士，孰喜孰惧？我以为必能射御之士喜，不能射御之士惧。我赏因而诱之矣，曰："凡我国之忠信之士，我将赏贵之；不忠信之士，我将罪贱之。"问于若国之士，孰喜孰惧？我以为必忠信之士喜，不忠不信之士惧。今惟毋以尚贤为政[1]其国家百姓，使国为善者劝，为暴者沮；大[2]以为政于天下，使天下之为善者劝，为暴者沮。然昔吾所以贵尧、舜、禹、汤、文、武之道者，何故以哉？以其唯毋临众发政而治民，使天下之为善者可而劝也[3]，为暴者可而沮也。然则此尚贤者也，与尧、舜、禹、汤、文、武之道同矣。

[1] 毋，同"惯"，下同。
[2] 一本作"夫"。
[3] 高诱注《淮南子》云："而，能也，古通。"

而今天下之士君子，居处言语皆尚贤，逮至其临众发政而治民，莫知尚贤而使能。我以此知天下之士君子，明小而不明于大也。何以知其然乎？今王公大人有一牛羊之财[1]不能杀，必索良宰；有一衣裳之财不能制，必索良工。当王公大人之于此也，虽有骨肉之亲、无故富贵、面目美好者，实知其不能也，不使之也。是何故？恐其败财也。当王公大人之于此也，则不失尚贤而使能。王公大人有一罢马不能治，必索良医；有一危弓不能张，必索良工。当王公大人之于此也，虽有骨肉之亲、无故富贵、面目美好者，实知其不能也，必不使。是何故？恐其败财也。当王公大人之于此也，则不失尚贤而使能。逮至其国家则不然，王公大人骨肉之亲、无故富贵、面目美好者则举之。则王公大人之亲其国家也，不若亲其一危弓、罢马、衣裳、牛羊之财与！我以此知天下之士君子，皆明于小而不明[2]于大也。此譬犹瘖者而使为行人，聋者而使为乐师。是故古之圣王之治天下也，其所富，其所贵，未必王公大人骨肉之亲、无故富贵、面目美好者也。

[1] 同"材"。

[2] 旧脱此字，一本有。

　　是故昔者舜耕于历山，陶于河濒，渔于雷泽，灰于常阳[1]；尧得之服泽之阳，立为天子，使接天下之政而治天下之民。昔伊尹为莘氏女师仆[2]，使为庖人；汤得而举之，立为三公，使接天下之政治天下之民。昔者傅说居北海之洲[3]，圜土之上[4]，衣褐带索，庸筑于傅岩之城；武丁得而举

之，立为三公，使之接天下之政而治天下之民。是故昔者尧
之举舜也，汤之举伊尹也，武丁之举傅说也，岂以为骨肉之
亲、无故富贵、面目美好者哉？惟法其言，用其谋，行其道，
上可而利天[5]，中可而利鬼，下可而利人，是故推而上之。

[1] 疑即恒山之阳。

[2] 仆，俟也。女师，见《诗》云"言告师氏"。

[3]《书正义》云："《尸子》云：傅岩在北海之洲。"《孔传》云："傅岩在
虞虢之界。"洲，当为"州"。

[4]《史记·殷本纪》云："说为胥靡，筑于傅岩。"《孔传》云："说贤而
隐，代胥靡筑之以供食。"故此云圜上也。

[5] 而，同"能"。

古者圣王既审尚贤，欲以为政，故书之竹帛，琢之槃盂，
传以遗后世子孙，于先王之书《吕刑》之书然，王曰："於[1]！
来！有国有土[2]，告女讼刑[3]。在今而安百姓[4]，女何择言
人[5]？何敬不刑？何度不及[6]？"能择人而敬为刑，尧、舜、
禹、汤、文、武之道可及也。是何也？则以尚贤及之，于先王
之书、竖[7]年之言然，曰："晞夫圣武知人[8]，以屏辅而身。"
此言先王之治天下也，必选择贤者，以为其群属辅佐。

[1]《孔书》作"吁"。

[2]《孔书》"国"作"邦"。

[3]《孔书》"女"作"尔"，"讼"作"详"。

[4]《孔书》"而"作"尔"，是。

[5]《孔书》无"女"字，作"何择非人"。

　　[6]《孔书》两"不"字作"非"。

　　[7]"距"字假音。

　　[8] 睎，疑当从目。

　　曰：今也天下言士君子，皆欲富贵而恶贫贱，曰然女何为而得富贵而辟贫贱[1]？莫若为贤。为贤之道将奈何？曰：有力者疾以助人，有财者勉以分人，有道者劝以教人。若此，则饥者得食，寒者得衣，乱者得治。若饥则得食，寒则得衣，乱则得治，此安生生。

　　[1] 辟，同"避"。

　　今王公大人，其所富，其所贵，皆王公大人骨肉之亲、无故富贵、面目美好者也。今王公大人骨肉之亲、无故富贵、面目美好者，焉故必知哉？若不知，使治其国家，则其国家之乱，可得而知也。

　　今天下之士君子，皆欲富贵而恶贫贱，然女何为而得富贵而辟贫贱哉？曰：莫若为王公大人骨肉之亲。无王公大人骨肉之亲、无故富贵、面目美好者，此非可学能者也。使不辩，德行之厚若禹、汤、文、武，不加得也；王公大人骨肉之亲，躄、瘖、聋，暴为桀、纣，不加失也。是故以赏不当贤，罚不当暴。其所赏者，已无故矣；其所罚者，亦无罪。是以使百姓皆攸[1]心解体，沮以为善，垂其股肱之力，而不相劳来也；腐臭余财[2]，而不相分资也；隐慝良道[3]，而不相教诲也。若此，则饥者不[4]。推而上之以。

[1]一本作"放"。

[2]臭,"殠"省文。

[3]慝即"匿"字异文。隐匿之字,亦写从心,知经典慝恶字即匿也。

[4]此下有脱文。

是故昔者尧有舜,舜有禹,禹有皋陶,汤有小臣,武王有闳夭、泰颠、南宫括、散宜生[1]。得此不劝誉。且今天下之王公大人士君子,中实将欲为仁义,求为士,上欲中圣王之道,下欲中国家百姓之利,而天下和,庶民阜,是以近者安之,远者归之,日月之所照,舟车之所及,雨露之所渐,粒食之所养,故尚贤之为说,而不可不察此者也。尚贤者,天鬼,百姓之利,而政事之本也。

[1]纣拘文王于羑里,于是散宜生乃以千金求天下之珍怪,得骀虞鸡斯之乘,玄玉百工,大贝百朋,玄豹黄罴,青犴白虎,文皮千合,以献于纣。以费仲而通,纣见而悦之,乃免其身,杀牛而赐之。见《淮南子·道应训》。

第三卷

尚 同 上[1]

子墨子言曰：古者民始生，未有刑政之时，盖其语，人异义。是以一人则一义，二人则二义，十人则十义。其人兹众，其所谓义者亦兹众。是以人是其义，以非人之义，故交相非也。是[2]以内者父子兄弟作怨恶离散，不能相和合；天下之百姓，皆以水火毒药相亏害。至有余力，不能以相劳；腐朽余财，不以相分[3]；隐匿良道，不以相教。天下之乱，若禽兽然。

[1] 杨倞注《荀子》"尚"作"上"。

[2] 旧作"非是也"，字倒，今以意改。

[3] 旧本"朽"俱作"列"，非。《说文》云："朽，腐也。或从歹。"

夫明虖天下之所以乱者，生于无政长[1]。是故选天下之贤可者，立以为天子。天子立，以其力为未足，又选择天下之贤可者，置立之以为三公。天子、三公既以立，以天下为博大，远国异土之民，是非利害之辩，不可一二而明知，故画分万国[2]，立诸侯国君。诸侯国君既已立，以其力为未足，又选择其国之贤可者，置立之以为正长。

[1] 政，当为"正"。

[2]《说文》云："画，界也。"

　　正长既已具，天子发政于天下之百姓，言曰："闻善而不善[1]，皆以告其上。上之所是，必皆是之；所非，必皆非之。上有过则规谏之，下有善则[2]傍荐之。上同而不下比者，此上之所赏而下之所誉也。意若闻善而不善，不以告其上；上之所是弗能是，上之所非弗能非；上有过弗规谏，下有善弗傍荐；下比不能上同者，此上之所罚而百姓所毁也。"上以此为赏罚，其明察以审信。

[1] 而，与"如"同。

[2] 一本作"必"。

　　是故里长者，里之仁人也。里长发政里之百姓，言曰："闻善而不善，必以告其乡长。乡长之所是，必皆是之；乡长之所非，必皆非之。去若不善言，学乡长之善言；去若不善行，学乡长之善行。"则乡何说以乱哉？察乡之所治者何也？乡长唯能壹同乡之义，是以乡治也。

　　乡长者，乡之仁人也。乡长发政乡之百姓，言曰："闻善而不善者，必以告国君。国君之所是，必皆是之；国君之所非，必皆非之。去若不善言，学国君之善言；去若不善行，学国君之善行。"则国何说以乱哉？察国之所以治者何也？国君唯能壹同国之义，是以国治也。

　　国君者，国之仁人也。国君发政国之百姓，言曰："闻善而不善,必以告天子。天子之所是,皆是之;天子之所非,皆非之。去若不善言,学天子之善言;去若不善行,学天子之善行。"则天下何说以乱哉?察天下之所以治者何也?天子唯能壹同天下之义,是以天下治也。

天下之百姓皆上同于天一,而不上同于天,则菑犹未去也[1]。今若天飘风苦雨,湊湊而至者[2],此天之所以罚百姓之不上同于天者也。是故子墨子言曰:"古者圣王为五刑,请以治其民,譬若丝缕之有纪[3],罔罟之有纲[4],所连收天下之百姓不尚同其上者也。"

[1]菑,"巛"字之假音。菑,不耕田也。见《说文》。

[2]湊,同"臻"。《太平御览》作"臻"。《史记·三王世家》云"西湊月氏",《正义》云:"湊,音臻。"

[3]《说文》云:"纪,丝别也。"

[4]《说文》云:"纲,维纮绳也。"

尚 同 中

　　子墨子曰：方今之时，复古之民始生，未有正长之时，盖其语曰，天下之人异义。是以一人一义，十人十义，百人百义。其人数兹众，其所谓义者亦兹众。是以人是其义，而非人之义，故相交非也。内之父子兄弟作怨仇，皆有离散之心，不能相和合。至乎舍余力，不以相劳；隐匿良道，不以相教；腐朽余财，不以相分[1]。天下之乱也，至如禽兽然。无君臣上下长幼之节、父子兄弟之礼，是以天下乱焉。明乎民之无正长以一同天下之义，而天下乱也，是故选择天下贤良、圣知、辩慧之人，立以为天子，使从事乎一同天下之义。天子既以立矣，以为唯其耳目之请[2]，不能独一同天下之义，是故选择天下赞阅贤良、圣知、辩慧之人，置以为三公，与从事乎一同天下之义。天子、三公既已立矣，以为天下博大，山林远土之民，不可得而一也，是故靡分天下，设以为万诸侯国君，使从事乎一同其国之义。国君既已立矣，又以为唯其耳目之请，不能一同其国之义，是故择其国之贤者，置以为左右将军大夫，以远至乎乡里之长，与从事乎一同其国之义。天子、诸侯之君、民之正长既已定矣，天子为发政施教，曰："凡闻见善者，必以告其上；闻见不善者，亦必以告其上。上之所是，必亦是之；上之所非，必亦非之。已有善，傍荐之；上有过，规谏之。尚同义其上，而毋有下比之心。上得则赏之，万民闻则誉之。意若闻见善不以告其上，闻见不善亦不以告其上；上之所是不能是，上之所非不能非；已有善不能傍荐之，上有过不能规谏之；下比而非其上者，上得则诛罚之，万民闻则非毁之。"故古者圣王之为刑政赏誉也，甚明察以审信。是以举天下之人，皆欲得上之赏誉而畏上之毁罚。

[1]"歾"，旧作"列"，见上。
[2]请，当为"情"，下同。

是故里长顺天子政，而一同其里之义。里长既同其里之义，率其里之万民以尚同乎乡长，曰："凡里之万民，皆尚同乎乡长而不敢下比。乡长之所是，必亦是之；乡长之所非，必亦非之。去而不善言，学乡长之善言；去而不善行，学乡长之善行。"乡长固乡之贤者也，举乡人以法乡长，夫乡何说而不治哉？察乡长之所以治乡者，何故之以也？曰：唯以其能一同其乡之义，是以乡治。

其乡而乡既已治矣，有率其乡万民以尚同乎国君，曰："凡乡之万民，皆上同乎国君而不敢下比。国君之所是，必亦是之；国君之所非，必亦非之。去而不善言，学国君之善言；去而不善行，学国君之善行。"国君固国之贤者也，举国人以法国君，夫国何说而不治哉？察国君之所以治国而国治者，何故之以也？曰：唯以其能一同其国之义，是以国治。

国君治其国而既已治矣，有率其国之万民以尚同乎天子,曰:"凡国之万民,上同乎天子而不敢下比。天子之所是,必亦是之;天子之所非,必亦非之。去而不善言,学天子之善言;去而不善行,学天子之善行。"天子者,固天下之仁人也,举天下之万民以法天子,夫天下[1]何说而不治哉?察天子之所以治天下者,何故之以也?曰:唯以其能一同天下之义,是以天下治。

[1] 旧作"子",一本如此。

夫既尚同乎天子,而未上同乎天者,则天菑将犹未止也。故当若天降寒热不节,雪霜雨露不时,五谷不孰,六畜不遂,疾菑戾疫[1],飘风苦雨,荐臻而至者,此天之降罚也,将以罚下人之不尚同乎天者也。

[1] 戾,"沴"字之假音。

故古者圣王明天鬼之所欲,不避天鬼之所憎,以求兴天下之利,除天下之害。是以率天下之万民,齐戒沐浴,絜为酒醴粢盛[1],以祭祀天鬼。其事鬼神也,酒醴粢盛不敢不蠲洁,牺牲不敢不腯肥,珪璧币帛不敢不中度量,春秋祭祀不敢失时幾,听狱不敢不中[2],分财不敢不均,居处不敢怠慢。曰:其为正长若此,是故出诛胜者,何故之以也?曰:唯以尚同为政者也。故古者圣王之为政若此。

[1] 本书多作"絜",俗从水。

　　[2]幾,读如"关市讥"。

　　今天下之人曰:"方今之时,天鬼之福可得也;万民之所便利而能强从事焉,则万民之亲可得也。其为政若此,是以谋事得[1],举事成,入守固,上者天鬼有厚乎其为政长也,下者万民有便利乎其为政长也。天鬼之所深厚而强从事焉,则天下之正长犹未废乎天下也,而天下之所以乱者,何故之以也?"子墨子曰:"方今之时之以正长,则本与古者异矣,譬之若有苗之以五刑然[2]。昔者圣王制为五刑以治天下[3],逮至有苗之制五刑以乱天下,则此岂刑不善哉?用刑则不善也。是以先王之书《吕刑》之道[4]曰:'苗民否用练,折则刑[5];唯作五杀之刑[6],曰法。'则此言善用刑者以治民,不善用刑者以为五杀。则此岂刑不善哉?用刑则不善,故遂以为五杀。是以先王之书《术令》之道曰:'惟口出好兴戎。'则此言善用口者出好,不善用口者以为谗贼寇戎。则此岂口不善哉?用口则不善也,故遂以为谗贼寇戎。"

　　[1]旧脱此字,据后文增。
　　[2]"苗",旧作"量",据下改。
　　[3]《文选注》引此云:"画衣冠,异章服,而民不犯。"疑此间脱文。
　　[4]当云"道之"。
　　[5]《孔书》作"弗用灵制以刑"。灵、练,否、弗,折、制,音同。
　　[6]《孔书》"杀"作"虐"。

　　故古者之置正长也,将以治民也。譬之若丝缕之有纪,而罔罟之有纲也。将以运役天下淫暴，而一同其义也。是以先王之书《相年》之道曰[1]："夫建国设都，乃作后王君公，否用泰也；轻大夫师长[2]，否用佚也。维辩使治天均。"则此语古者上帝鬼神之建设国都、立正长也，非高其爵，厚其禄，富贵佚而错之也[3]；将以为万民兴利除害，富贵贫寡，安危治乱也。故古者圣王之为若此。

　　[1] 相年，当为"拒年"。

　　[2] 轻，当为"乡"。卢云：下篇作"奉以轻"，字误也。

　　[3] 错，读如"举措"。

　　今王公大人之为刑政则反此，政以为便譬[1]，宗于父兄故旧，以为左右，置以为正长。民知上置正长之非正以治民也，是以皆比周隐匿，而莫肯尚同其上，是故上下不同义。若苟上下不同义，赏誉不足以劝善，而刑罚不足以沮暴。何以知其然也？曰：上唯毋立而为政乎国家，为民正长，曰："人可赏，吾将赏之。"若苟上下不同义，上之所赏，则众之所非。曰人众与处，于众得非，则是虽使得上之赏，未足以劝乎！止唯毋立而为政乎国家，为民正长曰："人可罚，吾将罚之。"若苟上下不同义，上之所罚，则众之所誉。曰人众与处，于众得誉，则是虽使得上之罚，未足以沮乎！若立而为政乎国家，为民正长，赏誉不足以劝善，而刑罚不沮暴，则是不与乡吾本言"民始生未有正长之时"同乎？若有正长与无正长之时同，则此非所以治民一众之道。

[1] 读如"僻"。

　　故古者圣王唯而审以尚同[1]，以为正长，是故上下情请为通[2]。上有隐事遗利，下得而利之；下有蓄怨积害，上得而除之。是以数千万里之外，有为善者，其室人未遍知，乡里未遍闻，天子得而赏之。数千万里之外，有为不善者，其室人未遍知，乡里未遍闻，天子得而罚之。是以举天下之人，皆恐惧振动惕慄，不敢为淫暴，曰："天子[3]之视听也神。"先王之言曰："非神也，夫唯能使人之耳目助己视听，使人之吻助己言谈，使人之心助己思虑，使人之股肱助己动作。"助之视听者众，则其所闻见者远矣。助之言谈者众，则其德音之所抚循者博矣。助之思虑者众，则其谈谋度速得矣。助之动作者众，即举其事速成矣。故古者圣人之所以济事成功，垂名于后世者，无他故异物焉，曰：唯能以尚同为政者也。

　　[1] 而，读与"能"同。旧脱"审"字，《文选注》引作"能审以尚同"，今据增。
　　[2]《文选注》引作"是故上下通情"，旧脱"故"字，今据增。
　　[3] 旧作"下"，一本如此。

　　是以先王之书《周颂》之道之曰："载来见彼王[1]，聿求厥章。"则此语古者国君诸侯之以春秋来朝聘天子之廷，受天子之严教，退而治国，政之所加，莫敢不宾。当此之时，本无有敢纷天子之教者。《诗》曰："我马维骆，六辔沃若，载驰载驱,周爰咨度。"又曰:"我马维骐,六辔若丝,载驰载驱,周爰咨谋。"即此语也。占者国君诸侯之闻见善与不善也,皆驰驱以告天子,是以赏当贤,罚当暴,不杀不辜,不失有罪,则此尚同之功也。是故子墨子曰:"今天下之王公大人士君子,请将欲富其国家,众其人民,治其刑政,定其社稷,当若尚同之不可不察,此之本也[2]。"

[1] 一本作"载见辟王",同《诗》。
[2] 当云"此为政之本也"。

尚 同 下[1]

子墨子言曰："知者之事，必计国家百姓所以治者而为之，必计国家百姓之所以乱者而辟之[2]。"然计国家百姓之所以治者何也？上之为政，得下之情则治，不得下之情则乱。何以知其然也？上之为政，得下之情，则是明于民之善非也。若苟[3]明于民之善非也，则得善人而赏之，得暴人而罚之也。善人赏而暴人罚，则国必治。上之为政也，不得下之情，则是不明于民之善非也。若苟不明于民之善非，则是不得善人而赏之，不得暴人而罚之。善人不赏而暴人不罚，为政若此，国众必乱。故赏不得下之情，而不可不察者也。

[1]《中兴书目》云"一本自《亲士》至《上同》凡十三篇"者，即此。已上诸篇，非有异本。

[2] 辟，同"避"。

[3] 二字旧倒，据下文改。

然计得下之情将奈何可？故子墨子曰："唯能以尚同一义为政，然后可矣。"何以知尚同一义之可而为政于天下也？然胡不审稽古之治为政之说乎？古者，天之始生民，未有正长也，百姓为人。若苟百姓为人，是一人一义，十人十义，百人百义，千人千义。逮至人之众不可胜计也，则其所谓义者亦不可胜计。此皆是其义而非人之义，是以厚者有斗而薄[1]者有争。是故天下之欲同一天下之义也[2]，是故选择贤者立为天子。天子以其知力为未足独治天下，是以选择其次立为三公。三公又以其知力为未足独左右天子也，是以分国建诸侯。诸侯又以其知力为未足独治其四境之内也，是以选择其次立为卿之宰。卿之宰又以其知力为未足独左右其君也，是以选择其次立而为乡长、家君。是故古者天子之立三公、诸侯、卿之宰、乡长、家君，非特富贵游侠而择之也，将使助治乱刑政也。故古者建国设都，乃立后王君公，奉以卿士师长，此非欲用说也，唯辩而使助治天助明也。

[1] 旧作"荡"，一本如此。
[2]《文选注》引作"古者同天之义"。

今此何为人上而不能治其下，为人下而不能事其上？则是上下相贱也。何故以然？则义不同也。若苟义不同者有党，上以若人为善，将赏[1]之；若人唯使得上之赏，而辟百姓之毁，是以为善者必未可使劝，见有赏也。上以若人为暴，将罚之；若人惟使得上之罚，而怀百姓之誉，是以为暴者必未可使沮，见有罚也。故计上之赏誉，不足以劝善；计其毁罚，不足以沮暴。此何故以然？则欲同一天下之义将奈何可？故子墨子言曰：然胡不赏使家君，试用家君发宪布令其家，曰：若见爱利家者，必以告；若见恶贼家者，亦必以告。若见爱利家以告，亦犹爱利家者也，上得且赏之，众闻则誉之。若见恶贼家不以告，亦犹恶贼家者也，上得且罚之，众闻则非之。是以遍[2]若家之人，皆欲得其长上之赏誉,辟其毁罚。是以善言之,不善言之^[3];家君得善人而赏之,得暴人而罚之。善人之赏而暴人之罚,则家必治矣。然计若家之所以治者何也? 唯以尚同一义为政故也。

[1] 旧作"毁",一本如此。

[2] 旧作"祸",一本如此,下同。

[3] 旧脱四字,一本有。

家既已治,国之道尽此已邪? 则未也。天下^[1]为家数也甚多,此皆是其家而非人之家,是以厚者有乱而薄者有争。故又使家君总其家之义^[2],以尚同于国君。国君亦为发宪布令于国之众,曰:若见爱利国者,必以告;若见恶贼国者,亦必以告。若见爱利国以告者,亦犹爱利国者也,上得且赏之,众闻则誉之。若见恶贼国不以告者,亦犹恶贼国者也,上得且罚之,众闻则非之。是以遍若国之人,皆欲得其长上之赏誉,避其毁罚。是以民见善者言之,见不善者言之;国君得善人而赏之,得暴人而罚之。善人赏而暴人罚,则国必治矣。然计若国之所以治者何也? 唯能以尚同一义为政故也。

[1] 当脱"之"字。一本"天下"作"国之"。

[2] 旧脱此字,一本有。

国既已治矣,天下之道尽此已邪? 则未也。天下之为国数也甚多,此皆是其^[1]国而非人之国,是以厚者有战而薄者有争。故又使国君选其国之义,以义^[2]尚同于天子。天子亦为发宪布令于天下之众，曰：若见爱利天下者，必以告；若见恶贼天下者，亦以告。若见爱利天下以告者，亦犹爱利天下者也，上得则赏之，众闻则誉之。若见恶贼天下不以告者，亦犹恶贼天下者也，上得且[3]罚之，众闻则非之。是以遍天下之人，皆欲得其长上之赏誉，避其毁罚。是以见善、不善者告之；天子得善人而赏之，得暴人而罚之。善人赏而暴人罚，天下必治矣。然计天下之所以治者何也？唯而[4]以尚同一义为政故也。

[1] 旧脱此字，一本有。

[2] 一本无此字，是。

[3] 一本作"则"。

[4] 一本无此字，非。而，同"能"。

天下既[1]已治，天子又总天子之义以尚同于天。故当尚用之为说也，尚同[2]之天子，可以治天下矣；中用之诸侯，可而治其国矣；小用之家君，可而治其家矣。是故大用之治天下不窕[3]，小用之治一国一家而不横者，若道之谓也。故曰：治天下之国若治一家，使天下之民若使一夫。意独子墨子有此，而先王无此其有邪？则亦然也。圣王皆以尚同为政，故天下治。何以知其然也？于先王之书也。《大誓》之言然，曰："小人见奸巧，乃闻不言也，发罪钧[4]。"此言见淫辟不以告者，其罪亦犹淫辟者也。

[1] 一本作"计"，非。

［2］一本作"上同"。

［3］《尔雅》云："宭,间也。"犹云无间。

［4］《孔书》无此文。

　　故古之圣王治天下也,其所差论以自左右羽翼者,皆良外为之人,助之视听者众。故与人谋事,先人得之;与人举事,先人成之;先之[1]誉令闻,先人发之。唯信身而从事,故利若此。古者有语焉,曰:"一目之[2]视也,不若二目之视也;一耳之听也,不若二耳之听也;一手之操也,不若二手之[3]强也。"夫唯能信身而从事,故利若此。是故古之圣王之治天下也,千里之外有贤人焉,其乡里之人皆未之均闻见也,圣王得而赏之;千里之内有暴人焉,其乡里[4]未之均闻见也,圣王得而罚之。故唯毋以圣王为聪耳明目与,岂能一视而通见千里之外哉? 一听而通闻千里之外哉? 圣王不往而视也,不就而听也。然而使天下之为寇乱盗贼者周流天下无所重足者,何也? 其以尚同为政善也。

［1］二字一本作"光",是。

［2］旧脱此字,一本有。

［3］旧脱此字,一本有。

［4］据上文当有"之人"二字。

　　是故子墨子曰:"凡使民尚同者,爱民不疾,民无可使。曰:必疾爱而使之,畋信而持之;富贵以道其前,明罚以率其后。为政若此,虽[1]欲毋与我同,将不可得也。"

[1]旧作"唯",以意改。

是以子墨子曰："今天下王公大人士君子,中情将欲为仁义,求为士,上欲中圣王之道,下欲中国家百姓之利,故当尚同之说而不察[1],尚同为政之本而治要也[2]。"

[1] 当云"不可不察"。
[2] 当云"治之要也"。

第四卷

兼 爱 上[1]

圣人以治天下为事者也，必知乱之所自起，焉能治之；不知乱之所自起，则不能治。譬之如医之攻人之疾者然，必知疾之所自起，焉能攻之；不知疾之所自起，则弗能攻。治乱者何独不然？必知乱之所自起，焉能治之；不知乱之所自起，则弗能治。圣人以治天下为事者也，不可不察乱之所自起。

[1] 恶好之字作"恶"，从夊者，行貌，经典通用此。

当察乱何自起，起不相爱。臣子之不孝君父，所谓乱也。子自爱，不爱父，故亏父而自利；弟自爱，不爱兄，故亏兄而自利；臣自爱，不自爱君，故亏君而自利。此所谓乱也。虽父之不慈子，兄之不慈弟，君之不慈臣，此亦天下之所谓乱也。父自爱也不爱子，故亏子而自利；兄自爱也不爱弟，故亏弟而自利；君自爱也不爱臣，故亏臣而自利。是何也？皆起不相爱。

虽至天下之为盗贼者亦然。盗爱其室，不爱其异室，故窃异室以利其室；贼爱其身，不爱人，故贼人以利其身。此何也？皆起不相爱。

虽至大夫之相乱家，诸侯之相攻国者亦然。大夫各爱家[1]，不爱异家，故乱异家以利家[2]。诸侯各爱其国，不爱异国，故攻异国以利其国。天下之乱物，具此而已矣。察此何自起？皆起不相爱。

[1] 一本云"爱其家"。
[2] 一本云"利其家"。

若使天下兼相爱[1]，人若爱其身，恶施不孝？犹有不慈者乎？视子弟与臣若其身，恶施不慈？不孝亡有[2]。犹有盗贼乎？故视人之室若其室，谁窃？视人身若其身，谁贼？故盗贼亡有[3]。犹有大夫之相乱家、诸侯之相攻国者乎？视人家若其家，谁乱？视人国若其国，谁攻？故大夫之相乱家、诸侯之相攻国者亡有。若使天下兼相爱，国与国不相攻，家与家不相乱，盗贼无有，君臣父子皆能孝慈，若此，则天下治。

[1] 卢云下有"爱"字。
[2] 旧脱此字，据下文增。
[3] 二字旧倒，非，下同。

故圣人以治天下为事者，恶得不禁恶而劝爱？故天下兼相爱则治，相恶则乱。故子墨子曰："不可以不劝爱人者，此也。"

兼 爱 中

子墨子言曰："仁人之所以为事者,必兴天下之利,除去天下之害,以此为事者也。"然则天下之利何也? 天下之害何也? 子墨子言曰："今若国之与国之相攻,家之与家之相篡,人之与人之相贼,君臣不惠忠,父子不慈孝,兄弟不和调,此则天下之害也。"然则崇此害亦何用生哉? 以不相爱生邪? 子墨子言:"以不相爱生。"今诸侯独知爱其国,不爱人之国,是以不惮举其国以攻人之国。今家主独知爱其家,而不爱人之家,是以不惮举其家以篡人之家。今人独知爱其身,不爱人之身,是以不惮举其身以贼人之身。是故诸侯不相爱则必野战,家主不相爱则必相篡,人与人不相爱则必相贼,君臣不相爱则不惠忠,父子不相爱则不慈孝,兄弟不相爱则不和调。天下之人皆不相爱,强必执弱,富必侮贫,贵必敖[1]贱,诈必欺愚。凡天下祸篡怨恨其所以起者,以不相爱生也,是以仁者非之。

[1] 一本作"傲",此"傲"字假音。

既以非之,何以易之? 子墨子言曰:"以兼相爱、交相利之法易之。"然则兼相爱、交相利之法将奈何哉? 子墨子言:"视人之国若视其国,视人之家若视其家,视人之身若视其身。"是故诸侯相爱则不野战,家主相爱则不相篡,人与人相爱则不相贼,贵不敖贱,诈不欺愚。凡天下祸篡怨恨可使毋起者,以仁者誉之。

然而今天下之士,君臣相爱则惠忠,父子相爱则慈孝,兄弟相爱则和调;天下之人皆相爱,强不执弱,众不劫寡,富不侮贫。子墨子言曰:"然。乃若兼则善矣。""虽然,天下之难物于故也。"子墨子言曰:"天下之士君子,特不识其利、辩其故也。今若夫攻城野战,杀身为名,此天下百姓之所皆难也。苟君说之,则士众能为之。况于兼相爱、交相利,则与此异。夫爱人者,人必从而爱之;利人者,人必从而利之。恶人者,人必从而恶之;害人者,人必从而害之。此何难之有?特上弗以为政,士不以为行故也。"昔者晋文公好士之恶衣[1],故文公之臣[2],皆牂羊之裘,韦以带剑[3],练帛之冠[4],入以见于君,出以践朝[5]。是其故何也?君说之,故臣为之也。昔者楚灵王好士细要[6],灵王之臣皆以一饭为节[7],胁[8]息然后带,扶墙然后起。比期年,朝有黧黑之危[9]。是其故何[10]也?君说之,故臣能之也。昔越王句践好士之勇,教驯其臣,和合之,焚舟失火,试其士曰:"越国之宝尽在此!"越王亲自鼓其士[11]而进之[12]。士闻鼓音,破碎乱行,蹈火而死者,左右百人有余[13]。越王击金而退之。是故子墨子言曰:"乃若夫少食、恶衣,杀身而为名,此天下百姓之所皆难也。若苟君说之,则众能为之。况兼相爱、交相利,与此异矣。夫爱人者,人亦从而爱之;利人者,人亦从而利之。恶人者,人亦从而恶之;害人者,人亦从而害之。此何难之有焉?特上不以为政,而士不以为行故也。"

[1]《太平御览》引作"服"。

[2]《太平御览》引作"大夫"二字。

[3]旧作"钱",据《太平御览》改。

[4]《太平御览》引此"练"作"大"。

[5]《淮南子·齐俗训》云:"晋文君大布之衣,牂羊之裘,韦以带剑,威立于海内。"

[6]旧作"腰",俗写。《后汉书注》引此云:"楚灵王好细腰,而国多饿人。"

[7]《太平御览》引此"一"作"三"。

[8]旧作"肱",据《太平御览》改。

[9]"黧"非古字,当为"黎"。《吕氏春秋·行论》云:"禹官为司空,以通水潦,颜色黎黑。"只作"黎"。《玉篇》云:"黧,亦作黎。"

[10]"何"原作"是",据上文当作"何",今据改。

[11]鼓击之字从支,钟鼓之字从殳。

[12]旧此下有"曰"字,衍文。

[13]《太平御览》引云:"越王好士勇,自焚其室,曰越国之宝悉在此中,王自鼓,蹈火而死者百馀人。"

然而今天下之士君子曰:"然。乃若兼则善矣。虽然不可行之物也,譬若挈太山越河济也[1]。"子墨子言:"是非其譬也。夫挈太山而越河济,可谓毕劫有力矣。自古及今,未有能行之者也。况乎兼相爱、交相利,则与此异。古者圣王行之。"何以知其然?古者禹治天下,西为西河渔窦[2],以泄渠、孙、皇之水[3];北为防、原、泒,注[4]后之邸[5]嘑池之窦[6],洒为底柱[7],凿为龙门[8],以利燕、代、胡、貉与西河之民[9];东方漏之陆防[10],孟诸之泽[11],洒为九浍[12],以楗东土之水[13],以利冀州之民;南为江、汉、淮、汝,东流之,注五湖之处[14]，以利荆楚、于越[15]，南夷之民[16]。此言禹之事，吾今行兼矣。昔者文王之治西土，若日若月，乍光于四方、于西土，不为大国侮小国，不为众庶侮鳏寡，不为暴势夺穑人黍稷狗彘[17]。天屑临文王慈[18]，是以老而无子者，有所得终其寿；连独无兄弟者[19]，有所杂于生人之间；少失其父母者，有所放依而长。此文王之事，则吾今行兼矣。昔者武王将事泰山隧[20]，传曰："泰山，有道曾孙周王有事，大事既获，仁人尚作，以祗商夏、蛮夷丑貉。虽有周亲，不若仁人。万方有罪，维予一人。"此言武王之事，吾今行兼矣。

[1] 此"济"字当为"沛"，即出山西垣曲县王屋山之沇水也。从齐者，石济水出直隶赞皇县也。

[2] 西河在今山西陕西之界，渔窦疑即龙门。

[3] 未详其水。

[4] 疑即雁门㿎水也。

[5] 未详。

[6] 即虖沱河，出今山西繁畤县。古无"池"字，即"沱"异文，故此亦以"池"为"沱"也。

[7]《说文》云："洒，汛也。"洒假音字。《水经》云："砥柱山在河东大阳县东河中。"《括地志》云："底柱山俗名三门山，硖石县东北五十里黄河之中。"案：在今山西平陆县东五十里，三门山东。

[8]《水经》云："龙门山在河东皮氏县西。"《括地志》云："龙门山在同州韩城县北五十里。"山在今河津、韩城二县界。

[9] 貉，《非攻中》作"貃"，是。疑《左传》云"狄之广莫，于晋为都"，广即少广，莫即貃也。

[10] 陆防，疑即大陆，在今山东巨鹿县。

　　[11] 泽,在今山东虞城县西北十里,有孟诸台,接商邱县界。《水经》云:"明都泽在梁郡睢阳县东北。"明、孟、诸、都,音相近。

　　[12] 此"巜"字之假音。《尔雅》云:"水注沟曰浍。"《说文》以浍为水名。案:九"巜"即九河也。

　　[13]《说文》云:"楗,门限。"则此盖言限也。《玉篇》:"渠偃切。"

　　[14]《文选注》云:"张勃《吴录》曰:五湖者,太湖之别名也,周行五百余里。"今案江南吴、吴江、宜兴、武进、无锡、浙江乌程、长兴七县,皆濒此湖也。

　　[15] 四字旧作"楚荆越与",据《文选注》改。

　　[16] 江、淮、汝在荆,五湖在越也。

　　[17]《说文》云:"啬,悉濇也,从来从靣。来者靣而臧之,故田夫谓之啬夫。"穑与啬通。

　　[18]《汉书·武帝纪》云:"肩然如有闻。"

　　[19] 连同"鰱",音相近,字之异也。经典或作"荧",或作"惸",皆假音。

　　[20] 或为"队"。《穆天子传》云:"钘山之队。"《玉篇》云:"队,以醉切,掘地通路也。或作䢫。"案:队、隧字皆《说文》䢫字之省。

　　是故子墨子言曰:"今天下之君子,忠[1]实欲天下之富[2]而恶其贫,欲天下之治而恶其乱,当兼相爱、交相利,此圣王之法,天下之治道也,不可不务为也。"

　　[1] 一本作"中"。
　　[2] 旧云"士富","士"字衍。

兼 爱 下

　　子墨子言曰:"仁人之事者,必务求兴天下之利,除天下之害。"然当今之时,天下之害孰为大? 曰:"若大国之攻小国也,大家之乱小家也,强之劫弱,众之暴寡,诈之谋愚,贵之敖[1]贱,此天下之害也。人与为人君者之不惠也,臣者之不忠也,父者之不慈也,子者之不孝也,此又天下之害也。又与[2]今人之贱人,执其兵刃、毒药、水火以交相亏贼,此又天下之害也。"

　　[1] 一本作"傲"。
　　[2] 当云"人与"。

　　姑尝本原若众害之所自。此胡自生? 此自爱人利人生与? 即必曰非然也,必曰从恶人贼人生。分名乎天下恶人而贼人者,兼与? 别与? 即必曰[1]别也。然即之交别者,果生天下之大害者与! 是故别非也。子墨子曰:"非人者必有以易之,若非人而无以易之,譬之犹以水救火也[2]。"其说将必无可焉。是故子墨子曰:"兼以易别。"然即兼之可以易别之故何也? 曰:"藉为人之国,若为其国,夫谁独举其国以攻人之国者哉? 为彼者由为己也[3]。为人之都,若为其都,夫谁独举其都以伐人之都者哉? 为彼犹为己也。为人之家,若为其家,夫谁独举其家以乱人之家者哉? 为彼犹为己也。"然即国、都不相攻伐，人家不相乱贼，此天下之害与？天下之利与？即必曰天下之利也。

〔1〕旧脱此字，据上文增。

〔2〕一本作"火救水"。

〔3〕由，同"犹"。

　　姑尝本原若众利之所自生。此胡自生？此自恶人贼人生与？即必曰非然也，必曰从爱人利人生。分名乎天下爱人而利人者，别与？兼与？即必曰兼也。然即之交兼者，果生天下之大利者与！是故子墨子曰："兼是也。"且乡吾本言曰〔1〕："仁人之是者，必务求兴天下之利，除天下之害。"今吾本原兼之所生，天下之大利者；吾本原别之所生，天下之大害者也。是故子墨子曰："别非而兼是者，出乎若方也〔2〕。"

〔1〕"曏"字省文。《说文》云："曏，不久也。"郑君注《仪礼》云："曏，曩也。"

〔2〕"乎"旧作"平"，以意改。

　　今吾将正求与天下之利而取之，以兼为正，是故以聪耳明目相为视听乎，是以股肱毕强相为动〔1〕宰乎，而有道肆相教诲。是以老而无妻子者，有所侍养，以终其寿；幼弱孤童之无父母者，有所放依，以长其身。令唯毋以兼为正，即若其利也。不识天下之士〔2〕，所以皆闻兼而非者，其故何也？

[1] 旧此下有"为"字，一本无。

[2] 旧作"事"，一本如此。

然而天下之士非兼者之言犹未止也，曰："即善矣，虽然，岂可用哉？"子墨子曰："用而不可，难哉，亦将非之。且焉有善而不可用者？"姑尝两而进之。谁以为二士，使其一士者执别，使其一士者执兼。是故别士之言曰："吾岂能为吾友之身若为吾身，为吾友之亲若为吾亲。"是故退睹其友，饥即不食，寒即不衣，疾病不侍养，死丧不葬埋[1]。别士之言若此，行若此。兼士之言不然，行亦不然，曰："吾闻为高士于天下者，必为其友之身若为其身，为其友之亲若为其亲，然后可以为高士[2]天下。"是故退睹其友，饥则食之，寒则衣之，疾病侍养之，死丧葬埋之。兼士之言若此，行若此。若之二[3]者，言相非而行相反与！当使若二士者，言必信，行必果，使言行之合犹合符节也，无言而不行也。然即敢问，今有平原广野于此，被甲婴胄[4]将往战，死生之权，未可识也。又有君大夫之远使于巴、越、齐、荆，往来及否未及否，未可识也。然即敢问，不识将恶也。家室奉承亲戚，提挈妻子，而寄托之，不识于兼之有是乎？于别之有是乎哉？以为当其于此也，天下无愚夫愚妇，虽非兼之人，必寄托之于兼之有是也。此言而非兼，择即取兼，即此言行拂[5]也。不识天下之士，所以皆闻兼而非之者，其故何也？

[1] 当为"薶"，《说文》云："薶，瘗也。"《玉篇》云："埋与薶同。"本书或作"貍"。

[2] 一本有"于"字。

[3] 一本有"士"字,是。

[4]《说文》云:"婴,颈饰也。"

[5] 旧作"兼费",一本如此。

　　然而天下之士非兼者之言犹未止也,曰:"意可以择士,而不可以择君子。"姑尝两而进之。谁以为二君,使其一君者执兼,使一君者执别。是故别君之言:"吾恶能为吾万民之身为吾身,此泰[1]非天下之情也。人之生乎地上之无几何也,譬之犹驷驰而过郤也[2]。"是故退睹其万民,饥即不食,寒即不衣,疾病不侍养,死丧不葬埋。别君之言若此,行若此。兼君之言不然,行亦不然,曰:"吾闻为明君于天下者,必先[3]万民之身,后为其身,然后可以为明君于天下。"是故退睹其[4]万民,饥即食之,寒即衣之,疾病侍养之,死丧葬埋之。兼君之言若此,行若此。然即交若之二君者,言相非而行相反与!常使若二君者,言必信,行必果,使言行之合犹合符节也,无言而不行也。然即敢问,今岁有疠疫,万民多有勤苦冻馁[5],转死沟壑中者,既已众矣,不识将择之二君者,将何从也? 我以为当其于此也,天下无愚夫愚妇,虽非兼君,必从兼君是也。言而非兼,择即取兼[6],此言行拂也。不识天下所以皆闻兼而非之者,其故何也?

　　[1] 一本作"大"。

　　[2]"郤"旧作"隙",据《文选注》引作"郤",云古"隙"字,郤即郤也。《说文》云:"隙,壁际孔也。"郤,节郤也。节郤,言节之会,亦际缝之意。皆通。

[3] 旧作"万",一本如此。

[4] 旧脱此字,以意增。

[5] 当为"佞"。

[6] 二字旧脱,据上文增。

然而天下之士非兼者之言也犹[1]未止也,曰:"兼即仁矣,义矣。虽然,岂可为哉?吾譬兼之不可为也,犹挈泰[2]山以超江河也。故兼者直愿之也,夫岂可为之物哉?"子墨子曰:"夫挈泰山以超江河,自古之及今,生民而来,未尝有也。今若夫兼相爱、交相利,此自先圣六王者亲行之。"何[3]知先圣六王之亲行之也?子墨子曰:"吾非与之并世同时,亲闻其声,见其色也。以其所书于竹帛,镂于金石,琢于槃盂,传遗[4]后世子孙者知之。"《泰誓》曰:"文王若日若月乍照,光于四方、于西土[5]。"即此言文王之兼爱天下之博大也,譬之日月兼照天下之无有私也。即此文王兼也,虽子墨子之所谓兼者,于文王取法焉。且不惟《泰誓》为然,虽《禹誓》[6]即亦犹是也。禹曰:"济济有众,咸听朕言[7]:非惟小子,敢行称乱[8],蠢兹有苗,用天之罚[9],若予既率尔群对诸群,以征有苗[10]。"禹之征有苗也,非以求以重富贵、干福禄、乐耳目也,以求兴天下之利,除天下之害。即此禹兼也,虽子墨子之所谓兼者,于禹求焉。且不惟《禹誓》为然,虽《汤说》即亦犹是也。汤曰[11]:"惟予小子履[12],敢用玄牡,告于上天后[13],曰:今天大旱,即当朕身履[14],未知得罪于上下[15]。有善不敢蔽,有罪不敢赦,简在帝心[16]。万方有罪,即当朕身;朕身有罪,无及万方[17]。"即此言汤贵为天子,富有天下，然且不惮以身为牺牲，以祠说于上帝鬼神。即此汤兼也，虽子墨子之所谓兼者，于汤取法焉。且不惟《誓命》与《汤说》为然，《周诗》即亦犹是也。《周诗》曰："王道荡荡，不偏不党；王道平平，不党不偏。"其直若矢，其易若厎，君子之所履，小人之所视。若吾言非语道之谓也，古者文武为正均分，赏贤罚暴，勿有亲戚弟兄之所阿。即此文武兼也，虽子墨子之所谓兼者，于文武取法焉。不识天下之人所以皆闻兼而非之者，其故何也？

［1］旧作"独"，一本如此。

［2］一本作"太"。

［3］《太平御览》引有"以"字。

［4］刘逵注左思赋引作"于"。

［5］《孔书》云："唯我文考，若日月之照临，光于四方，显于西土。"

［6］《大禹谟》文。云《禹誓》者，禹之所誓也。

［7］《孔书》作"命"。

［8］《孔书》无此八字。

［9］《孔书》无此四字。

［10］《孔书》作："肆予以尔众士，奉辞伐罪。"群，犹众。

［11］今《汤诰》文。

［12］《孔书》作"肆台小子"。

［13］《孔书》作"上天神后"。

［14］详此文，是汤祷旱文。《孔书》亦无此十字。

［15］《孔书》作"未知获戾于上下"。

［16］皆与《孔书》微异。

［17］俱与《孔书》微异。孔安国注《论语》"有罪不敢赦，帝臣不蔽，简在帝心。朕躬有罪，无以万方；万方有罪，罪在朕躬"云，《墨子》引《汤

誓》，其辞若此。《国语》内史过引《汤誓》云："余一人有罪，无以万夫；万夫有罪，在余一人。"

然而天下之非兼者之言犹未止，曰："意不忠亲之利而害为孝乎？"子墨子曰："姑尝本原之孝子之为亲度者。吾不识孝子之为亲度者，亦欲人爱利其亲与？意欲人之恶贼其亲与？以说观之，既欲人之爱利其亲也。然即吾恶先从事即得此？若我先从事乎爱利人之亲，然后人报我爱利吾亲乎？意我先从事乎恶人之亲，然后人报我以爱利吾亲乎？即必吾先从事乎爱利人之亲，然后人报我以爱利吾亲也。然即之交孝子者，果不得已乎！毋先从事爱利人之亲者与，意以天下之孝子为遇[1]，而不足以为正乎？姑尝本原先王之所书，《大雅》之所道，曰：'无言而不仇，无德而不报。投我以桃，报之以李。'即此言爱人者必见爱也，而恶人者必见恶也。不识天下之士，所以皆闻爱而非之者，其故何也？"

[1]一本作"偶"。

意以为难而不可为邪？尝有难此而可为者。昔荆灵王好小要[1]，当灵王之身，荆国之士，饭不逾乎一，固[2]据而后兴，扶垣而后行，故约食为其难为也，然后为，而灵王说之，未逾于世而民可移也，即求以乡其上也。昔者越王句践好勇，教其士臣三年，以其知为未足以知之也，焚舟失火，鼓而进之。其士偃前列，伏水火而死有不可胜数也。当此之时，不鼓而退也，越国之士，可谓颤矣[3]。故焚身为其难为也，

然后为之[4]，越王说之，未逾于世而民可移也，即求以乡上
也。昔者晋文公好苴服，当文公之时，晋国之士，大布之衣，
牂羊之裘，练帛之冠，且苴之履[5]，入见文公，出以践之朝。
故苴服为其难为也，然后为，而文公说之，未逾于世而民可
移也，即求以乡其上也。是故约食、焚舟、苴服，此天下之至
难为也，然后为，而上说之，未逾于世而民可移也。何故也？
即求以乡其上也。今若夫兼相利，此其有利且易为也，不可
胜计也。我以为则无有上说之者而已矣，苟有上说之者，劝
之以赏誉，威之以刑罚，我以为人之于就兼相爱、交相利也，
譬之犹火之就上，水之就下也，不可防止于天下。

［1］旧作"腰"，非。

［2］一本作"握"。

［3］《玉篇》云："颤，动也。"言其惊畏。

［4］据前后文，当为"而"。

［5］且，当为"粗"。

故兼者，圣王之道也，王公大人之所以安也，万民衣食
之所以足也。故君子莫若审兼而务行之。为人君必惠，为
人臣必忠，为人父必慈，为人子必孝，为人兄必友，为人弟必
悌[1]。故君子莫若欲为惠君、忠臣、慈父、孝子、友兄、悌弟，
当若兼之不可不行也。此圣王之道，而万民之大利也。

［1］当为"弟"，此俗写。

第五卷

非 攻 上

今有一人，入人园圃[1]，窃其桃李。众闻则非之，上为政者得则罚之。此何也？以亏人自利也。至攘人犬豕鸡豚者，其不义又甚入人园圃窃桃李。是何故也？以亏人愈多，其不仁兹甚，罪益厚。至入人栏厩[2]，取人马牛者，其不仁义又甚攘人犬豕鸡豚。此何故也？以其亏人愈多。苟亏人愈多，其不仁兹甚，罪益厚。至杀不辜人也，扡其衣裘[3]，取戈剑者，其不义又甚入人栏厩取人马牛。此何故也？以其亏人愈多。苟亏人愈多，其不仁兹甚矣，罪益厚。当此，天下之君子[4]皆知而非之，谓之不义。今至大为攻国[5]，则弗知[6]非[7]，从而誉之，谓之义。此何[8]谓知义与不义之别乎？

[1]《说文》云"园，所以树果"，"种菜曰圃"。

[2]《说文》无"栏"字。《玉篇》云："木栏也。"

[3]扡，读如"终朝三扡"之扡。陆德明《易音义》云："襹，郑本作扡，徒可反。"扡即扡异文。

[4]旧脱此字，据后文增。

[5]据后文云"大为不义攻国"。

[6]一本作"之"。

[7]旧脱此字，据后文增。

　　[8] 一本作"可",是。

　　杀一人谓之不义,必有一死罪矣。若以此说往,杀十人,十重不义,必有十死罪矣;杀百人,百重不义,必有百死罪矣。当此,天下之君子皆知而非之,谓之不义。今至大为不义攻国,则弗之而[1]非,从而誉之,谓之义;情不知其不义也,故书其言以遗后世。若知其不义也,夫奚说书其不义,以遗后世哉[2]?

　　[1] 一本无此字,是。
　　[2] 奚说,犹言何乐。

　　今有人于此,少见黑曰黑,多见黑曰白,则以此人不知白黑之辩矣;少尝苦曰苦,多尝苦曰甘,则必以此人为不知甘苦之辩矣。今小为非,则知而非之。大为非攻国,则不知而非,从而誉之谓[1]之义。可为[2]知义与不义之辩乎? 是以知天下之君子也,辩义与不义之乱也。

　　[1] 旧上二字倒,一本如此。
　　[2] 一本作"谓",是。

非 攻 中

子墨子言曰:"古者王公大人为政于国家者,情欲誉之审,赏罚之当,刑政之不过失。"是故子墨子曰:"古者有语:'谋而不得,则以往知来,以见知隐。'谋若此,可得而知矣。"

今师徒唯毋兴起,冬行恐寒,夏行恐暑,此不可以冬夏为者也;春则废民耕稼树艺,秋则废民获敛。今唯毋废一时,则百姓饥寒冻馁而死者,不可胜数。今尝计军上,竹箭、羽旄、幄幕、甲盾、拨劫[1],往[2]而靡弊腑冷不反者[3],不可胜数;又与矛、戟、戈、剑、乘车,其列往[4]碎折靡弊而不反者,不可胜数;与其牛马肥而往,瘠而反,往死亡而不反者,不可胜数;与其涂道之修远,粮食辍绝而不继[5],百姓死者,不可胜数也;与其居处之不安,食饭之不时,饥饱之不节,百姓之道疾病而死者,不可胜数;丧师多不可胜数,丧师尽不可胜计,则是鬼神之丧其主后,亦不可胜数。

[1]《说文》云:"幄,木帐也。"幄当从木。

[2]旧作"住",一本如此。

[3]腑即"腐"字异文。冷、烂音相近,当为烂。

[4]旧作"列住",以意改。

[5]粮,俗。《玉篇》云:"粮同糧。"

国家发政,夺民之用,废民之利,若此甚众,然而何为为之? 曰:"我贪伐胜之名及得之利,故为之。"子墨子言曰:"计其所自胜,无所可用也。计其所得,反不如所丧者之多。"今攻三里之城、七里之郭,攻此不用锐且无杀而徒得此然也。杀人多必数于万,寡必数于千,然后三里之城、七里之郭,且可得也。今万乘之国,虚[1]数于千,不胜而入[2];广衍数于万[3],不胜而辟[4]。然则土地者,所有余也;王民者,所不足也。今尽王民之死严下上之患,以争虚城,则是弃所不足而重所有余也。为政若此,非国之务者也。

[1] 此"墟"字正文,俗从土。

[2] 旧作"人",以意改。

[3] 王逸注《楚辞》曰:"衍,广大也。"

[4] 此"闢"字之假音,入、辟为韵。

饰攻战者言曰[1]:"南则荆、吴之王,北则齐、晋之君,始封于天下之时,其土之方,未至有数百里也;人徒之众,未至有数十万人也。以攻战之故,土地之博至有数千里也,人徒之众至有数百万人。故当攻战而不可为也。"子墨子言曰:"虽四五国则得利焉,犹谓之非行道也,譬若医之药人之有病者然[2]。今有医于此,和合其祝药之于天下之有病者而药之[3],万人食此,若医四五人得利焉,犹谓之非行药也。故孝子不以食其亲,忠臣不以食其君。古者封国于天下,尚者[4]以耳之所闻,近者以目之所见,以攻战亡者,不可胜数。"何以知其然也? 东方有莒之国者[5],其为国甚小,间于大国之间,不敬事于大,大国亦弗之从而爱利。是以东者越人夹削其壤地,西者齐人兼而有之。计莒之所以亡于齐、越之间者,以是攻战也。虽南者陈、蔡,其所以亡于吴、越之间者,亦以攻战。虽北者中山诸国[6],其所以亡于燕、代、胡、貊之间者,亦以攻战也。是故子墨子言曰:"古者王公大人,情欲得而恶失,欲[7]安而恶危,故当攻战而不可不非。"

[1] 旧作"也言",一本如此。

[2] 句。

[3] 祝谓祝由,见《素问》。或云祝药犹言疰药,非。一本无"祝"字,非也。

[4] 尚同"上"。

[5] 今山东莒州。

[6] 四字旧作"且一不著何"五字,一本如此。《史记·赵世家》云:"惠文王三年灭中山,迁其王于肤施。"《表》作"四年"。《元和郡县志》云:"定州,战国时为中山国。中山之地方五百里,城中有山,故曰中山。"今直隶定州是。

[7] 旧作"故",以意改。

饰攻战者之言曰:"彼不能收用彼众,是故亡。我能收用我众,以此攻战于天下,谁敢不宾服哉?"子墨子言曰:"子虽能收用子之众,子岂若古者吴阖闾哉?古者吴阖闾教七年[1],奉甲执兵,奔三百里而舍焉;次注林,出于冥隘之径[2],战于柏举[3],中楚国而朝宋与及鲁。至夫差之身,北而攻齐,舍于汶上,战于艾陵[4],大败齐人,而葆之大山;东而攻越,济三江五湖[5],而葆之会稽[6]。九夷之国,莫不宾服。于是退不能赏孤,施舍群萌[7]。自恃其力,伐其功,誉其智,怠于教,遂筑姑苏之台,七年不成[8]。及若此,则吴有离罢之心。越王句践视吴上下不相得,收其众以复其仇,入北郭,徙大内,围王宫,而吴国以亡。昔者晋有六将军,而智伯莫为强焉。计其土地之博,人徒之众,欲以抗诸侯,以为英名攻战之速。故差论其爪牙之士,皆列舟车之众,以攻中行氏而有之。以其谋为既已足矣,又攻兹范氏而大败之。并三家以为一家而不止,又围赵襄子于晋阳。及若此,则韩、魏亦相从而谋曰:'古者有语,唇亡则齿寒。赵氏朝亡,我夕从之;赵氏夕亡,我[9]朝从之。《诗》曰:鱼水不务,陆将何及乎!'是以三主之君,一心戮力[10],辟门除道,奉甲兴士,韩、魏自外,赵氏自内,击智伯大败之[11]。"是故子墨子言曰:"古者有语曰:'君子不镜于水,而镜于人。镜于水,见面之容;镜于人,则知吉与凶。'今以攻战为利,则盖尝鉴之于智伯之事乎[12]?此其为不吉而凶,既可得而知矣。"

[1] 案《史记》"阖闾九年入郢",《吴越春秋》云"九年十月,楚二师陈于柏举",即此事也。

[2]《淮南子·地形训》作"渑阨",高诱曰:"渑阨,今宏农渑池是也。"则在今河南永宁县。《史记·魏世家》云"秦攻冥阨之塞",《集解》云:"徐广曰:或以为江夏鄳县。"又杜预注《左传》云:"汉东之隘道。"《括地志》云:"石城山在中州钟山县东南二十一里。魏攻冥阨,即此山。"《吕氏春秋》、《淮南子》九塞,此其一也。《玉海》:"在信阳军东南五十里。今在河南信阳州东南九十里。"

[3] 在今湖北麻城县。《元和郡县志》云:"麻城县龟头山,在县东南十八里,举水之所出也。春秋吴、楚战于柏举,即此地也。"

［4］ 在今山东泰安县东南。《史记·吴太伯世家》云："夫差七年,北伐齐,败齐师于艾陵,至缯。"

［5］《史记索隐》云："韦昭云:三江谓松江、钱塘江、阳江。"《史记正义》云："顾夷《吴地记》云:松江东北行七十里,得三江口,东北入海为娄江,东南入海为东江,并松江为三江。"五湖见前。

［6］ 今浙江山阴会稽山。

［7］ 此"氓"字之假音。

［8］《史记集解》云："《越绝书》曰:阖闾起姑苏之台,三年聚材,五年乃成,高见三百里。"颜师古注《汉书》云："《吴地记》云:因山为名,西南去国三十五里,今江南苏州府治。"

［9］ 旧作"吾",一本如此。

［10］ 勠,"勤"字假音。

［11］ 事俱见《韩非子》。

［12］ 盖,同"盍"。

非 攻 下

子墨子言曰：今天下之所誉善者，其说将何为？其上中天之利，而中中鬼之利，而下中人之利，故誉之誉？意亡非为其上中天之利，而中中鬼之利，而下中人之利，故誉之与？虽使下愚之[1]人，必曰："将为其上中天之利，而中中鬼之利，而下中人之利，故誉之。"今天下之所同义[2]者，圣王之法也。今天下之诸侯将犹多皆免攻伐并兼，则是有誉义之名而不察其实也。此譬犹盲者之与人同命白黑之名，而不能分其物也，则岂谓有别哉？

[1] 旧二字倒，以意移。
[2] 旧作"养"，一本如此。

是故古之知者之为天下度也，必顺虑其义，而后为之。行是以动，则不疑速通。成得其所欲而顺天鬼、百姓之利，则知者之道也[1]。是故古之仁人有天下者，必反大国之说。一天下之和，总四海之内。焉率天下之百姓，以农臣事上帝山川鬼神，利人多，功故又大。是以天赏之，鬼[2]富之，人誉之；使贵为天子，富有天下，名参乎天地，至今不废。此则知者之道也，先王之所以有天下者也。

[1] 知，读智。

[2] 旧作"愚"，以意改。

今王公大人、天下之诸侯则不然，将必皆差论其爪牙之士，皆列其舟车之卒伍，于此为坚甲利兵，以往攻伐无罪之国。入其国家边境，芟刈其禾稼，斩其树木，堕[1]其城郭，以湮其沟池[2]，攘杀其牺牷，燔溃其祖庙，劲杀其万民[3]，覆其老弱，迁其重器，卒进而柱乎斗，曰："死命为上，多杀次之，身伤者为下；又况先列北挠乎哉[4]？罪死无杀！"以谇其众[5]。夫无兼国覆军，贼虐万民，以乱圣人之绪，意将以为利天乎？夫取天之人，以攻天之邑，此刺杀天民，剥振神之位，倾覆社稷，攘杀其牺牲，则此上不中天之利矣。意将以为利鬼乎？夫杀之人[6]，灭鬼神之主，废灭先王，贼虐万民，百姓离散，则此中不中鬼之利矣。意将以为利人乎？夫杀之人为利人也博矣，又计其费，此为周生之本，竭天下百姓之财用，不可胜数也，则此下不中人之利矣。

[1] 一本作"坠"。

[2] 湮塞之字当为"亜"。

[3] 劲字从刀。

[4] 北，谓奔北也。北之言背驰；挠之言曲行，谓逗挠。

[5] 《说文》、《玉篇》无此字。古字言、心相近，即"惮"字。

[6] 旧作"神"，据后文改。

今夫师者之相为不利者也，曰："将不勇，士不分[1]，兵不利，教不习，师不众，率不利和，威不圉，害之不久，争之不疾,孙之不强,植心不坚,与国诸侯疑;与国诸侯疑,则敌生虑而意赢矣。"偏具此物[2],而致从事焉,则是国家失卒[3],而百姓易务也。今不尝观其说好攻伐之国?若使中兴师,君子庶人也必且数千,徒倍十万,然后足以师而动矣。久者数岁,速者数月,是上不暇听治,士不暇治其官府,农夫不暇稼穑,妇人不暇纺绩织纴[4],则是国家失卒而百姓易务也。然而又与其车马之罢毙也,幔幕帷盖,三军之用,甲兵之备,五分而得其一,则犹为序疏矣。然而又与其散亡道路,道路辽远,粮食不继傺食饮之时[5],厕役以此饥寒冻馁疾病而转死沟壑中者,不可胜计也。此其为不利于人也,天下之害厚矣!而王公大人乐而行之,则此乐贼灭天下之万民也,岂不悖哉!今天下好战之国,齐、晋、楚、越,若使此四国者得意于天下,此皆十倍其国之众,而未能食其地也,是人不足而地有余也。今又以争地之故而反相贼也,然则是亏不足而动有余也。

[1] 同"忿"。

[2] 偏,当为"遍"。

[3] 一本作"足"。

[4] 《说文》云:"纺,网丝也。""绩,缉也。""织,作布帛之总名也。""纴,机缕也",纴或字。

[5] 王逸注《楚辞》云:"傺,住也。楚人名住曰傺。"

今还夫好攻伐之君,又饰其说以非子墨子曰:"以攻伐之[1]为不义,非利物与?昔者禹征有苗,汤伐桀,武王伐纣,此皆立为圣王,是何故也?"子墨子曰:"子未察吾言之类,未明其故者也。彼非所谓攻,谓诛也。昔者有三苗大乱,天命殛之。日妖宵出,雨血三朝,龙生庙,大哭乎市,夏冰,地坼及泉[2],五谷变化,民乃大振[3]。高阳[4]乃命玄宫,禹亲把[5]天之瑞令[6],以征有苗。四电诱祗,有神人面鸟身,若瑾以侍,搤矢有苗之祥,苗师大乱,后乃遂几。禹既已克有三苗,焉磨为山川,别物上下,卿制大极[7],而神民不违,天下乃静。则此禹之所以征有苗也。还至乎夏王桀[8],天有梏命[9],日月不时,寒暑杂至,五谷焦死,鬼呼国,鹤鸣十夕余[10]。天[11]乃命汤于镳[12]宫,用受夏之大命:'夏德大乱,予既卒其命于天矣,往而诛之,必使汝堪[13]之。'汤焉敢奉率其众,是以乡有夏之境。帝乃使阴暴毁有夏之城。少少有神来告曰:'夏德大乱,往攻之,予必使汝大堪之。予既受命于天。'天命融隆[14]火[15]于夏之城间西北之隅。汤奉桀众以克有,属诸侯于薄[16],荐章天命,通于四方,而天下诸侯莫敢不宾服。则此汤之所以诛桀也。还至乎商王纣[17],天不序其德,祀用失时,兼夜中[18]十日,雨土于薄[19],九鼎迁止,妇妖宵出,有鬼宵吟,有女为男,天雨肉,棘生乎国道,王兄自纵也。赤鸟[20]衔珪[21],降周之岐社,曰:'天命周文王,伐殷有国[22]。'秦颠来宾,河出绿图,地出乘黄,武王践功。梦见三神,曰[23]:'予既沈渍[24]殷纣于酒德矣,往攻之,予必使汝大堪[25]之。'武王乃攻狂夫。反商之周,天赐[26]武王黄鸟之旗[27]。王既已克殷,成帝之来[28],分主诸神,祀纣先王,通维四夷,而天下莫不宾,焉袭汤之绪。此即武王之所以诛纣也。若以此三圣王者观之，则非所谓攻也，所谓诛也。”

[1] 据后文当云“子以攻罚”。

[2]《太平御览》引此云：“三苗欲灭，时地震坼泉涌。”

[3] 同“震”。

[4] 舜，高阳第六世孙，故云。

[5]《文选注》引作“抱”。

[6]《说文》云：“瑞以玉为信也。”

[7]《说文》云：“卿，章也。”

[8]《文选注》引作“夏桀时”。

[9] 牿，当是“诰”字。

[10] 卢云：“鸖字未详，若作鹳，与鹤同”。

[11] 旧脱此字，据《文选注》增。

[12]《艺文类聚》引作“骊”，《文选注》作“镳”。

[13]《文选注》、《艺文类聚》引作“戡”。此“戋”字之假音。《说文》云：“戋，杀也。”《尔雅》云：“堪，胜也。”

[14] 疑作“降”。

[15] 言命祝融降火。

[16] 此作“薄”，是也。《管子·地数》云：“汤有七十里之薄。”《周书·殷祝解》云：“汤放桀而复薄。”《荀子·议兵》云：“古者汤以薄，武王以滈。”《吕氏春秋》云：“汤尝约于郼薄。”皆作“薄”。《地里志》云：“河南偃师尸乡，殷汤所都。”是今河南偃师也。《史记集解》云：“皇甫谧曰：梁国谷孰为南亳，即汤都也。”《括地志》云：“宋州谷孰县西南三十里南亳故城，即南亳汤都也。宋州北五十里大蒙城为景亳，汤所盟地，因景山为名。河南偃师为西亳，帝喾及汤所都，盘庚亦从都之。”又案：“薄”，惟《孟子》作“亳”，非正字也。亳，京兆杜陵亭，见《说文》。别有亳王号汤，在今陕西三原县，地各不同。

[17]《文选注》引作“商王纣时”，《太平御览》作“纣之时”。

［18］句。

［19］《太平御览》引作"亳"，假音字。

［20］《太平御览》引作"雀"。

［21］《初学记》引作"书"。

［22］《太平御览》云："命曰周文王伐殷。"《事类赋》云："命伐殷也。"

［23］旧脱此字，据《文选注》、《艺文类聚》增。

［24］《艺文类聚》引作"渎"。

［25］《艺文类聚》《文选注》引作"戡"。

［26］《太平御览》引作"锡"。

［27］《北堂书钞》引《随巢子》云："天赐武王黄鸟之旗。"《抱朴子》云："武王时兴，天给之旗。"

［28］当为"赍"。

　　则夫好攻伐之君，又饰其说以非子墨子曰："子以攻伐为不义，非利物与？昔者楚熊丽[1]始讨[2]此睢山之间[3]，越王繄亏[4]出自有遽[5]，始邦于越，唐叔与吕尚邦齐、晋，此皆地方数百里，今以并国之故，四分天下而有之，是故何也？"子墨子曰："子未察吾言之类，未明其故者也。古者天子之始封诸侯也，万有余[6]；今以并国之故，万国有余皆灭，而四国独立。此譬犹医之药万有余人，而四人愈也。则不可谓良医矣。"

［1］《史记·楚世家》云："鬻熊子事文王，蚤卒，其子曰熊丽。"

［2］字当为"封"。

［3］此即江、汉、沮、漳之沮。

墨子

［4］卢云：“即无余也。‘繁’，旧作‘紧’，非，以意改。”

［5］未详。

［6］《吕氏春秋·用民》云：“当禹之时，天下万国，至于汤而三千余国。”

则夫好攻伐之君，又饰其说曰：“我非以金玉、子女、壤地为不足也，我欲以义名立于天下，以德求[1]诸侯也。”子墨子曰：“今若有能以义名立于天下，以德求诸侯者，天下之服可立而待也。”夫天下处攻伐久矣，譬若传子之为马然[2]。今若有能信效先利天下诸侯者，大国之不义也，则同忧之；大国之攻小国也，则同救之；小国城郭之不全也，必使修之；布粟之绝，则委之；币帛不足，则共之[3]。以此效大国，则小国之君说。人劳我逸，则我甲兵强。宽以惠，缓易急，民必移。易攻伐以治我国，攻必倍。量我师举之费，以诤诸侯之毙，则必可得而序利焉。督以正，义其名，必务宽吾众，信吾师，以此授诸侯之师，则天下无敌矣。其为下不可胜数也。此天下之利，而王公大人不知而用，则此可谓不知利天下之巨[4]务矣。是故子墨子曰：“今且天下之王公大人士君子，中情将欲求兴天下之利，除天下之害，当若繁为攻伐，此实天下之巨害也。今欲为仁义，求为上士，尚欲中圣王之道，下欲中国家百姓之利，故当若非攻之为说，而将不可不[5]察者，此也。”

［1］一本作“来”，下同。

［2］传子，言传舍之人。

86

[3] 共,同"供"。

[4] 旧作"臣",以意改。

[5] 旧脱此字,以意增。

第六卷

节用上

圣人为政一国，一国可倍也[1]。大之为政天下，天下可倍也。其倍之，非外取地也；因其国家去其无足以倍之。圣王为政，其发令兴事，便民用财也，无不加用而为者。是故用财不费，民德不劳，其兴利多矣。

[1] 言利可倍。

其为衣裘何以为？冬以圉寒，夏以圉暑。凡为衣裳之道，冬加温，夏加清者，芊䱉不加者去之[1]。其为宫室何以为？冬以圉风寒，夏以圉暑雨，有盗贼加固者，芊䱉不加者去之。其为甲盾五兵何以为？以圉寇乱盗贼。若有寇乱盗贼，有甲盾五兵者胜，无者[2]不胜。是故圣人作为甲盾五兵。凡为甲盾五兵，加轻以利，坚而难折者，芊䱉不加者去之。其为舟车何？以为车以行陵陆，舟以行川谷，以通四方之利。凡为舟车之道，加轻以利者，芊䱉不加者去之。凡其为此物也，无加用而为者。是故用财不费，民德不劳，其兴利多。有去大人之好聚珠玉、鸟兽、犬马，以益衣裳、宫室、甲盾、五兵、舟车之数，于数倍乎！若则不难。

[1]"芊鉏"二字凡四见,疑一"鲜"字之误。鲜,少也,言少有不加于温清者去之。即下篇云"诸加费不加于民利者,圣王弗为"是也。不加,犹云无益。

[2]旧作"有",以意改。

　　故孰为难倍? 唯人为难倍。然人有可倍也。昔者圣王为法曰:"丈夫年二十,毋敢不处家。女子年十五,毋敢不事人。"此圣王之法也。圣王既没,于民次也。其欲蚤处家者,有所二十年处家;其欲晚处家者,有所四十年处家。以其蚤与其晚相践,后圣王之法十年。若纯三年而字,子生可以二三年矣。此不惟使民蚤处家而可以倍与? 且不然已。

　　今天下为政者,其所以寡人之道多,其使民劳,其籍敛厚;民财不足,冻饿死者,不可胜数也。且大人惟毋兴师以攻伐邻国[1],久者终年,速者数月,男女久不相见,此所以寡人之道也。与居处不安,饮食不时,作疾病死者,有与侵就援橐[2],攻城野战死者,不可胜数。此不令[3]为政者所以寡人之道,数术而起与! 圣人为政特无此。不圣人为政,其所以众人之道,亦数术而起与!

[1]毋,同"贯"。
[2]援即"援"字异文。
[3]令,当为"今"。

　　故子墨子曰:"去无用之[1]圣王之道,天下之大利也。"

[1]疑有脱字。

节 用 中

子墨子言曰："古者明王圣人所以王天下、正诸侯者，彼其爱民谨忠，利民谨厚；忠信相连，又示之以利。是以终身不餍，殁二[1]十而不卷。古者明王圣人，其所以王天下、正诸侯者，此也。"

[1] 卢云："二字疑当为世。"

是故古者圣王制为节用之法，曰："凡天下群百工，轮车、鞼匏[1]、陶冶、梓匠，使各从事其所能。曰，凡足以奉给民用，则止。"诸加费不加于民利者，圣王弗为[2]。

[1] 鞼，《说文》云："韦绣也。"匏，当为鞄，《说文》云："柔革工也，读若朴。"
[2] 旧"民用"下作"诸加费不加民利则止"，今据后文改。《史记·李斯列传》："李斯曰：凡古圣王，饮食有节，车器有数，宫室有度。出食造事，加费而无益于民者，禁。"即用此义。

古者圣王制为饮食之法，曰："足以充虚继气，强股肱[1]，耳目聪明，则止。"不极五味之调，芬香之和[2]，不致远国珍恢[3]异物[4]。何以知其然？古者尧治天下，南抚交阯，北降幽都，东西至日所出入[5]，莫不宾服。逮至其厚爱，黍稷不二,羹胾不重,饮于土塯[6],啜于土形[7],斗以酌。俛仰周旋威仪之礼[8],圣王弗为。

[1]《太平御览》引有"使"字。

[2]芬字同"岑"。

[3]一本作"怪",《太平御览》引同。

[4]《说文》云:"恢,大也。"亦通。

[5]谓旸谷、昧谷。

[6]当为"塯",《太平御览》引此云"饭土轨"。《史记·李斯列传》:"二世责问李斯曰:吾有所闻于韩子也,曰尧饭土瓾,啜土铏。"徐广曰:"瓾一作塯。"《说文》无塯字。《玉篇》云:"力又切,瓦饭器也。"

[7]《太平御览》引作"铏"。郑君注《周礼》云:"铏,羹器也。"《后汉书注》引此云:"尧舜堂高三尺,土阶三等,茅茨不翦,采椽不斫,饮土簋,歠土铏,粝粱之饭,藜藿之羹,夏日葛衣,冬日鹿裘,是约己也。"《文选注》亦以为此文案出《韩非子》。

[8]《说文》云:"頫,低头也。或从人免。"

古者圣王制为衣服之法,曰:"冬服绀緅之衣轻且暖[1],夏服缔绤之衣轻且清,则止。"诸加费不加于民利者,圣王弗为。

[1]《说文》云:"绀,帛深青扬赤色。"《玉篇》:"绀,古憾切。"案:緅非古字,当为"纔"。《考工记》云:"五入为緅。"郑君注云:"今礼俗文作爵,言如爵头色。"《说文》"纔"云"帛雀头色",与郑注緅义合。《说文》无緅字,是知当为纔。

古者圣人为猛禽狡兽暴人害民,于是教民以兵行,日带

剑为刺则入,击则断,旁击而不折。此剑之利也。甲为衣则
轻且利,动则兵且从。此甲之利也。车为服重致远,乘之则
安,引之则利;安以不伤人,利以速至。此车之利也。古者
圣王为大川广谷之不可济,于是利为舟楫,足以将之,则上。
虽上[1]者三公诸侯至,舟楫不易,津人不饰。此舟之利也。

[1] 旧作"止",以意改。

古者圣王制为节葬之法,曰:"衣三领足以朽肉,棺三寸
足以朽骸,堀穴深不通于泉[1],流[2]不发泄,则止。"死者既
葬,生者毋久丧用哀。

[1] 《说文》云:"堀,兔窟也。"此"窟"字假音。
[2] 流,疑当为"气",据下篇有云"气无发洩于上"。

古者人之始生,未有宫室之时,因陵丘堀穴而处焉。圣
王虑之,以为堀穴,曰:冬可以辟风寒[1];逮[2]夏,下润湿,上
熏烝,恐伤民之气。于是作为宫室而利。然则为宫室之法
将奈何哉?子墨子言曰:"其旁可以圉风寒,上可以圉雪霜
雨露,其中蠲洁可以祭祀,宫墙足以为男女之别,则止。"诸
加费不加民利者,圣王弗为。

[1] 辟,同"避"。言堀穴但可以避冬日风寒而已。
[2] 旧作"建",以意改。

节 用 下(缺)

节 葬 上(缺)

节 葬 中(缺)

节 葬 下[1]

子墨子言曰:"仁者之为天下度也,辟之无以异乎孝子之为亲度也[2]。"今孝子之为亲度也,将奈何哉?曰:"亲贫,则从事乎富之;人民寡,则从事乎众之;众乱,则从事乎治之。"当其于此也,亦有力不足,财不赡,智不智[3],然后已矣。无敢舍余力,隐谋遗利,而不为亲为之者矣。若三务者[4],孝子之为亲度也,既若此矣。虽仁者之为[5]天下度,亦犹此也。曰:"天下贫,则从事乎富之;人民寡,则从事乎众之;众而乱,则从事乎治之。"当其于此,亦有力不足,财不赡,智不智,然后已矣。无敢舍余力,隐谋遗利,而不为天下为之者矣。若三务者,此仁者之为天下度也[6],既若此矣。

[1]《说文》云:"葬,臧也。从死,在茻中,一其中,所以荐之。"《易》
曰:"古之葬者厚衣之以薪。"又云:"节,竹约也。"经典借为约之意。

[2]辟,同"譬"。

[3]一本作"知"。

[4]旧脱此字,据后文增。

[5]旧脱此字,一本有。

[6]旧脱此字,据上文增。

　　今逮至昔者三代圣王既没[1],天下失义。后世之君子,
或以厚葬久丧以为仁也,义也,孝子之事也;或以厚葬久丧
以为非仁义,非孝子之事也。曰二子者,言则相非[2],行即
相反,皆曰:"吾上祖述尧、舜、禹、汤、文、武之道者也。"而言
即相非,行即相反,于此乎后世之君子皆疑惑乎二子者言
也。若苟疑惑乎之二子者言,然则姑尝傅而为政乎国家万
民而观之,计厚葬久丧奚当此三利者? 我意若使法其言,用
其谋,厚葬久丧实可以富贫众寡,定危治乱乎,此仁也,义
也,孝子之事也[3],为人谋者不可不劝也[4]。仁者将兴之天
下,谁贾[5]而使民誉之,终勿废也。意亦使法其言,用其谋,
厚葬久丧实不可以富贫众寡,定危理[6]乱乎,此非仁、非义、
非孝子之事也,为人谋者不可不沮也。仁者将求除天下之
相废而使人非之,终身勿为。且故兴天下之利,除天下之
害,令国家百姓之不治也,自古及今,未尝之有也。何以知
其然也? 今天下之士君子,将犹多皆疑惑厚葬久丧之为中
是非利害也。故子墨子言曰:"然则姑尝稽之,今虽毋法执
厚葬久丧者言[7],以为事乎国家。"此存乎王公大人有丧者,

曰棺椁[8]必重，葬埋必厚，衣衾必多，文绣必繁，丘陇必巨；存乎正夫贱人死者[9]，殆竭家室；乎[10]诸侯死者，虚车府，然后金玉珠玑北乎身，纶组节约车马藏乎圹，又必多为屋幕，鼎鼓几梴壶滥[11]，戈剑羽旄齿革寝而埋之，满意，若送从。曰天子杀殉[12]，众者数百，寡者数十；将军大夫杀殉，众者数十，寡者数人。处丧之法将奈何哉？曰："哭泣不秩，声[13]翁，缞绖[14]，垂涕，处倚庐，寝苫枕凷。"又相率强不食而为饥，薄衣而为寒，使面目陷陬[15]，颜色黧黑。耳目不聪明，手足不劲强，不可用也。又曰："上士之操丧也，必扶而能起，杖而能行。"以此共三年。若法若言，行若道，使王公大人行此，则必不能蚤朝，五官六府，辟草木[16]，实仓廪；使农夫行此，则必不能蚤出夜[17]入，耕稼树艺；使百工行此，则必不能修舟车，为器皿矣；使妇人行此，则必不能夙兴夜寐，纺绩织纴[18]细。计厚葬为多埋赋之财者也，计久丧为久禁从事者也。财以成者[19]，扶而埋之；后得生者，而久禁之[20]。以此求富，此譬犹禁耕而求获也，富之说无可得焉。是故求以[21]富家，而既已不可矣。

[1]卢云："今逮至昔者连下为文，亦见下篇。"

[2]则字，据下当为"即"。

[3]旧脱此字，据前后文增。

[4]此下旧有"仁者将求兴天下，谁霸而使民誉之"云云，共六十四字，与下文复出，今删。

[5]一本作"霸"。

[6]前作"治"。

[7] 毌，同"惯"。

[8] 旧作"椰"，以意改。

[9] 正，同"征"。

[10] 当云"存乎"。

[11] 梪，同"筵"。《吕氏春秋·节丧》有云"壶滥"，高诱曰："以冰水浆于其中为滥，取其冷者也。"

[12] 古只为"夠"。

[13] 言声无次第。

[14] 翁义未详。《说文》云："缞服长六寸，博四寸，直心。"郑君注《仪礼》云："麻在首、在要，皆曰绖。"《说文》云："绖，丧首戴也。"

[15] 当为"陂"。陂之训阪隅，言面瘦棱棱也。卢云："《玉篇》有殰字，先外切，云瘦病也。则当为殰。"

[16] 辟，同"闢"。草，即"艸"字假音。

[17] 一本作"晚"。

[18] 纴、绖二字皆通。

[19] 以，同"已"。

[20] 言厚葬，则埋已成之财；久丧，则禁后生之财。

[21] 旧二字倒，据后文改。

　　欲以众人民，意者可邪？其说又不可矣。今惟毌[1]以厚葬久丧者为政，君死，丧之三年；父母死，丧之三年；妻与后子死者，五皆丧之三年；然后伯父、叔父、兄弟、孽子其[2]，族人五月，姑、姊、甥、舅皆有月数。则毁瘠必有制矣。使面目陷陬，颜色黧黑，耳目不聪明，手足不劲强，不可用也。又曰："上士操丧也，必扶而能起，杖而能行。"以此共三年。若法若言，行若道，苟其饥约，又若此矣。是故百姓冬不仞寒[3]，夏不仞暑，作疾病死者，不可胜计也。此其为败男女之交多矣。以此求众，譬犹使人负剑而求其寿也。众之说无可得焉。是故求以众人民，而既以不可矣[4]。

[1] 旧作"无"，当是"毌"讹为"毋"，又讹为"无"，以意改。

[2] 同"期"。

[3] 仞，"忍"字假音。

[4] 以，同"已"。

欲以治刑政，意者可乎？其说又不可矣。今惟毌[1]以厚葬久丧者为政，国家必贫，人民必寡，刑政必乱。若法若言，行若道，使为上者行此，则不能听治；使为下者行此，则不能从事。上不听治，刑政必乱；下不[2]从事，衣食之财必不足。若苟不足，为人弟者求其兄而不得，不弟弟必将怨其兄矣；为人子者求其亲而不得，不孝子必是怨其亲矣；为人臣者求之君而不得，不忠臣必且乱其上矣。是以僻淫邪行之民，出则无衣也，入则无食也，内续奚吾[3]，并为淫暴，而不可胜禁也。是故盗贼众而治者寡。先众盗贼而寡治者，以此求治，譬犹使人三睘[4]，而毋负己也。治之说无可得焉。是故求以治刑政，而既已不可矣。

[1] 旧作"无"，以意改。

[2] 旧有"行"字，衍文。

[3] 四字未详。

[4] 未详。

欲以禁止大国之攻小国也,意者可邪? 其说又不可矣。是故昔者圣王既没,天下失义,诸侯力征。南有楚、越之王,而北有齐、晋之君,此皆砥砺其卒伍[1],以攻伐并兼为政于天下。是故凡大国之所以不攻小国者,积委多,城郭修,上下调和,是故大国不耆攻之[2];无积委,城郭不修,上下不调和,是故大国耆[3]攻之。今惟毋以厚葬久丧者为政,国家必贫,人民必寡,刑政必乱。若苟贫,是无以为积委也;若苟寡,是城郭沟渠者寡也;若苟乱,是出战不克,入守不固。此求禁止大国之攻小国也,而既已不可矣。

[1] 砺,当为"厉"。

[2] 旧作"者",据后文改。

[3] 旧作"者",据上文改。

欲以干上帝鬼神之福意者可邪? 其说又不可矣。今惟毋[1]以厚葬久丧者为政,国家必贫,人民必寡,刑政必乱。若苟贫,是粢盛酒醴不净洁也;若苟寡,是事上帝鬼神者寡也;若苟乱,是祭祀不时度也。今又禁止事上帝鬼神。为政若此,上帝鬼神始得从上抚之,曰:"我有是人也与无是人也,孰愈?"曰:"我有是人也与无是人也,无择也。"则惟上帝鬼神降之罪厉之祸罚而弃之,则岂不亦反[2]其所哉?

[1] 旧作"无",以意改。

[2] 旧作"乃",以意改。

故古圣王[1]制为葬埋之法,曰[2]:"棺三寸,足以朽体;衣衾三领,足以覆恶[3]。以及其葬也,下毋及泉,上毋通臭,垄若参耕之亩,则止矣。"死者既以葬矣,生者必无久哭,而疾而从事,人为其所能,以交相利也。此圣王之法也。

[1]《后汉注》引作"古者圣人"。

[2]《初学记》引作"桐",余书亦多作"曰"。

[3]死者为人恶之,故云覆恶。

今执厚葬久丧者之言曰:"厚葬久丧虽使不可以富贫众寡,定危治乱,然此圣王之[1]道也。"子墨子曰:"不然。昔者尧北教乎八狄[2],道死,葬蛩山之阴[3]。衣衾三领,榖木之棺[4],葛以缄之。既沴[5]而后哭,满埳[6]无封[7],已葬而牛马乘之。舜西教乎七戎[8],道死,葬南巳之市[9]。衣衾三领,榖木之棺[10],葛以缄之。已葬而市人乘之。禹东教乎九夷[11],道死,葬会稽之山。衣衾三领[12],桐棺三寸[13],葛以缄之[14]。绞之不合,通之不埳,土地之深,下毋及泉,上毋通臭。既葬,收馀壤其上垄[15],若参耕之亩,则[16]止矣。若以此若三圣王者观之,则厚葬久丧果非圣王之道。故三王者,皆贵为天子,富有天下,岂忧财用之不足哉?以为如此葬埋之法[17]。"

[1]旧作"也以"二字,据后文改。

[2]《北堂书钞》引作"北狄"。

[3]"蛩",《初学记》引作"鞏",一本亦作"鞏"。《北堂书钞》、《后汉书注》、《太平御览》俱引作"邛"。《吕氏春秋·安死》云:"尧葬于谷林。"

高诱曰："尧葬成阳,此云谷林,成阳山下有谷林。"

　　[4] "榖"字从木。

　　[5] 泝,当为"犯","窆"字之假音也。

　　[6] 古无此字,当为"坎"。《北堂书钞》《后汉书注》《太平御览》俱引作"坎"。《玉篇》云:"垎,苦感切,亦与坎同。"

　　[7]《后汉书注》引作"窆",封、窆声相近。

　　[8]《北堂书钞》《太平御览》引俱作"犬戎"。

　　[9]《后汉书注》引作"舜葬纪市"又一引作"葬南巴之中",《太平御览》亦作"纪"。《吕氏春秋·安死》云:"舜葬于纪市,不变其肆。"高诱曰:"传曰:舜葬苍梧九疑之山,此云于纪市,九疑山下亦有纪邑。"按南已实当作南巴,形相近字之讹也。高诱以为纪邑,非。九疑,古巴地。《史记正义》云:"《周地志》云:南渡老子水,登巴岭山,南回记大江。此南是古巴国,因以名山。"是已。

　　[10]《后汉书注》引"榖"作"款",非。

　　[11]《太平御览》引作"教于越者",以意改之。

　　[12]《史记集解》引"衾"作"裘",非。

　　[13]《后汉书注》引《尸子》云:"禹之葬法,死于陵者葬于陵,死于泽者葬于泽,桐棺三寸,制丧三日。"

　　[14]《太平御览》引"缄"作"绷",注云"补庚切",则此缄字俗改。

　　[15]《太平御览》引作"收馀壤为垄",则当云"为其上垄"。《前汉书注》作"陇"。

　　[16] 旧作"取",据《前汉书注》改。

　　[17]《太平御览》引作"以为葬埋之法也"。

　　今王公大人之为葬埋,则异于此。必大棺中棺,革阓三操[1],璧玉即具,戈剑鼎鼓壶滥,文绣素练,大鞅万领,舆马女乐皆具。曰必捶埵[2],差通,垄虽凡山陵。此为辍民之事,靡民之财,不可胜计也。其为毋用若此矣。

　　[1]阚同"鞼",操同"缫",假音字。
　　[2]捶,当为"埵"。说文云:"坚土也。"垗,当为"涂"。《说文》、《玉篇》无垗字。言筑涂使坚。

　　是故子墨子曰:"乡者[1],吾本言曰:'意亦使法[2]其言,用其谋[3],计厚葬久丧,诚[4]可以富贫众寡,定危治乱乎,则仁也,义也,孝子之事也,为人谋者不可不劝也。意亦使法其言,用其谋,若人厚葬久丧,实不可以富贫众寡,定危治乱乎,则非仁也,非义也,非孝子之事也,为人谋者不可不沮也。'是故求以富国家,甚得贫焉;欲以众人民,甚得寡焉;欲以治刑政,甚得乱焉。求以禁止大国之攻小国也,而既已不可矣;欲以干上帝鬼神之福,又得祸焉。上稽之尧、舜、禹、汤、文、武之道,而政逆之;下稽之桀、纣、幽、厉之事,犹合节也。若以此观,则厚葬久丧,其非圣王之道也。"

　　[1]乡,"曏"省文。
　　[2]旧脱此字,一本有。
　　[3]句。
　　[4]旧作"请",一本如此。

　　今执厚葬久丧者言曰:"厚葬久丧果非圣王之道,夫胡说中国之君子为而不已[1],操而不择哉[2]?"子墨子曰:"此所谓便其习而义其俗者也。"昔者越之东有较沐之国者[3],

其长子生,则解而食之[4],谓之"宜弟"。其大父死,负其大母而弃之,曰"鬼妻不可与居处"。此上以为政,下以为俗,为而不已,操而不择。则此岂实仁义之道哉?此所谓便其习而义其俗者也。楚之南有炎人国者[5],其亲戚死,朽其肉而弃之[6],然后埋其骨,乃成为孝子。秦之西有仪渠之国者[7],其亲戚死,聚柴薪而焚之,燻上[8],谓之"登遐"[9],然后成为孝子。此上以为政,下以为俗[10],为而不已,操而不择。则此岂实仁义之道哉?此所谓便其习而义其俗者也。若以此若三国者观之,则亦犹薄矣;若中国之君子观之,则亦犹厚矣。如彼则大厚,如此则大薄,然则葬埋之有节矣。

[1] 犹言何说。

[2] 择,同"释"。

[3] "挍",旧作"轙",不成字。据《太平广记》引作"挍",音善爱反,今改。卢云:"《列子·汤问篇》作辄才,《新论》作轸沐。"

[4] 卢云:"解,《鲁问》作鲜,与《列子》同。杜预注《左传》曰:人不以寿死曰鲜。"

[5] 卢云:"《列子》作炎。殷敬顺《释文》读去声。"

[6] 《列子》"朽"作"殠",同。《太平广记》引作"刿"。

[7] "渠",旧作"秉",据《列子》及《太平广记》改。《括地志》云:"宁、原、庆三州,秦为北地郡,战国及春秋时为义渠戎国之地,今甘肃庆阳府也,在陕西之西。"

[8] 燻,即"熏"字俗写。

[9] 《太平广记》引作"熏其烟上,谓之登烟霞"。

[10] 《太平广记》引有云"而未足为非也"。

故衣食者,人之生利也,然且犹尚有节;葬埋者,人之死利也,夫何独无节?于此乎子墨子制为葬埋之法,曰:"棺三寸,足以朽骨;衣三领,足以朽肉;掘地之深,下无菹漏,气无发泄于上,垄足以期其所[1],则止矣。哭往哭来,反,从事乎衣食之财,俔乎祭祀[2],以致孝于亲。"故曰子墨子之法,不失死生之利者,此也。

[1] 言期会。
[2]《说文》:"俔,伣也。"伣训便利。

故子墨子言曰:"今天下之士君子,中诚[1]将欲为仁义,求为上士,上欲中圣王之道,下欲中国家百姓之利,故当若节丧之为政而不可不察者,此也。"

[1] 旧作"谓",以意改。

第七卷

天　志　上[1]

　　子墨子言曰："今天下之士君子，知小而不知大。"何以知之？以其处家者知之。若处家得罪于家长，犹有邻家所避逃之[2]。然且亲戚、兄弟、所知识共[3]相儆戒，皆曰："不可不戒矣！不可不慎矣！恶有处家而得罪于家长而可为也！"非独处家者为然，虽处国亦然。处国得罪于国君，犹有邻国所避逃之。然且亲戚、兄弟、所知识共相儆戒，皆曰："不可不戒矣！不可不慎矣！谁亦有处国得罪于国君而可为也！"此有所避逃之者也，相儆戒犹若此其厚；况无所避逃之者，相儆戒岂不愈厚然后可哉？且语言有之："日焉而晏日焉而得罪，将恶避逃之[4]？"曰无所避逃之。夫天不可为林谷幽门无人[5]，明必见之。然而天下之君子天也，忽然不知以相儆戒。此我所以知天下士君子知小而不知大也。

　　[1]《玉篇》云："志，意也。"《说文》无志字。郑君注《周礼》云："志，古文识。"则识与志同。又篇中多或作"之"，疑古文"志"亦只作"之"也。

　　[2]《广雅》云："所，尻也。"《玉篇》云："处所。"

　　[3]旧作"其"，一本如此，下同。

　　[4]犹云"日暮途远"，两日字旧作"曰"，以意改。

[5] 门,当为"涧"。

然则天亦何欲何恶？天欲义而恶不义。然则率天下之百姓以从事于义,则我乃为天之所欲也。我为天之所欲,天亦为我所欲。然则[1]何欲何恶？我欲福禄而恶祸祟。然则我率天下之百姓,以从事于祸祟中也。然则何以知天之欲义而恶不义？曰：天下有义则生,无义则死；有义则富,无义则贫；有义则治,无义则乱。然则天欲其生而恶其死,欲其富而恶其贫,欲其治而恶其乱,此我[2]所以知天欲义而恶不义也。

[1] 一本此下有"我"字。

[2] 旧作"义",以意改。

曰：且夫义者,政也。无从下之政上,必从上之政下。是故庶人竭力从事,未得次己而为政[1],有士政之；士竭力从事,未得次己而为政,有将军大夫政之；将军大夫竭力从事,未得次己而为政,有三公诸侯政之；三公诸侯竭力听治,未得次己而为政,有天子政之；天子未得次己而为政,有天政之。天子为政于三公、诸侯、士、庶人,天下之士君子固明知；天之为政于天子,天下百姓未得之明知也[2]。

[1] 次,"恣"字省文,下同。一本作"恣",俗改。

[2] 当云"明知之也"。

故昔三代圣王禹、汤、文、武，欲以天之为政于天子，明说天下之百姓，故莫不犓牛羊，豢犬彘，洁为粢[1]盛酒醴，以祭祀上帝鬼神，而求祈福于天。我未尝闻天下之所求祈福于天子者也，我所以知天之为政于天子者也。故天子者，天下之穷贵也，天下之穷富也。故于富且贵者，当天意而不可不顺。顺天意者，兼相爱，交相利，必得赏。反天意者，别相恶，交相贼，必得罚。然则是谁顺天意而得赏者？谁反天意而得罚者？子墨子言曰："昔三代圣王禹、汤、文、武，此顺天意而得赏[2]也。昔三代之暴王桀、纣、幽、厉，此反天意而得罚者也。"然则禹、汤、文、武其得赏何以也？子墨子言曰："其事上尊天，中事鬼神，下爱人。故天意曰：'此之我所爱，兼而爱之；我所利，兼而利之。爱人者此为博焉，利人者此为厚焉。'故使贵为天子，富有天下，业万世子孙，传称其善，方施天下[3]，至今称之，谓之圣王。"然则桀、纣、幽、厉得其罚何以也？子墨子言曰："其事上诟天，中诟鬼[4]，下贱人。故天意曰：'此之我所爱，别而恶之；我所利，交而贼之。恶人者此为之博也，贱人者此为之厚也。'故使不得终其寿，不殁其世，至今毁之，谓之暴王。"

[1] 二字旧脱，据后文增。

[2] 当有"者"字。

[3] 方，为"旁"，或当为"勇"字之坏。

[4] 据上当有"神"字。

然则何以知天之爱天下之百姓？以其兼而明之。何以知其兼而明之？以其兼而有之。何以知其兼而有之？以其兼而食焉。何以知其兼而食焉？曰：四海之内，粒食之民，莫不犓牛羊，豢犬彘，洁为粢盛酒醴，以祭祀于上帝鬼神。天有邑[1]人，何用弗爱也？且吾言杀一不辜者，必有一不祥。杀不辜者谁也？则人也。予之不祥者谁也？则天也。若以天为不爱天下之百姓，则何故以人与人相杀而天予之不祥？此我所以知天之爱天下之百姓也。

[1] 旧作"色"，非，以意改。

顺天意者，义政也。反天意者，力政也。然义政[1]将奈何哉？子墨子言曰："处大国不攻小国，处大家不篡小家，强者不劫弱，贵者不傲贱，多诈者不欺愚。此必上利于天，中利于鬼，下利于人。三利，无所不利，故举天下美名加之，谓之圣王。力政者则与此异，言非此[2]，行反此，犹倖[3]驰也。处大国攻小国，处大家篡小家，强者劫弱，贵者傲贱，多诈欺愚。此上不利于天，中不利于鬼，下不利于人。三不利，无所利，故举天下恶名加之，谓之暴王。"

[1] 旧脱此字，一本有。
[2] 非，犹背。
[3] 一本作"偝"。

子墨子言曰："我有天志，譬若轮人之有规，匠人之有矩。"轮匠执其规矩，以度天下之方圜，曰："中者是也，不中者非也。”今天下之士君子之书不可胜载，言语不可尽计，上说诸侯，下说列士，其于仁义则大相[1]远也。何以知之？曰：我得天下之明法以度之。

[1] 旧作“其”，一本如此。

天　志　中

　　子墨子言曰:"今天下之君子之欲为仁义者,则不可不察义之所从出。"既曰不可以不察义之所从出,然则义何从出? 子墨子曰:"义不从愚且贱者出,必自贵且知者出。"何以知义之不从愚且贱者出,而必自贵且知者出也? 曰:"义者,善政也。"何以知义之善政也? 曰:"天下有义则治,无义则乱,是以知义之善政也。"夫愚且贱者,不得为政乎贵且知者[1],然后得为政乎愚且贱者。此吾所以知义之不从愚且贱者出,而必自贵且知者出也。然则孰为贵? 孰为知? 曰:天为贵、天为知而已矣。然则义果自天出矣。今天下之人曰:"当若天子之贵诸侯,诸侯之贵大夫,傐明知之[2]。然吾未知天之贵且知于天子也。"子墨子曰:"吾所以知天之贵且知于天子者,有矣。"曰:天子为善,天能赏之;天子为暴,天能罚之。天子有疾病祸祟,必斋戒沐浴,洁为酒醴粢盛,以祭祀天鬼,则天能除去之;然吾未知天之祈福于天子也。此吾所以知天之贵且知于天子者,不止此而已矣,又以先王之书驯天明不解之道也[3]知之,曰:"明哲维天[4],临君下出。"则此语天之贵且知于天子。不知亦有贵知夫天者乎? 曰:天为贵、天为知而已矣。然则义果自天出矣。是故子墨子曰:"今天下之君子,中实将欲尊道利民,本察仁义之本,天之意不可不慎也。"

　　［1］当脱"贵且知者"四字。

　　［2］偄，当为"碻"。言确然可知。

　　［3］驯与"训"同，言训释天道之明。

　　［4］旧作"大"，以意改。

　　既以天之意以为不可不慎已，然则天之[1]将何欲何憎？子墨子曰："天之意，不欲大国之攻小国也，大家之乱小家也，强之暴寡，诈之谋愚，贵之傲贱，此天之所不欲也。止[2]此而已，欲人之有力相营，有道相教，有财相分也。又欲上之强听治也，下之强从事也。"上强听治，则国家治矣；下强从事，则财用足矣。若国家治，财用足，则内有以洁为酒醴粢盛，以祭祀天鬼；外有以为环璧珠玉，以聘挠四邻[3]，诸侯之冤不兴矣，边境兵甲不作矣；内有以食饥息劳，持养其万民，则君臣上下惠忠，父子弟兄慈孝。故惟毋明乎顺天之意，奉而光施之天下，则刑政治，万民和，国家富，财用足，百姓皆得暖衣饱食，便宁无忧。是故子墨子曰："今天下之君子，中实将欲遵道利民，本察仁义之本，天之意不可不慎也。"

　　［1］当有"意"字。

　　［2］旧作"上"，以意改。

　　［3］挠与"交"同音。

　　且夫天子之有天下也，辟之无以异乎国君诸侯之有四境之内也[1]。今国君诸侯之有四境之内也，夫岂欲其臣国万民之相为不利哉？今若处大国则攻小国，处大家则乱小家，欲以此求赏誉，终不可得，诛罚必至矣。夫天之有天下也，将无已异此[2]。今若处大国则[3]攻小国，处大都则伐小都，欲以此求福禄于天，福禄终不得，而祸祟必至矣。然有所不为天之所欲，而为天之所不欲，则夫天亦且不为人之所欲，而为人之所不欲矣。人之所不欲者何也？曰：病疾祸[4]祟也。若己不为天之所欲而为天之所不欲，是率天下之万民以从事乎祸祟之中也。故古者圣王明知天鬼之所福，而辟天鬼之所憎，以求兴天下之利，而除天下之害。是以天之为寒热也节，四时调，阴阳雨露也时，五谷孰，六畜遂，疾菑戾疫凶饥则不至。是故子墨子曰："今天下之君子，中实将欲遵道[5]利民，本察仁义之本，天意不可不慎也。"

[1] 辟，同"譬"。

[2] 已，同"以"。

[3] 旧脱此字，据下句增。

[4] 旧脱此字，据下文增。

[5] 旧脱此字，一本有。

　　且夫天下盖有不仁不祥者，曰：当若子之不事父，弟之不事兄，臣之不事君也。故天下之君子，与谓之不祥者[1]。今夫天兼天下而爱之，撽遂万物以利之[2]，若豪之末[3]，非天之所谓也，而民得而利之，则可谓否矣；然独无报夫天，而不知其为不仁不祥也。此吾所谓君子明细而不明大也。且吾所以知天之爱民之厚者有矣，曰：磨为日月星辰，以昭道之；制为四时，春秋冬夏，以纪纲之；雷降雪霜雨露，以长遂五谷麻丝，使民得而财利之；列为山川溪谷；播赋百事^[4]，以临司民之善否^[5]；为王公诸伯，使之赏贤^[6]而罚暴；贼金木鸟兽，从事乎五谷麻丝，以为民衣食之财。自古及今，未尝不有此也。今有人于此，骦若爱其子，竭力单务以利之；其子长，而无报子求父。故天下之君子，与谓之不仁不祥^[7]。今夫天兼天下而爱之，擎遂万物以利之，若豪之末，非天之所为^[8]，而民得而利之，则可谓否矣；然独无报夫天，而不知其为不仁不祥也。此吾所谓君子明细而不明大也。

[1] 与，同"举"。

[2] 《说文》云："擎，旁击也。"但未详"擎遂"之意。

[3] "豪"本作"豪"，毫字正文。经典或从毛，非。

[4] 播，布。

[5] 司，读如"伺"，俗从人。

[6] 旧作"焉"，一本如此。

[7] 与，同"举"。

[8] 据上文，当有"也"字。

　　且吾所以知天爱民之厚者，不止此而足矣。曰：杀不辜者，天予不祥。不辜者谁也？曰：人也。予之不祥者谁也？曰：天也。若天不爱民之厚，天胡说人杀不辜而天予之不祥哉？此吾以知天之爱民之厚也。且吾所以知天之爱民之厚者，不止此而已矣。曰：爱人利人，顺天之意，得天之赏者有矣；憎人贼人^[1]，反天之意，得天之罚者亦有矣。

[1]二字旧脱,据下文增。

夫爱人利人,顺天之意,得天之赏者,谁也? 曰:若昔三代圣王尧、舜、禹、汤、文、武者是也。尧、舜、禹、汤、文、武焉所从事? 曰:从事兼,不及事别。兼者,处大国不攻小国,处大家不乱小家,强不劫弱,众不暴寡,诈不谋愚,贵不傲贱。观其事,上利乎天,中利乎鬼,下利乎人。三利,无所不利,是谓天德。聚敛天下之美名而加之焉,曰:此仁也,义也;爱人利人,顺天之意,得天之赏者也。不止此而已,书于竹帛[1],镂之金石,琢之槃盂[2],传遗后世子孙,曰:将何以为? 将以识夫爱人利人,顺天之意,得天之赏者也。《皇矣》道之曰:"帝谓文王:予怀明德,不大声以色,不长夏以革,不识不知,顺帝之则。"帝善其顺法则也,故举殷以赏之,使贵为天子,富有天下,名誉至今不息。故夫爱人利人,顺天之意,得天之赏者,既可得留而已[3]。夫憎人贼人,反天之意,得天之罚者,谁也? 曰:若昔者三代暴王桀、纣、幽、厉者是也。桀、纣、幽、厉焉所从事? 曰:从事别,不从事兼。别者,处大国则攻小国,处大家则乱小家,强劫弱,众暴寡,诈谋愚,贵傲贱。观其事,上不利乎天,中不利乎鬼,下不利乎人。三不利,无所利,是谓天贼。聚敛天下之丑名而加之焉,曰:此非仁也,非义也;憎人贼人,反天之意,得天之罚者也。不止此而已,又书其事于竹帛,镂之金石,琢之槃盂,传遗后世子孙,曰:将何以为? 将以识夫憎人贼人,反天之意,得天之罚者也。《大誓》之道之曰:"纣越厥夷居,不肯事上帝,弃厥先神祇不祀,乃曰:吾有命! 无廖僇务[4];

天下^[5]天亦纵弃纣而不葆^[6]。"察天以纵弃纣而不葆者,反天之意也。故夫憎人贼人,反天之意,得天之罚者,既可谓而知也。

[1]《后汉书注》引"书于"作"书其事",据下文亦然。

[2]《后汉书注》引"槃"作"盘"。

[3]据下云"既可谓知也",此句未详。

[4]此句《非命上》作"无僇匪扁",《非命中》作"毋僇其务",据《孔书·泰誓》云"罔惩其侮",则知无、罔音义同,廖、僇皆惩字之讹,僬则其字之讹,务音同侮。虽《孔书》伪作,作者取《墨书》时犹见善本,故足据也。孙云"当作无僇其务,言不勠力其事。"或《孔书》侮字反是务假音,未可知也。

[5]二字疑衍,即下"天亦"二字重文。

[6]《孔书·泰誓》云:"纣乃夷居,弗事上帝神祇,遗厥先宗庙不祀,乃曰吾有民有命,罔惩其侮。"

是故子墨子之有天之^[1],辟人无以异乎轮人之有规,匠人之有矩也。今夫轮人操其规,将以量度天下之圜与不圜也,曰:"中吾规者谓之圜,不中吾规者谓之不圜。"是以圜与不圜,皆可得而知也。此其故何? 则圜法明也。匠人亦操其矩,将以量度天下之方与不方也,曰:"中吾矩者谓之方,不中吾矩者谓之不方。"是以方与不方,皆可得而知之。此其故何? 则方法明也。故子墨子之有天之意也,上将以度天下之王公大人为刑政也,下将以量天下之万民为文学、出言谈也。观其行,顺天之意,谓之善意行;反天之意,谓之不善意非。观其言谈,顺天之意,谓之善言谈;反天之意,谓之不善言谈。观其刑政，顺天之意，谓之善刑政；反天之意，谓之不善刑政。故置此以为法，立此以为仪，将以量度天下之王公大人卿大夫之仁与不仁，譬之犹分黑白也。

［1］一本作"志"，疑俗改。

是故子墨子曰："今天下之王公大夫士君子，中实将欲遵道利民，本察仁义之本，天之意不可不顺也。顺天之意者，义之法也。"

天 志 下

　　子墨子言曰："天下之所以乱者,其说将何哉? 则是天下士君子,皆明于小而不明于大。"何以知其明于小不明于大也? 以其不明于天之意也。何以知其不明于天之意也? 以处人之家者知之。今人处若家得罪,将犹有异家所以避逃之者[1],然且父以戒子,兄以戒弟,曰："戒之! 慎之! 处人之家,不戒不慎之,而有处人之国者乎?"今人处若国得罪,将犹有异国所以避逃之者矣,然且父以戒子,兄以戒弟,曰："戒之! 慎之! 处人之国者,不可不戒慎也。"今人皆处天下而事天,得罪于天,将无所以避逃之者矣,然而莫知以相极戒也。吾以此知大物则不知者也。

　　[1] 据下文当有"矣"字。

　　是故子墨子言曰："戒之! 慎之! 必为天之所欲,而去天之所恶。"曰：天之所欲者,何也? 所恶者,何也? 天欲义而恶其不义者也。何以知其然也? 曰：义者,正也。何以知义之为正也? 天下有义则治,无义则乱,我以此知义之为正也。

　　然而正者,无自下正上者,必自上正下。是故庶人不得次己而为正,有士正之;士不得次己而为正,有大夫正之;大夫不得次己而为正,有诸侯正之;诸侯不得次己而为正,有三公正之；三公不得次己而为正，有天子正之；天子不得次己而为政，有天正之。今天下之士君子，皆明于天子之正天下也，而不明于天正也。

是故古者圣人明以此说人曰：天子有善，天能赏之；天子有过，天能罚之。天子赏罚不当，听狱不中，天下疾病祸福，霜露不时，天子必且犓豢其牛羊犬彘，洁为粢盛酒醴，以祷祠祈福于天；我未尝闻天之祷[1]祈福于天子也。吾以此知天之重且贵于天子也。

[1] 当有"祠"字。

是故义者不自愚且贱者出，必自贵且知者出。曰：谁为知？天为知。然则义果自天出也。今天下之士君子之欲为义者，则不可不顺天之意矣。曰：顺天之意何若？曰：兼爱天下之人。何以知兼爱天下之人也？以兼而食之也。何以知其兼而食之也？自古及今，无有远灵孤夷之国，皆犓豢其牛羊犬彘，洁为粢盛酒醴，以敬祭祀上帝山川鬼神。以此知兼而食之也。苟兼而食焉，必兼而爱之。譬之若楚、越之君，今是楚王食于楚之四境之内，故爱楚之人；越王食于越，故爱越之人。今天兼天下而食焉，我以此知其兼爱天下之人也。

且天之爱百姓也，不尽物而止矣。今天下之国，粒食之民，国杀一不辜。曰：谁杀不辜？曰：人也。孰予之不辜？曰：天也。若天之中实不爱此民也，何故而人有杀不辜而天予之不祥哉？且天之爱百姓厚矣，天之爱百姓别矣，既可得而知也。何以知天之爱百姓也？吾以贤者之必赏善罚暴也。何以知贤者之必赏善罚暴也？吾以昔者三代之圣王知之。故昔也三代之圣王尧、舜、禹、汤、文、武之兼爱之天下也，从而利之，移其百姓之意，焉率以敬上帝山川鬼神。天以为从其所爱而爱之，从其所利而利之，于是加其赏焉，使之处上位，立为天子，以法也，名之曰圣人。以此知[1]其赏善之证。是故昔也三代之暴王桀、纣、幽、厉之兼恶天下也，从而贼之，移其百姓之意，焉率以诟侮上帝山川鬼神。天[2]以为不从其所爱而恶之，不从其所利而贼之，于是加其罚焉，使之父子离散，国家灭亡，抎失社稷[3]，忧以及其身。是以天下之庶民属而毁之，业万世子孙继嗣毁之贲不之废也[4]，名之曰失王。以此知其罚暴之证。今天下之士君子欲为义者，则不可不顺天之意矣。

[1] 旧脱此字，据下文增。

[2] 一本有此三字。

[3]《说文》云："抎，有所失也。"《春秋传》曰："抎子辱矣。"《玉篇》云："抎，于粉切。"

[4] 句疑有脱误。

曰顺天之意者，兼也；反天之意者，别也。兼之为道也，义正；别之为道也，力正。

曰：义正者何若？曰：大不攻小也，强不侮弱也，众不贼寡也，诈不欺愚也，贵不傲贱也，富不骄贫也，壮不夺老也。是以天下之庶国，莫以水火毒药兵刃以相害也。若事上利天,中利鬼,下利人。三利而无所不利,是谓天德。故凡从事此者,圣知也,仁义也,忠惠也,慈孝也,是故聚敛天下之善名而加之。是其故何也?则顺天之意也。

曰:力正者何若?曰:大则攻小也,强则侮弱也,众则贼寡也,诈则欺愚也,贵则傲贱也,富则骄贫也,壮则夺老也。是以天下之庶国,方以水火毒药兵刃以相贼害也。若事上不利天,中不利鬼,下不利人。三不利而无所利,是谓之贼。故凡从事此者,寇乱也,盗贼也,不仁不义,不忠不惠,不慈不孝,是故聚敛天下之恶名而加之。是其故何也?则反天之意也。

故子墨子置立天之[1]以为仪法,若轮人之有规,匠人之有矩也。今轮人以规,匠人以矩,以此方圜之别矣。是故子墨子置立天之[2]以为仪法,吾以此知天下之士君子之去义远也。何以知天下之士君子之去义远也?今知氏大国之君宽者然曰[3]:"吾处大国而不攻小国,吾何以为大哉!"是以差论蚤牙之士,比列其舟车之卒,以攻罚无罪之国。入其沟境,刈其禾稼,斩其树木,残其城郭,以御其沟池,焚烧其祖庙,攘杀其牺牲。民之格者,则劲拔之[4];不格者,则係[5]操而归,大夫以为仆圉[6]胥靡,妇人以为舂酋[7]。则夫好攻伐之君,不知此为不仁义,以告四邻诸侯曰:"吾攻国覆军,杀将若干人矣。"其邻国之君,亦不知此为不仁义也,有具其皮币,发其綴处[8],使人饟贺焉。则夫好攻伐之君,有重不知此为不仁不义也,有书之竹帛,藏之府库。为人后子者,必且欲顺其先君之行,曰:"何不当发吾库,视吾先君之法美。"

必不曰："文武之为正者若此矣。"曰："吾攻国覆军，杀将若
干人矣。"则夫好攻伐之君，不知此为不仁不义也；其邻国之
君，不知此为不仁不义也。是以攻伐世世而不已者，此吾所
谓大物则不知也。

[1] 一本作"志"，疑俗改。考古志字只作之，《说文》无志字。

[2] 当为"志"。

[3] 未详。

[4] "劲"，旧作"劲"，从力，非。劲拔，即到刿，拔音同刿。

[5] 一本作"繄"。

[6] 旧作"园"，以意改。

[7] 《周礼》云："其男子入于皋隶，女子入于舂藁。"又《说文》云：
"酋，绎酒也。礼有大酋，掌酒官也。"未详"妇人为酋"之义。酋与舀声形
相近，《说文》云："抒，曰也。"亦舂藁义与？

[8] 未详。《说文》、《玉篇》无绐字。

所谓小物则知之者何若？今有人于此，入人之场园，取
人之桃李瓜姜者，上得且罚之，众闻则非之。是何也？曰：
不与其劳，获其实，已非其有所取之故。而况有逾于人之墙
垣，抯格人之子女者乎？与角人之府库，窃人之金玉蚤絫者
乎？与逾人之栏牢，窃人之牛马者乎？而况有杀一不辜人
乎？今王公大人[1]之为政也，自杀一不辜人者，逾人之墙
垣，抯格人之子女者，与角人之府库，窃人之金玉蚤絫者，与
逾人之栏牢，窃人之[2]牛马桃李瓜姜者，今王公大人之加罚
此也，虽古之尧、舜、禹、汤、文、武之为政，亦无以异此矣。

[1]旧作“天”，以意改。

[2]旧脱此字，据上文增。

今天下之诸侯，将犹皆侵凌攻伐兼并，此为杀一不辜人者，数千万矣；此为逾人之墙垣[1]，格人之子女者，与角人府库，窃人金玉蚤絫者，数千万矣；逾人之栏牢窃人之牛马者，与入人之场园，窃人之桃李瓜姜者，数千万矣；而自曰义也。故子墨子言曰：“是责[2]我者！”则岂有以异是责黑白、甘苦之辩者哉？今有人于此，少而示之黑，谓之黑；多示之黑，谓白。必曰：“吾目乱，不知黑白之别。”今有人于此，能少尝之甘[3]，谓甘；多尝，谓苦。必曰：“吾口乱，不知其甘苦之味。”今王公大人之政也，或杀人其国家，禁之此蚤越；有能多杀其邻国之人，因以为文义。此岂有异责白黑、甘苦之别者哉？

[1]据上当脱“扭”字。

[2]旧作“賁”，下同，以意改。

[3]能少，当为“少而”，据上文如此。能、而音同故也。

故子墨子置天之[1]以为仪法。非独子墨子以天之志为法也，于先王之书《大夏》之道之然：“帝谓文王：予怀明德，毋大声以色，毋长夏以革，不识不知，顺帝之则。”此诰文王之以天志为法也[2]，而顺帝之则也。

[1]当为“志”。

[2] 诰字,据上文当为"语"。

　　且今天下之士君子,中实将欲为仁义,求为上士,上欲中圣王之道,下欲中国家百姓之利者,当天之志而不可不察也。天之志者,义之经也。

第八卷

明鬼上(缺)

明鬼中(缺)

明 鬼 下

子墨子言曰:"逮至昔三代圣王既没,天下失义,诸侯力正[1]。是以存夫为人君臣上下者之不惠忠也,父子弟兄之不慈孝弟长贞良也,正长之不强于听治,贱人之不强于从事也;民之为淫暴寇乱[2]盗贼,以兵刃毒药水火退无罪人乎道路率径,夺人车马衣裘以自利者并作,由此始,是以天下乱。此其故何以然也? 则皆以疑惑鬼神之有与无之别,不明乎鬼神之能赏贤而罚暴也。今若使天下之人,借若信鬼神之能赏贤而暴罚也[3],则夫天下岂乱哉!"

[1] 正,同"征"。

[2] 旧脱此字,据下文增。

[3] 借,本书《尚贤中》作"藉",此俗改。

今执无鬼者曰："鬼神者固无有。"且暮以为教诲乎天下之人[1]，疑天下之众，使天下之众皆疑惑乎鬼神有无之别，是以天下乱。是故子墨子曰："今天下之王公大人士君子，实将欲求兴天下之利，除天下之害，故当鬼神之有与无之别，以为将不可以明察此者也。"

[1] 旧脱此字，以意增。

既以鬼神有无之别以为不可不察已，然则吾为明察此，其说将奈何而可？子墨子曰："是与天下之所以察知有与无之道者，必以众之耳目之实，知有与亡为仪者也。请惑闻之见之，则必以为无，若是，何不尝入一乡一里而问之。自古以及今，生民以来者，亦有尝见鬼神之物，闻鬼神之声，则鬼神何谓无乎？若莫闻莫见，则鬼神可谓有乎？"今执无鬼者言曰："夫天下之为闻见鬼神之物者，不可胜计也。亦孰为闻见鬼神有无之物哉？"子墨子言曰："若以众之所同见与众之所同闻，则若昔者杜伯是也。"

周宣王杀其臣杜伯而不辜[1]。杜伯曰："吾君杀我而不辜，若以死者为无知，则止矣；若死而有知，不出三年，必使吾君知之。"其[2]三年[3]，周宣王合诸侯而田于圃[4]，田车数百乘[5]，从数千，人满野[6]。日中，杜伯乘白马素车，朱衣冠，执朱弓，挟朱矢，追周宣王，射入车上[7]，中心折脊，殪车中，伏弢[8]而死[9]。当是之时，周人从者莫不见，远者莫不闻，著在周之《春秋》。为君者以教其臣，为父者以儆其子[10]，曰："戒之！慎之！凡杀不辜者，其得不祥。鬼神之诛[11],若此之憯遬也[12]！"以若书之说观之,则鬼神之有,岂可疑哉?

[1]《史记索隐》引作"不以罪"。

[2]《文选注》引作"必死吾君之期"。

[3]韦昭注《国语》引"三"作"二",《太平御览》引作"后三年"。

[4]句。

[5]田与"佃"通。《说文》云:"佃,中也。《春秋传》曰:乘中佃一辕车。"案:今《左氏》作"衷佃",同。又案:韦昭注《国语》、《文选注》、《史记索隐》引俱无此字,颜师古注《汉书》有。

[6]《太平御览》引作"车徒满野",节文。

[7]《文选注》引作"射之"。

[8]《太平御览》引作"帐",一引作"伏弓衣",义同。

[9]《国语》云:"内史过曰:杜伯射王于鄗。"韦昭注:"杜国伯爵,陶唐氏之后。"《周春秋》曰云云,与此略同。《地理志》:"杜陵,故杜伯国,有周右将军杜主祠四所。"又《国语》:"范宣子曰:昔匄之祖,在周为唐杜氏。"韦昭曰:"周成王灭唐,而封弟唐叔虞,迁唐于杜,谓之杜伯。"《封禅书》曰:"杜主,故周之右将军。"今陕西长安县南杜豊。

[10]《说文》云:"警,戒也。"此异文。

[11]旧作"谋",据后文改。

[12]《说文》云:"遬,籀文。"

非惟若书之说为然也,昔者郑穆公[1],当昼日中处乎庙,有神入门而左,鸟身[2],素服三绝[3],面状正方[4]。郑穆公见之,乃恐惧奔。神曰:"无惧[5]！帝享女明德,使予锡女寿十年有九,使若国家蕃昌,子孙茂,毋失郑。"穆公再拜稽首曰:"敢问神明[6]?"曰:"予为句芒。"若以郑穆公之所身见为仪，则鬼神之有，岂可疑哉？

[1] 郭璞注《山海经》引此作"秦穆公"，又《太平御览》、《太平广记》引"穆"作"缪"。

[2]《海外东经》云："东方句芒，鸟身人面。"《太平广记》引作"人面鸟身"。

[3]《说文》云："绝，断刀丝也。"

[4]《太平广记》引作"而状方正"。

[5] 旧脱此四字，据《太平广记》增。《太平御览》引作一"曰"字，一本作"神曰"二字。

[6] 旧脱此字，《太平御览》引云"敢问神明为何"，《太平广记》引云"公问神明"。案：明同名也。

非惟若书之说为然也，昔者燕简公[1]杀其臣庄子仪而不辜。庄子仪曰："吾君王杀我而不辜，死人毋知，亦已；死人有知，不出三年，必使吾君知之。"期年，燕将驰祖[2]。燕之有祖，当齐之社稷，宋之有桑林，楚之有云梦也。此男女之所属而观也。日中，燕简公方将驰于祖涂，庄子仪荷朱杖而击之，殪之车上。当是时，燕人从者莫不见，远者莫不闻，著在燕之《春秋》。诸侯传而语之曰："凡杀不辜者，其得不祥。鬼神之诛，若此其憯遫也！"以若书之说观之，则鬼神之有，岂可疑哉？

[1] 案《史记》，简公，平公子，周敬王六年，公元年也。

[2] 祖，道。

非惟若书之说为然也，昔者宋文君鲍之时，有臣曰祏观辜，固尝从事于厉[1]。祩子杖揖出[2]，与言曰[3]："观辜，是何珪璧之不满度量？酒醴粢盛之不净洁也？牺牲之不全肥[4]？春秋冬夏选失时[5]？岂女为之与？意鲍为之与？"观辜曰："鲍幼弱，在荷襁之中[6]，鲍何与识焉[7]？官臣观辜特为之。"祩子举揖而槀之[8]，殪之坛上。当是时[9]，宋人从者莫不见，远者[10]莫不闻，著在宋之《春秋》。诸侯传而语之曰："诸不敬慎祭祀者，鬼神之诛至，若此其憯遫也！"以若书之说观之，鬼神之有，岂可疑哉？

[1] 卢云："厉，公厉、泰厉之属也。宋欧阳士秀以厉为神祠，以管子请桓公立五厉，祀尧之五吏为证。后世统谓之庙。"

[2] 祩，"祝"字异文。祩子，即祝史也。《玉篇》云："祩，之俞切。咒诅也。又音注。"

[3] 言神冯于祝子而言也。

[4] 全谓纯色，与"牷"同。

[5] 选，同"算"。

[6] 荷与"何"同。《汉书注》："李奇云：襁，络也，以缯布为之，络负小儿。师古云：即今之小儿绷也。居丈反。"

[7] 卢云："此云在荷襁之中，则非春秋时宋文公也。"

[8] 槀，同"敲"。

[9] 旧脱此字，一本有。

[10] 旧脱此字，一本有。

非惟若书之说为然也，昔者齐庄君[1]之臣[2]，有所谓王里国[3]、中里徼者[4]。此二子者，讼三年而狱不断。齐君由谦杀之,恐不辜;犹谦释之[5],恐失有罪。乃使之人共一羊[6],盟齐之神社[7]。二子许诺[8],于是泏洫[9],摋羊而漉其血[10]。读王里国之辞,既已终矣[11];读中里徼之辞,未半也[12],羊起而触之[13],折其脚,祧神之[14]而槀之,殪之盟所。当是时,齐人从者莫不见,远者莫不闻[15],著在齐之《春秋》。诸侯传而语之曰:"请品[16]先不以其请者[17],鬼神之诛至,若此其憯遬也!"以若书之说观之,鬼神之有,岂可疑哉?

[1]《事类赋》引作"公"。

[2]旧脱此字,据《太平御览》、《事类赋》增。

[3]《太平御览》、《事类赋》引作"王国卑",下同,疑此非。

[4]《太平御览》、《事类赋》引作"檄",下同。

[5]由与"犹"同,故两作。

[6]《太平御览》、《事类赋》引之作"二"。

[7]《事类赋》无"神"字。

[8]《太平御览》、《事类赋》引作"二子相从"。

[9]《说文》云:"泏,水貌,读若窟。"洫,未详,疑"皿"字,言以水渫皿。

[10]《太平御览》、《事类赋》引已上八字作"以羊血洒社",则"漉"当为"洒"字之误。摋,字书无此字。卢云:"《玉篇》有掗字,云磊摇也,乌可、乌寡、力可三切。"

[11]四字《事类赋》作"已尽"二字。

[12]《太平御览》、《事类赋》引"也"作"祭"。

[13]《事类赋》引作"触中里檄"。

[14]疑当云"跳神之社"。

[15]《太平御览》引云"齐人以为有神验",《事类赋》引云"齐人以为有神",疑以意改。

[16] 当为"盟"。

[17] 请,当为"情"。

　　是故子墨子言曰:"虽有深溪博林幽涧毋人之所,施行不可以不董,见有鬼神视之。"

　　今执无鬼者曰:"夫众人耳目之请[1],岂足以断疑哉?奈何其欲为高君子于天下,而有复信众之耳目之请哉?"子墨子[2]曰:"若以众之耳目之请以为不足信也,不以断疑,不识若昔者三代圣王尧、舜、禹、汤、文、武者足以为法乎?"故于此乎自中人以上皆曰:"若昔者三代圣王足以为法矣。"若苟昔者三代圣王足以为法,然则姑尝上观圣王之事。昔者武王之攻殷诛纣也,使诸侯分其祭,曰:"使亲者受内祀,疏者受外祀。"故武王必以鬼神为有,是故攻殷伐纣,使诸侯分其祭。若鬼神无有,则武王何祭分哉?非惟武王之事为然也,故圣王其赏也必于祖,其僇也必于社。赏于祖者何也?告分之均也。僇于社者何也? 告听之中也。非惟若书之说为然也,且惟昔者虞、夏、商、周,三代之圣王,其始建国营都日,必择国之正坛,置以为宗庙;必择木之修茂者,立以为菆位[3];必择国之父兄慈孝贞良者,以为祝宗;必择六畜之胜腯肥倅毛[4],以为牺牲;珪璧琮[5]璜,称财为度;必择五谷之芳黄,以为酒醴粢盛,故酒醴粢盛与岁上下也。故古圣王治天下也,故必先鬼神而后人者,此也。故曰:官府选效,必先祭器祭服,毕藏于府;祝宗有司,毕立于朝;牺牲不与昔聚群[6]。故古者圣王之为政若此。古者圣王必以鬼神为,其务鬼神厚矣。又恐后世子孙不能知也,故书之竹帛,传遗后世子孙^[7]；咸恐其腐蠹绝灭，后世子孙不得而记，故琢之盘盂，镂之金石以重之。有^[8]恐后世子孙不能敬莙以取羊^[9]，故先王之书，圣人一尺之帛，一篇之书，语数鬼神之有也，重有重之。此其故何？则圣王务之。今执无鬼者曰："鬼神者固无有。"则此反圣王之务。反圣王之务，则非所以为君子之道也。

[1] 当为"情"，下同。

[2] 旧脱二字，以意增。

[3] 莙，"苙"字假音。《说文》云："苙，朝会束茅表位曰苙。"春秋《国语》曰："茅苙表坐。"韦昭曰："苙，谓束茅而立之，所以缩酒。"

[4] 粹字，假音作"倅"，异文也。

[5] 旧作"璜"，本如此。

[6] 昔之言夕，王逸注《楚辞》曰："昔，夜也。"《诗》曰："乐酒今昔。"不聚群，言别群也。

[7] 《文选注》引作"以其所获书于竹帛传遗后世子孙"，又一引作"以其所行"，此无四字。

[8] 当为"犹"。

[9] 言敬威以取祥也。孙云："《说文》云：莙，读若威。又云：羊，祥也。秦汉金石多以羊为祥。"

今执无鬼者之言曰："先王之书，慎无一尺之帛，一篇之书，语数鬼神之有，重有重^[1]之，亦何书之有哉？"子墨子曰："周书《大雅》有之。"《大雅》曰："文王在上，於昭於天。周虽旧邦，其命维新。有周不显？帝命不时？文王陟降，在帝左右。穆穆文王，令问不已。"若鬼神无有，则文王既死，彼岂能在帝之左右哉？此吾所以知周书之鬼也。且周书独鬼而商书不鬼，则未足以为法也。然则姑尝上观乎商书，曰："呜呼！古者有夏，方未有祸之时，百兽贞虫，允及飞鸟，莫不比方；矧佳[2]人面，胡敢异心？山川鬼神，亦莫敢不宁。若能共允，佳[3]天下之合，下土之葆。"察山川鬼神之所以莫敢不宁者，以佐谋禹也。此吾所以知商周之鬼也。且禹书独鬼而夏书不鬼，则未足以为法也。然则姑尝上观乎夏书，《禹誓》曰[4]："大战于甘[5]，王乃命左右六人，下，听誓于中军。曰：'有扈氏威侮五行，怠弃三正，天用剿绝其命[6]。'有曰：'日中，今予与有扈氏争一日之命。且！尔卿大夫庶人！予非尔田野葆士之欲也，予共行天之罚也。左不共于左，右不共于右，若不共命！御非尔马之政，若不共命！是以赏于祖而僇于社[7]。'"赏于祖者何也？言分命之均也。僇于社者何也？言听狱之事也。故古圣王必以鬼神为赏贤而罚暴，是故赏必于祖而僇必于社。此吾所以知夏书之鬼也。故尚书夏书，其次商周之书，语数鬼神之有也，重有重之。此其故何也？则圣王务之。以若书之说观之，则鬼神之有，岂可疑哉？

[1] 此下旧有"亦何书"三字，衍文。

[2] 佳，古"惟"字，旧误作"佳"。

[3] 旧作"佳"，亦误。

[4]《书序》云："启与有扈战于甘之野，作《甘誓》。"与此不同。而《庄子·人间世》云："禹攻有扈。"《吕氏春秋·召类》云："禹攻曹魏、屈骜、有扈，以行其教。"皆与此合。

［5］其地在今陕西鄠县。

［6］剿字同"剿"。

［7］此《孔书·甘誓》文,文微有不同。

於古曰,吉日丁卯,周代祝社方,岁于社者考,以延年寿。若无鬼神,彼岂有所延年寿哉?

是故子墨子曰:"尝若鬼神之能赏贤如罚暴也[1],盖本施之国家,施之万民,实所以治国家、利万民之道也。"若以为不然,是以吏治官府之不洁廉,男女之为无别者,鬼神见之;民之为淫暴寇乱盗贼,以兵刃毒药水火退无罪人乎道路,夺人车马衣裘以自利者,有鬼神见[2]之。是以吏治官府不敢不洁廉,见善不敢不赏,见暴不敢不罪。民之为淫暴寇乱盗贼,以兵刃毒药水火退无罪人乎道路,夺车马衣裘以自利者,由此止。是以莫放幽间,拟乎鬼神之明显,明有一人畏上诛罚,是以天下治。

［1］"如"与"而"音义同,故字书"而"即须也,需亦从而声。

［2］旧作"现",非。

故鬼神之明,不可为幽间[1]广泽山林深谷,鬼神之明必知之。鬼神之罚,不可恃[2]富贵众强、勇力强武、坚甲利兵,鬼神之罚必胜之。若以为不然,昔者夏王桀贵为天子,富有天下,上诟天侮鬼,下殃傲天下之万民,祥上帝伐,元山帝行[3],故于此乎天乃使汤至明罚焉[4]。汤以车九两,鸟陈雁行。汤乘大赞[5],犯遂下众,人之蟜遂[6],王乎禽[7]推哆大戏[8]。故昔夏王桀贵为天子,富有天下,有勇力之人[9]推哆大戏,主别[10]觗虎,指画杀人;人民之众兆亿,侯盈厥泽陵,然不能以此圉鬼神之诛。此吾所谓鬼神之罚不可为富贵众强、勇力强武、坚甲利兵者,此也。且不惟此为然,昔者殷王纣贵为天子,富有天下,上诟[11]天侮鬼[12],下殃傲天下之万民,播弃黎老,贼诛孩子,楚毒无罪,刳剔孕妇,庶旧鳏寡,号咷无告也,故于此乎天乃使武王至明罚焉。武王以择车百两,虎贲之卒四百人,先庶国节窥戎[13]。与殷人战乎牧之野,王乎禽费中[14]、恶来,众畔百走。武王逐[15]奔入宫,万年梓株,折纣而[16]系之赤环[17],载之白旗,以为天下诸侯僇。故昔者殷王纣贵为天子,富有天下,有勇力之人费中[18]、恶来、崇侯虎,指寡杀人[19];人民之众兆亿,侯盈厥泽陵,然不能以此圉鬼神之诛。此吾所谓鬼神之罚不可为富贵众强、勇力强武、坚甲利兵者,此也。且《禽艾》之道之曰:"得玑无小[20],灭宗无大。"则此言鬼神之所赏,无小必赏之;鬼神之所罚,无大必罚之。

[1] 当为"洞"。

[2] 旧脱此字,一本有。

[3] 此句未详。

[4] 至,同"致"。

[5] 疑"辇"字。

[6] 疑有误字。

[7] 当为"手禽"。或云:乎,同"呼"。

[8]《吕氏春秋·简选》云:"殷汤以良车七十乘,必死六千人,以戊

子战于郦,遂禽移大牺。"高诱云:"桀多力,能推大牺,因以为号,而禽克之。"案:移即推移,此书《所染》云"夏桀染于干辛、推哆",《古今人表》作"雅侈",此下又云"推哆大戏,主别兕虎,指画杀人",则"推哆大戏"是人名无疑。哆、移、侈,戏、牺,皆音相近也。高诱注《吕氏春秋》误。

[9] 旧脱"力"字、"人"字,据《太平御览》增。

[10]《太平御览》引作"生捕"。

[11]《太平御览》引作"诃"。

[12]《太平御览》引有"神"字。

[13] 未详。

[14] 读如"仲"。

[15]《太平御览》引作"遂"。

[16]《太平御览》引作"折纣而出"。

[17]《太平御览》作"镮",是,言系之朱轮。

[18]《太平御览》引作"仲"。

[19] 寡,"画"字假音。《太平御览》引作"画"。

[20] 此即"觋详"字。

今执无鬼者曰:"意不忠亲之利而害为孝子乎?"子墨子曰:"古之今之为鬼,非他也,有天鬼,亦有山水鬼神者,亦有人死而为鬼者。"今有子先其父死,弟先其兄死者矣,意虽死[1]然,然而天下之陈物曰先生者先死,若是,则先死者非父则母,非兄而姒也。今絜为酒醴粢盛,以敬慎祭祀。若使鬼神诚[2]有,是得其父母姒兄而饮食之也,岂非厚利哉?若使鬼神诚亡,是乃费其所为酒醴粢盛之财耳。自夫费之,特注之污壑而弃之也[3];内者宗族,外者乡里,皆得如具饮食之。虽使鬼神诚亡,此犹可以合骥聚众,取亲于乡里。今执无鬼者言曰："鬼神者固诚无有,是以不共其酒醴粢盛牺牲之财。吾非乃今爱其酒醴粢盛牺牲之财乎,其所得者,臣^[4]将何哉?"此上逆圣王之书,内逆民人孝子之行,而为上士于天下,此非所以为上士道。是故子墨子曰："今吾为祭祀也,非直注之污壑而弃之也;上以交鬼之福,下以合驩聚众,取亲乎乡里。若神^[5]有,则是得吾父母弟兄而食之也。"则此岂非天下利事也哉!

[1]一本作"使"。
[2]旧作"请",一本如此,下依改。
[3]一本作"非直注之",特与直音近,故特亦作犆。
[4]一本无此字。
[5]当云"若鬼神"。

是故子墨子曰："今天下之王公大人士君子,中实将欲求兴天下之利,除天下之害,当若鬼神之有也,将不可不尊明也,圣王之道也。"

非乐上

子墨子言曰："仁之事者，必务求兴天下之利，除天下之害，将以为法乎天下。利人乎即为，不利人乎即止。"且夫仁者之为天下度也，非为其目之所美，耳之所乐，口之所甘，身体之所安。以此亏夺民衣食之财，仁者弗为也。是故子墨子之所以非乐者，非以大钟、鸣鼓、琴瑟、竽笙之声以为不乐也，非以刻镂华[1]文章之色以为不美也，非以牺豢煎炙之味以为不甘也，非以高台厚榭邃野之居以为不安也。虽身知其安也，口知其甘也，目知其美也，耳知其乐也，然上考之不中圣王之事，下度之不中万民之利。是故子墨子曰："为乐非也！"

[1]一本无此字。

今王公大人虽无造为乐器以为事乎国家，非直掊潦水、拆壤垣[1]而为之也，将必厚措敛乎万民，以为大钟、鸣鼓、琴瑟、竽笙之声。譬之若圣王之为舟车也，即我弗敢非也。古者圣王亦尝厚措敛乎万民，以为舟车，既以成矣，曰：吾将恶许用之[2]？曰：舟用之水，车用之陆，君子息其足焉，小人休其肩背焉。故万民出财赍而予之，不敢以为戚恨者，何也？以其反中民之利也。然则乐器反中民之利亦若此，即我弗敢非也。然则当用乐器。

136

［1］旧作"坦"，以意改。

［2］恶许，犹言"何许"。

民有三患：饥者不得食，寒者不得衣，劳者不得息。三者，民之巨患也。然即当为之撞巨钟、击鸣鼓、弹琴瑟、吹竽笙[1]而扬干戚，民衣食之财将安可得乎？即我以为未必然也。意舍此，今有大国即攻小国，有大家即伐小家，强劫弱，众暴寡，诈欺愚，贵傲贱，寇乱盗贼并兴，不可禁止也。然即当为之撞巨钟、击鸣鼓、弹琴瑟、吹竽笙而扬干戚，天下之乱也将安可得而治与？即我未必然也。是故子墨子曰："姑尝厚措敛乎万民，以为大钟、鸣鼓、琴瑟、竽笙之声，以求兴天下之利，除天下之害，而无补也。"是故子墨子曰："为乐非也！"

［1］《文选注》引作"吹笙竽"。

今王公大人惟毋处高台厚榭之上而视之，钟犹是延鼎也，弗撞击，将何乐得焉哉？其说将必撞击之。惟勿撞击，将必不使老与迟者。老与迟者，耳目不聪明，股肱不毕强，声不和调，明不转朴[1]；将必使当年，因其耳目之聪明，股肱之毕强，声之和调，眉之转朴[2]。使丈夫为之，废丈夫耕稼树艺之时；使妇人为之，废妇人纺绩织纴之事。今王公大人惟毋为乐，亏夺民衣食之时，以拊乐如此多也。是故子墨子曰："为乐非也！"

［1］朴，疑"卧"正字。《玉篇》云："卧，补目切，目骨。"

[2]"眉",一本作"明"。案:明、眉通字。《穆天子传》云:"眉曰西王
母之山。"即名也。《诗》"猗嗟名兮",《尔雅》云"目上为名",亦即眉也。

今大钟、鸣鼓、琴瑟、竽笙之声既已具矣[1],大人鏽然奏
而独听之[2],将何乐得焉哉?其说将必与贱人,不与君子。
与君子[3]听之,废君子听治;与贱人听之,废贱人之从事。
今王公大人惟毋为乐,亏夺民之衣食之财,以拊乐如此多
也。是故子墨子曰:"为乐非也!"

[1]据上文当有王公二字。

[2]鏽字,《说文》、《玉篇》俱无。

[3]旧脱三字,一本有。

昔者齐康公[1]兴乐《万》,《万》人不可衣短褐,不可食糠
糟[2],曰:食饮不美,面目颜色不足视也;衣服不美,身体从
容丑羸不足观也[3]。是以食必粱肉,衣必文绣。此掌[4]不
从事乎衣食之财,而掌食乎人者也。是故子墨子曰:"今王
公大人惟毋为亏夺民衣食之财,以拊乐如此多也。"是故子
墨子曰:"为乐非也!"

[1]案《史记》,康公名贷,宣公子,当周定王时。

[2]糠字从禾,俗写误从米。

[3]一本作"身体容貌不足观也"。《太平御览》引作"身体从容不足
观也"。

[4]一本作"常"。

　　今人固与禽兽、麋鹿、蜚鸟、贞虫异者也。今之禽兽、麋鹿、蜚鸟、贞虫，因其羽毛以为衣裘，因其蹄蚤[1]以为绔屦[2]，因其水草以为饮食。故唯使雄不耕稼树艺，雌亦不纺绩织纴，衣食之财固已具矣。今人与此异者也：赖其力者生[3]，不赖其力者不生。君子不强听治，即刑政乱；贱人不强从事，即财用不足。今天下之士君子以吾言不然，然即姑尝数天下分事而观乐之害：王公大人蚤朝晏退，听狱治政，此其分事也。士君子竭股肱之力，亶其思虑之智，内治官府，外收敛关市、山林、泽梁之利，以实仓廪府库，此其分事也。农夫蚤出暮入，耕稼树艺，多聚升粟，此其分事也。妇人夙兴夜寐，纺绩织纴，多治麻丝葛绪绸布缕[4]，此其分事也。今惟毋在乎王公大人说乐而听之，即必不能蚤朝晏退，听狱治政，是故国家乱而社稷危矣。今惟毋在乎士君子说乐而听之，即必不能竭股肱之力，亶其思虑之智，内治官府，外收敛关市、山林、泽梁之利，以实仓廪府库，是故仓廪府库不实。今惟毋在乎农夫说乐而听之，即必不能蚤出暮入，耕稼树艺，多聚升粟，不足。今惟毋在乎妇人说乐而听之，即不必能[5]夙兴夜寐，纺绩织纴，多治麻丝葛绪绸布缕，是故布缕不兴。曰：孰为大人之听治而废国家之从事？曰：乐也。是故子墨子曰："为乐非也！"

　　[1] 蹄即"蹢"省文，蚤即"爪"假音。

　　[2] 绔即"袴"正文。《说文》云："袴，胫衣也。"

　　[3] 旧作"主"，下同，以意改。

　　[4] "绸"，旧作"细"。卢云："当为绸，与捆同。《非命下》正作捆缕。

郑君注《礼记》云：缣也，缫读如绡。"

［5］旧脱此字，以意增。

何以知其然也？曰：先王之书汤之《官刑》有之，曰："其[1]恒舞于宫，是[2]谓巫风[3]。"其刑：君子出丝二卫[4]；小人否，似二伯。《黄径》乃言曰："呜乎！舞佯佯[5]，黄[6]言孔章。上帝弗常，九有以亡。上帝不顺[7]，降之百[8]殃[9]，其家必坏丧[10]。"察九有之所以亡者，徒从饰乐也。于《武观》曰[11]："启乃淫溢康乐，野于[12]饮食，将将铭苋磬以力[13]。湛浊于酒，渝食于野，《万》舞翼翼，章闻于大[14]，天用弗式[15]。"故上者天鬼弗戒，下者万民弗利。是故子墨子曰："今天下士君子，诚[16]将欲求兴天下之利，除天下之害，当在乐之为物，将不可不禁而止也。"

［1］《孔书》云"敢有"。

［2］《孔书》作"时"。

［3］文见《伊训》。

［4］此"纬"字假音。《说文》云："纬，织横丝也。"

［5］舞，当为"䍃"，䍃与谟音同。《孔书》作"圣谟洋洋"。元遗山《续古今考》亦引作"洋洋"。

［6］《孔书》作"嘉"，是。

［7］《孔书》无此八字。

［8］旧作"日"，非。

［9］此"祥"字异文，郭璞注《山海经》音祥。《玉篇》云："殃，徐羊切，女鬼也。"

［10］《孔书》云"坠厥宗"。已上文亦见《伊训》。

[11]《汲郡古文》云："帝启十年，放王季子武观于西河。十五年，武观以西河叛，彭伯寿帅师征西河，武观来归。"注："武观，五观也。"《楚语》："士娓曰：夏有五观。"韦昭云："五观，启子，太康昆弟也。"《春秋传》曰："夏有观扈。"

[12]疑作"于野"。

[13]句未详。茪，疑筅字之误，形声相近。江声注《尚书》云："茪当为莌，莌，喜说也。"

[14]当为"天"。

[15]翼、式为韵。《海外西经》云："大乐之野，夏后启于此儛九代。"《大荒西经》云："夏后开上三嫔于天，得《九辨》与《九歌》以下。"据此，则指启盘于游田。《书序》"太康尸位"及《楚词》"夏康娱"云云，疑太康、夏康，即此云"淫溢康乐"，淫之训大，然则太康疑非人名，而《孔传》以为启子不可夺也。江声又云："启乃字，当为启子。启子，五观也。"亦是。

[16]旧作"请"，一本如此。

第九卷

非乐中(缺)

非乐下(缺)

非命上

子墨子言曰:"古者王公大人为政国家者,皆欲国家之富,人民之众,刑政之治。然而不得富而得贫,不得众而得寡,不得治而得乱,则是本失其所欲,得其所恶,是故何也?"

子墨子言曰:"执有命者,以杂于民间者众。"执有命者之言曰:"命富则富,命贫则贫;命众则众,命寡则寡;命治则治,命乱则乱;命寿则寿,命夭则夭。命虽强劲何益哉?"上以说王公大人,下以驵百姓之从事[1]。故执有命者不仁。故当执有命者之言,不可不明辨。

[1] 驵,"阻"字假音。《说文》云:"驵,从马且声。"刘逵注《左思赋》引《说文》"于助反"。

然则明辨此之说将奈何哉?子墨子言曰:"必立仪。"言而毋仪,譬犹运钧之上而立朝夕者也[1],是非利害之辨不可得而明知也,故言必有三表。何谓三表?子墨子言曰:"有本之者,有原之者,有用之者。"于何本之?上本之于古者圣王之事。于何原之?下原察百姓耳目之实。于何用之?废以为刑政[2]。观其中国家百姓人民之利。此所谓言有三表也。

[1] 运,中篇作"员",音相近。《广雅》云:"运,转也。"高诱注《淮南子》云:"钧,陶人作瓦器法,下转钧者。"《史记集解》云:"骃案:《汉书音义》曰:陶家名模下圆转者为钧。"《索隐》云:"韦昭曰:钧木长七尺,有弦,所以调为器具也。"言运钧转动无定,必不可立表以测景。

[2] 卢云:"废,置也。中篇作发。"

然而今天下之士君子,或以命为有。益盖尝尚观于圣王之事。古者桀之所乱,汤受而治之;纣之所乱,武王受而治之。此世未易,民未渝,在[1]于桀、纣则天下乱,在于汤、武则天下治,岂可谓有命哉?

[1] 旧脱此字,据下文增。

然而今天下之士君子,或以命为有。益尝尚观于先王之书。先王之书所以[1]出国家,布施百姓者[2],宪也。先王之宪亦尝有曰"福不可请,而祸不可讳;敬无益,暴无伤"者乎?所以听狱制罪者,刑也。先王之刑亦尝有曰"福不可请,祸不可讳;敬无益,暴无伤"者乎?所以整设师旅、进退师徒者,誓也。先王之誓亦尝有曰"福不可请,祸不可讳;敬无益,暴无伤"者乎?是故子墨子言曰:"吾当未盐[3]数天下之良书,不可尽计数,大方论数而五者是也[4]。今虽毋求执有命者之言,不必得,不亦可错乎?"

[1] 旧脱此字,据下文增。
[2] 旧脱此字,据下文增。
[3] 此"尽"字之讹。
[4] 五,当为"三",即上先王之宪、之刑、之誓是。

今用执有命者之言,是覆天下之义。覆天下之义者,是立命者也,百姓之谇也。说百姓之谇者[1],是灭天下之人也。然则所为欲义在上者,何也?曰:义人在上,天下必治;上帝山川鬼神必有干主[2],万民被其大利。何以知之?子墨子曰:"古者汤封于亳[3],绝长继短,方地百里,与其百姓兼相爱、交相利,移则分[4],率其百姓以上尊天事鬼。是以天鬼富之,诸侯与之,百姓亲之,贤士归之,未殁其世而王天下,政诸侯。昔者文王封于岐周[5],绝长继短,地方百里,与其百姓兼相爱、交相利,则。是以近者安其政,远者归其德。闻文王者,皆起而趋之。罢不肖、股肱不利者,处而愿之,曰:'奈何乎使文王之地及我吾,则吾利,岂不亦犹文王之民也哉?'是以天鬼富之,诸侯与之,百姓亲之,贤士归之,未殁其世而王天下,征诸侯。乡者言曰[6]:'义人在上,天下必治;上帝山川鬼神必有干主,万民被其大利。'吾用此知之。"

[1]《尔雅》云："谇,告也。"陆德明《音义》云："沈音粹,郭音碎,言以此告百姓。"

[2]干,当为"斡",此"管"字假音。

[3]当为"薄"。《说文》云："亳,京兆杜陵亭也。从高省,乇声。"《史记集解》云："徐广曰:京兆杜县有亳亭。"《索隐》云："秦宁公与亳王战,亳王奔,遂灭汤社。皇甫谧云:周桓王时自有亳王号汤,非殷也。此亳在陕西长安县南。若殷汤所封,是河南偃师之薄。"《书传》及本书亦多作"薄",惟《孟子》作"亳",盖借音字,后人依改乱之。顾炎武不考《史记》,反以此讥许君地里之谬,是以不狂为狂也。

[4]言财多则分也。移,或"多"字。

[5]岐,岐山。周,周原。

[6]乡,同"向"。

是故古之圣王发宪出令,设以为赏罚以劝贤[1]。是以入则孝慈于亲戚,出则弟长于乡里;坐处有度,出入有节,男女有辨。是故使治官府则不盗窃,守城则不崩叛;君有难则死,出亡则送。此上之所赏,而百姓之所誉也。执有命者之言曰:"上之所赏,命固且赏,非贤故赏也。上之所罚,命固且罚,不暴故罚也。"是故入则不慈孝于亲戚,出则不弟长于乡里;坐处不度,出入无节,男女无辨。是故治官府则盗窃,守城则崩叛;君有难则不死,出亡则不送。此上之所罚,百姓之所非毁也。执有命者言曰:"上之所罚,命固且罚,不暴故罚也。上之所赏,命固且赏,非贤故赏也。"以此为君则不义,为臣则不忠;为父则不慈,为子则不孝;为兄则不良,为弟则不弟。而强执此者,此持凶言之所自生,而暴人之道也[2]。

[1]中篇作"劝沮",是。

[2]旧作"者",据下文改。

　　然则何以知命之为暴人之道？昔上世之穷民，贪于饮食，惰于从事，是以衣食[1]之财不足，而饥寒冻馁之忧至，不知曰"我罢不肖，从事不疾"，必曰"我命固且贫"。若上世暴王，不忍其耳目之淫、心涂之辟[2]，不顺其亲戚，遂以亡失国家，倾覆社稷，不知曰"我罢不肖，为政不善"，必曰"吾命固失之"。于《仲虺之告》曰："我闻于夏，人矫天命，布命于下[3]；帝伐之恶[4]，龚丧厥师[5]。"此言汤之所以非桀之执有命也。于《太誓》曰："纣夷处，不肯事上帝鬼神[6]，祸厥先神禔不祀[7]。乃曰：'吾民有命！'无廖排漏[8]。天亦纵之弃而弗葆[9]。"此言武王所以非纣[10]执有命也。

[1]旧脱此字，据上文增。

[2]涂，犹术。

[3]《孔书》作"夏王有罪，矫诬上天以布命于下"。

[4]《非命中》作"式是恶"，式、伐形相近，之、是音相近也。

[5]《孔书》作"帝用不臧，式商受命，用爽厥师"，龚、用，丧、爽，音同。

[6]《孔书》作"乃夷居，弗事上帝祇"。

[7]《孔书》作"遗厥先宗庙祀"，禔，同示。

[8]《孔书》作"乃曰吾有民有命，罔惩其侮"。

[9]《孔书》无此文。

[10]据上文当有之字。

今用执有命者之言，则上不听治，下不从事。上不听治，则刑政乱；下不从事，则财用不足。上无以供粢盛酒醴，祭祀上帝鬼神，降绥天下贤可之士；外无以应待诸侯之宾客；内无以食饥衣寒，将养老弱。故命，上不利于天，中不利于鬼，下不利于人。而强执此者，此持凶言之所自生，而暴人之道也。

是故子墨子言曰："今天下之士君子，忠[1]实欲天下之富而恶其贫，欲天下之治而恶其乱，执有命者之言，不可不非，此天下之大害也。"

[1] 下篇作"中"。

非命中

子墨子言曰："凡出言谈、由文学之为道也，则不可而不先立义法[1]。若言而无义，譬犹立朝夕于员钧之上也，则虽有巧工，必不能得正焉。然今天下之情伪，未可得而识也，故使言有三法。"三法者何也？有本之者，有原之者，有用之者。于其本之也？考之天鬼之志、圣王之事。于其原之也？征以先王之书。用之奈何？发而为刑[2]。此言之三法也。

[1] 义，上篇作"仪"，义、仪同。
[2] 据上篇有"政"字。

今天下之士君子[1]，或以命为亡。我所以知命之有与亡者，以众人耳目之情知有与亡。有闻之，有见之，谓之有；莫之闻，莫之见，谓之亡。然胡不[2]尝考之百姓之情？自古以及今，生民以来者，亦尝见命之物、闻命之声者乎？则未尝有也。若以百姓为愚不肖，耳目之情不足因而为法，然则胡不尝考之诸侯之传言流语乎？自古以及今，生民以来者，亦尝有闻命之声、见命之体者乎？则未尝有也。

[1] 卢云："此下当有'或以命为有'五字。"
[2] 旧脱此字，据下文增。

148

然胡不尝考之圣王之事？古之圣王，举孝子而劝之事亲，尊贤良而劝之为善，发宪布令以教诲，赏罚以劝沮。若此，则乱者可使治，而危者可使安矣。若以为不然，昔者桀之所乱，汤治之；纣之所乱，武王治之。此世不渝而民不改，上变政而民易教。其在汤、武则治，其在桀、纣则乱，安危治乱，在上之发政也，则岂可谓有命哉？夫曰有命云者，亦不然矣。

今夫有命者言曰："我非作之后世也，自昔三代有若言以传流矣。今故先生对之？"曰[1]："夫有命者，不志昔也[2]三代之圣善人与[3]？意亡[4]昔三代之暴不肖人也[5]？"何以知之[6]？初之列士桀大夫，慎言知行，此上有以规谏其君长，下有以教顺其百姓[7]，故上有以规谏其君长，下有以教顺其百姓[8]，故上得其君长之赏，下得其百姓之誉。列士桀大夫声闻不废，流传至今，而天下皆曰"其力也"。一不顾其国家百姓之政，繁为无用，暴逆百姓，使下不亲其上。是故国为虚厉[9]，身在刑僇之中，必不能曰"我见命焉"。是故昔者三代之暴王，不缪其耳目之淫[10]，不慎其心志之辟[11]，外之敺聘田猎毕弋[12]，内沉于酒乐，不曰[13]"我[14]罢不肖，我为刑政不善"，必曰"我命故且亡"。虽昔也三代之穷民，亦由此也。内之不能善事[15]其亲戚，外不能善事其君长；恶恭俭而好简易，贪饮食而惰从事。衣食之财不足，使身至有饥寒冻馁之忧，必[16]不能曰"我罢不肖，我从事不疾"，必曰"我命固且穷"。虽昔也三代之伪民，亦犹此也。

[1] 未详。生，当为"王"。

[2] 下篇作"不识昔也"，志即"识"字。

[3] 读如"钦"。

[4] 亡，同"无"。

[5] 下篇作"与"，同。

[6] 言有命之说，不识出之昔者圣善人乎？意亡此言出之暴不肖人乎？彼固亡知之妄言。

[7] 顺，同"训"。

[8] 卢云："此已上十七字衍文。"

[9] 陆德明《庄子音义》云："李云：居宅无人曰虚，死而无后曰厉。"

[10] 言不纠其缪。

[11] "僻"同。

[12]《说文》云："古文驱从支。"

[13] 二字旧脱，据下文增。

[14] 旧作"而"，一本如此。

[15] 一本作"视"。

[16] 旧作"心"，以意改。

　　繁饰有命，以教众愚朴人，久矣！圣王之患此也，故书之竹帛，琢之金石。于先王之书《仲虺之告》曰："我闻有夏，人矫天命，布命于下；帝式是恶，用阙[1]师[2]。"此语夏王桀之执有命也，汤与仲虺共非之。先王之书《太誓》之言然，曰："纣夷之居，而不肯事上帝，弃阙其先神而不祀也，曰：'我民有命！'毋僇其务[3]。天亦不弃纵而不葆[4]。"此言纣之执有命也，武王以《太誓》非之。有于三代不国有之，曰："女毋崇天之有命也。"命三不国亦言命之无也。于召公之《执令》于然，且[5]："敬哉！无天命，惟予二人而无造？言不自降天之哉得之。"在于商、夏之诗书曰："命者，暴王作之。"

[1] 当是"丧厥"二字。

[2] 下篇作"用爽厥师"。

[3] 言毋戮力其事也，上二篇俱当从此。《孔书》作"罔惩其侮"，义异。或云伪《泰誓》不足据，不如此文。

[4] 文与上文篇小异。

[5] 当为"曰"。

且今天下之士君子，将欲辩是非利害之故，当天[1]有命者，不可不疾非也。执有命者，此天下之厚害也，是故子墨子非也。

[1] 当为"夫"。

非 命 下

子墨子言曰："凡出言谈，则必可而不先立仪而言[1]。若不先立仪而言，譬之犹运钧之上而立朝夕焉也。我以为虽有朝夕之辩，必将终未可得而从定也。是故言有三法。"

[1]一本作"则必先立义而言"。

何谓三法？曰：有考之者，有[1]原之者，有用之者。恶乎考之？考先圣大王之事。恶乎原之？察众之耳目之请[2]。恶乎用之？发而为政乎国，察万民而观之。此谓三法也。

[1]旧脱此字，一本如此。
[2]据前篇当为"情"。

故昔者三代圣王禹、汤、文、武方为政乎天下之时，曰：必务举孝子而劝之事亲，尊贤良之人而教之为善。是故出政施教，赏善罚暴。且以为若此，则天下之乱也，将属可得而治也；社稷之危也，将属可得而定也。若以为不然，昔桀之所乱，汤治之；纣之所乱，武王治之。当此之时，世不渝而民不易[1]，上变政而民改俗。存乎桀、纣而天下乱，存乎汤、武而天下治，天下之治也，汤武之力也；天下之乱也，桀纣之罪也。若以此观之,夫安危治乱,存乎上之为政也,则夫岂可谓有命哉？故昔者禹、汤、文、武方为政乎天下之时,曰：必使饥者得食,寒者得衣,劳者得息,乱者得治。遂得光誉令问于天下。夫岂可以为命哉？故以为其力也。今贤良之人尊贤而好功[2]道术,故上得其王公大人之赏,下得其万民之誉,遂得光誉令问于天下。亦岂以为其命哉？又以为力也。

[1]《文选注》引此"治"作"理","世"作"时","民"作"人",皆唐人避讳改。

[2] 一本无此字。

然今夫有命者,不识昔也三代之圣善人与？意亡昔三代之暴不肖人与？若以说观之,则必非昔三代圣善人也,必暴不肖人也。

然今以命为有者,昔三代暴王桀、纣、幽、厉,贵为天子,富有天下,于此乎不而[1]矫其耳目之欲,而从其心意之辟,外之欧骋田猎毕弋,内湛于酒乐[2],而不顾其国家百姓之政,繁为无用,暴逆百姓,遂失其宗庙,其言不曰"吾罢不肖,吾听治不强",必曰"吾命固将失之"。虽昔也三代罢不肖之民,亦犹此也。不能善事亲戚君长,甚恶恭俭而好简易,贪饮食而惰从事,衣食之财不足,是以身有陷乎饥寒冻馁之忧,其言不曰"吾罢不肖,吾从事不强",又曰"吾命固将穷"。昔三代伪民亦犹此也。

〔1〕读如"能"，一本无此字，非。

〔2〕中篇"湛"作"沉"。

　　昔者暴王作之，穷人[1]术之[2]，此皆疑众迟朴[3]，先圣王之患也，固在前矣。是以书之之竹帛，镂之金石，琢之盘盂，传遗后世子孙。曰：何书焉存？禹之《总德》有之，曰："允不著，惟天民不而葆[4]。既防凶心，天加之咎。不慎厥德，天命焉葆？"《仲虺之告》曰："我闻有夏，人矫天命，于下；帝式是增[5]，用爽厥师。"彼用无为有，故谓矫。若有而谓有，夫岂为矫哉？昔者桀执有命而行，汤为《仲虺之告》以非之。《太誓》之言也，于《去发》[6]曰："恶乎君子！天有显德，其行甚章；为鉴不远，在彼殷王：谓人有命，谓敬不可行；谓祭无益，谓暴无伤。上帝不常，九有以亡；上帝不顺，祝降其丧。惟我有周，受之大帝[7]。"昔纣执有命而行，武王为《太誓·去发》以非之。曰：子胡不尚考之乎商、周、虞、夏之记，从十简之篇以尚，皆无之，将何若者也？

〔1〕旧脱此字，一本有。

〔2〕术，同"述"。

〔3〕言沮朴实之人。

〔4〕而，同"能"。葆，同"保"。

〔5〕当作"恶"，或作"憎"。

〔6〕未详。

〔7〕文略见《孔书·泰誓》。

　　是故子墨子曰："今天下之君子之为文学、出言谈也，非将勤劳其惟[1]舌而利其唇呡也[2]，中实将欲其国家邑里万民刑政者也。"今也王公大人之所以早朝晏退，听狱治政，终朝均分，而不敢息[3]怠倦者，何也？曰：彼以为强必治，不强必乱；强必宁，不强必危；故不敢怠倦。今也卿大夫之所以竭股肱之力，殚其思虑之知，内治官府，外敛关市、山林、泽梁之利，以实官府，而不敢怠倦者，何也？曰：彼以为强必贵，不强必贱；强必荣，不强必辱；故不敢怠倦。今也农夫之所以蚤出暮入，强乎耕稼树艺，多聚升粟，而不敢怠倦者，何也？曰：彼以为强必富，不强必贫；强必饱，不强必饥；故不敢怠倦。今也妇人之所以[4]夙兴夜寐，强乎纺绩织纴，多治麻统[5]葛绪[6]捆[7]布缥，而不敢怠倦者，何也？曰：彼以为强必富，不强必贫；强必煖，不强必寒；故不敢怠倦。今虽毋在乎王公大人蒉[8]若信有命而致行之，则必怠乎听狱治政矣，卿大夫必怠乎治官府矣，农夫必怠乎耕稼树艺矣，妇人必怠乎纺绩织纴矣。王公大人怠乎听狱治政，卿大夫怠乎治官府，则我以为天下必乱矣；农夫怠乎耕稼树艺，妇人怠乎纺绩织纴，则我以为天下衣食之财将必不足矣。若以为政乎天下，上以事天鬼，天鬼不使[9]；下以待养百姓，百姓不利，必离散不可得用也。是以入守则不固，出诛则不胜。故虽昔者三代暴王桀、纣、幽、厉之所以共抎其国家[10]倾覆其社稷者，此也。

[1] 一本作"颊"。

[2] 呡，"腏"字省文。《说文》云："吻，口边也。"又有"腏"字，云"或从月从昏"，此省日耳。

〔3〕一本无此字,是。

〔4〕旧脱此字,据上文增。

〔5〕《说文》云:"统,丝曼延也。"

〔6〕"纼"字假音。

〔7〕《说文》云:"稇,絭束也。"此俗写。

〔8〕句。此"贵"字假音。

〔9〕当为"便"字。

〔10〕抎,失。

是故子墨子言曰:"今天下之士君子,中实将欲求兴天下之利,除天下之害,当若有命者言也。曰:命者,暴王所作,穷人所术,非人者之言也。今之为仁义者,将不可不察而强非者,此也。"

非儒上（缺）

非　儒　下[1]

儒者曰："亲亲有术，尊贤有等。"言亲疏、尊卑之异也。其《礼》曰：丧，父母三年其[2]，妻[3]、后子三年[4]，伯父、叔父、弟兄、庶子其[5]，戚族人五月。若以亲疏为岁月之数，则亲者多而疏者少矣，是妻、后子与父同也；若以尊卑为岁月数，则是尊其妻、子与父母同，而亲伯父、宗兄而卑子也[6]。逆孰大焉？

[1]《孔丛·诘墨篇》多引此词。此述墨氏之学者设师言以折儒也，故《亲士》诸篇无"子墨子言曰"者，翟自著也，此无"子墨子言曰"者，门人小子臆说之词，并不敢以诬翟也，例虽同而事异。后人以此病翟，非也。《说文》云："儒，柔也。术士之称。"

[2] 句。其与"期"同，言父在为母期也。

[3] 旧脱此字，据下文增。

[4] 后子，嗣子適也。《左传》曰"王一岁有三年之丧二"，《周礼》如此。

[5] 与"期"同。

[6] 卢云："似当云'而卑与子同也'。"

其亲死，列尸弗[1]。登屋窥井，挑鼠穴，探涤器，而求其

人焉。以为实在,则戆愚甚矣[2]。如其亡也,必求焉,伪亦
大矣。

　　[1] 句。弗与"祓"同。
　　[2]《说文》云:"戆,愚也。""愚,戆也。"《玉篇》:"戆,陟绛切。"颜师
古注《汉书》云:"古音下绀反,今则竹巷反。"

　　取妻身迎,祗裯为仆[1],秉辔授绥,如仰严亲。昏礼威
仪,如承祭祀。颠覆上下,悖逆父母,下则妻子[2],妻子上侵
事亲,若此可谓孝乎? 儒[3]者[4]迎妻,"妻之奉祭祀,子将守
宗庙,故重之"。应之曰:"此诬言也! 其宗兄守其先宗庙数
十年,死,丧之其[5];兄弟之妻奉其先之祭祀,弗散[6];则丧
妻、子三年,必非以守奉祭祀也。"夫忧妻、子以大负累,有曰
"所以重亲也",为欲厚所至私[7],轻所至重,岂非大奸也哉?

　　[1]《说文》云:"祗,敬也。""裯,衣正幅",则裯亦正意,与端同。
　　[2] 言为妻子法则。
　　[3] 旧作"传",据下文改。
　　[4] 当云"儒者曰"。
　　[5] 同"期"。
　　[6] 卢云:"当为服。"
　　[7] 旧作"和",以意改。

　　有强执有命以说议曰:"寿夭贫富,安危治乱,固有天
命,不可损益。穷达赏罚,幸否[1]有极。人之知力,不能为
焉。"群吏信之,则怠于分职;庶人信之,则怠于从事。不治

则乱,农事缓则贫。贫且乱政之本,而儒者以为道教,是贱
天下之人者也。

[1]《说文》云:"宰,吉而免凶也。从屰,从夭,夭死之事,故死谓之
不幸。"

且夫繁饰礼以淫人,久丧伪哀以谩亲[1],立命缓贫而高
浩居[2],倍本弃事而安怠傲[3],贪于饮酒,惰于作务,陷于饥
寒,危于冻馁,无以违之。是若人气,鼵鼠藏[4],而羝羊
视[5],贲彘起[6]。君子笑之,怒曰:"散人[7]焉知良儒!"夫夏
乞麦禾,五谷既收,大丧是随。子姓皆从,得厌饮食。毕治
数丧,足以至矣。因人之家翠[8]以为[9],恃人之野[10]以为
尊。富人有丧,乃大说喜,曰:"此衣食之端也。"

[1]《说文》云:"谩,欺也。"《玉篇》云:"莫般、马谏二反。"陆德明《周
礼音义》云:"徐望仙反。"

[2]同"傲倨"。《说文》云:"居,蹲也。"

[3]旧作"彻",以意改。

[4]《尔雅》有"鼵鼠"。陆德明《音义》云:"孙炎云:鼵者,颊里也。"
郭云:以颊内藏食也。《字林》云:即鼢鼠也。《说文》云:"鼵,黔也。"《玉
篇》云:"鼵,胡簟切,田鼠也。""鼵"旧作"觌",误。

[5]《尔雅》云"羊牡羒",注"羝"。《广雅》云:"二岁曰羝。"《说文》
云:"羝,牡羊也。"陆德明《音义》云:"《字林》云:羘羊也。"然则羝、羒、
羘,皆牡羊。

[6]《易·大畜》云:"豮豕之牙。"崔憬曰:"《说文》:豮,剧豕。今俗
犹呼剧猪是也。"案:《说文》作"羠豕",崔以意改之。"羠"与"羍"义同。

剧者，"犅"假音。《玉篇》云："犤，扶云切，犅也。"

[7]《汉书》云"宆食"，注曰："文颖曰：宆，散也。"《说文》云："宆，楸也。从宀，儿在屋下，无田事。"《玉篇》云："如勇切。"则此云散人犹宆人。

[8]《广雅》："膘，肥也。"此古字。

[9] 疑有脱字。

[10] 言禾麦在野。

儒者曰："君子必服古言，然后仁。"应之曰："所谓古之者，皆尝新矣。而古人服之，则君子也？然则必法非君子之服，言非君子之言，而后仁乎？"

又曰："君子循而不作。"应之曰："古者羿作弓[1]，伃作甲[2]，奚仲作车，巧垂作舟[3]，然则今之鲍函车匠[4]，皆君子也？而羿、伃、奚仲、巧垂，皆小人邪？且其所循，人必或作之，然则其所循皆小人道也？"

[1] 羿，"羿"省文。《说文》云："羿，古诸侯也。一曰射师。"

[2] 伃即"杼"，少康子。卢云："《世本》作舆。"

[3]《北堂书钞》引作"倕"，《太平御览》作"倕"，《事类赋》引作"工倕"。《太平御览》引有云"禹造粉"，疑在此。

[4]《考工记》有"函鲍"，郑君注云："鲍读为鲍鱼之鲍，《书》或为鞄。"《苍颉篇》有"鞄靴"。陆德明《音义》云："刘音仆。"《说文》云："鞄，柔革工也。从革包声，读若朴。"周公曰："柔皮之工鲍氏。"鞄即鲍也。

又[1]曰："君子胜不逐奔，揜函弗射，施[2]则助之胥车。"应之曰："若皆仁人也，则无说而相与。仁人以其取舍是非之理相告，无故从有故也，弗知从有知也，无辞必服，见善必迁，何故相？若两暴交争，其胜者欲不逐奔，揜函弗射，施则助之胥车，虽尽能，犹且不得为君子也，意暴残之国也。圣将为世除害，兴师诛罚，胜将因用传术令士卒曰：'毋逐奔，揜函勿射，施则助之胥车。'暴乱之人也得活，天下害不除，是为群残父母而深贱世也，不义莫大焉！"

[1] 旧作"人"，以意改。

[2] 旧作"强"，据下文改。

又曰："君[1]子若钟，击之则鸣，弗击不鸣[2]。"应之曰："夫仁人事上竭忠，事亲得孝，务善则美，有过则谏，此为人臣之道也。今击之则鸣，弗击不鸣，隐知豫[3]力，恬漠待问而后对，虽有君亲之大利，弗问不言；若将有大寇乱，盗贼将作，若机辟将发也[4]，他人不知，己独知之，虽其君亲皆在，不问不言，是夫大乱之贼也！以是为人臣不忠，为子不孝，事兄不弟，交遇人不贞良。夫执后不言之朝物，见利使已，虽恐后言。君若言而未有利焉，则高拱下视，会噎为深[5]，曰：'惟其未之学也。'用谁急，遗行远矣。"

[1] 旧作"吾"，据上文改。

[2] 此出《说苑》，云："赵襄子谓子路曰：吾尝问孔子曰，先生事七十君无明君乎，孔子不对，何谓贤邪？子路曰：建天下之鸣钟，撞之之以筵，岂能发其音声哉！"

[3] 言隐其先知豫事之识。

[4]辟，同"闢"。

[5]《说文》云："唅，咽也。读若快。""噎，饭窒也"。会与"唅"同，不言之意。

夫一道术学业仁义也，昔大以治人，小以任官，远施用遍[1]，近以循身；不义不处，非理不行；务兴天下之利，曲直周旋，利则止。此君子之道也。以所闻孔某之行[2]，则本与此相反谬也。

[1]旧作"偏"，以意改。

[2]"某"字旧作孔子讳，今改，下放此。

齐景公问晏子曰："孔子为人何如？"晏子不对。公又复问，不对。景公曰："以孔某语寡人者众矣，俱以贤人也。今寡人问之，而子不对，何也？"晏子对曰："婴不肖，不足以知贤人。虽然，婴闻所谓贤人者，入人之国，必务合其君臣之亲，而弭其上下之怨。孔某之荆，知白公之谋，而奉之以石乞。君身几灭，而白公僇[1]。婴闻贤人得上不虚，得下不危，言听于君必利人，教行下必于上，是以言明而易知也，行易而从也，行义可明乎民，谋虑可通乎君臣。今孔某深虑同谋以奉贼，劳思尽知以行邪，劝下乱上，教臣杀君[2]，非贤人之行也；入人之国，而与人之贼，非义之类也；知人不忠，趣之为乱[3]，非仁义之也[4]；逃人而后谋，避人而后言，行义不可明于民，谋虑不可通于君臣。婴不知孔某之有异于白公也，是以不对。"景公曰："呜乎！贶寡人者众矣[5]，非夫子，则吾终身不知孔某之与白公同也。"

[1]《孔丛·诘墨》云:"白公乱在哀公十六年秋也,孔子已卒十旬。"

[2]《孔丛》引"杀"作"弑"。

[3]趣,读"促"。

[4]脱字。

[5]贶当为"况",此俗写。

孔某之齐,见景公。景公说,欲封之以尼溪,以告晏子。晏子曰:"不可。夫儒,浩居而自顺者也[1],不可以教下;好乐而淫人,不可使亲治;立命而怠事,不可使守职;宗丧循哀[2],不可使慈民;机服勉容[3],不可使导众。孔某盛容修饰以蛊世,弦歌鼓舞以聚徒,繁登降之礼以示仪,务趋翔之节以劝众;儒学不可使议世[4],劳思不可以补民[5],累寿不能尽其学,当年不能行其礼,积财不能赡其乐。繁饰邪术,以营世君[6];盛为声乐,以淫遇民[7]。其道不可以期世,其学不可以导众[8]。今君封之,以利齐俗[9],非所以导国先众。"公曰[10]:"善。"于是厚其[11]礼,留其封,敬见而不问其道。孔乃恚[12]怒于景公与晏子,乃树鸱夷子皮[13]于田常之门,告南郭惠子以所欲为,归于鲁。有顷,间齐将伐鲁[14],告子贡曰:"赐乎,举大事于今之时矣!"乃遣子贡之齐,因南郭惠子以见田常,劝之伐吴;以教高、国、鲍、晏,使毋得害田常之乱;劝越伐吴。三年之内,齐、吴破国之难,伏尸以言术数,孔某之诛也[15]。

[1] 卢云:"《晏子·外篇》与此多同,浩居作浩裾。"沆案:《史记》作"倨傲自顺"。

[2]《孔丛》、《史记》"宗"作"崇"。

[3] 卢云:"《晏子》作'异于服,勉于容'。"

[4]《晏子》"儒"作"博","议"作"仪"。

[5] 三字旧脱,卢据《晏子》增。

[6]《说文》云:"誉,惑也。"《家语》云:"誉惑诸侯。"高诱注《淮南子》曰:"营,惑也。""营"同"誉","誉"与"眴"音相近。

[7] 当为"愚民"。

[8]《孔丛》作"家",非。

[9]《史记》云:"君欲用之以移齐俗。"作"移",是。

[10] 二字旧脱,据《孔丛》增。

[11] 二字旧脱,卢据《晏子》增。

[12] 旧作"志",卢改。

[13] 即范蠡也。《韩非子》云:"鸱夷子皮事田成子,成子去齐,走而之燕,鸱夷子皮负传而从。"按《史记·货殖传》云:"范蠡变名易姓适齐,为鸱夷子皮。"

[14] 言伺其间。

[15] 言孔子之责也。

孔某为鲁司寇,舍公家而奉[1]季孙。季孙相鲁君而走。季孙与邑人争门关[2],决植[3]。

[1] 旧作"于",据《孔丛》改。

[2] 句。

[3]《列子》云:"孔子劲能招国门之关,而不肯以力闻。"《吕氏春秋·慎大》云:"孔子之劲举国门之关而不肯以力闻。"此云决植,即其事

也。《说文》云："植，户植也。"似言季氏争关而出，孔子决门植以纵之。

孔某穷于蔡、陈之间[1]，藜羹不糂[2]，十日。子路为享豚[3]，孔某不问肉之所由来而食[4]；号人衣[5]以酤酒[6]，孔某不问酒之所由来而饮。哀公迎孔某，席不端弗坐，割不正弗食。子路进，请曰："何其与陈、蔡反也[7]？"孔某曰："来！吾与女[8]。曩与女为苟生[9]，今与女为苟义[10]。"夫饥约则不辞妄[11]妄取以活身，赢饱伪行以自饰，污邪诈伪，孰大于此？

[1]《孔丛》"穷"作"厄"。

[2]《艺文类聚》引作"藜蒸不糂"，《北堂书抄》作"不糁"，《太平御览》作"糂"，一作"糁"。《荀子》云："七日不火食，藜羹不糂。"杨倞云："糂与糁同，苏览反。"《说文》云："糂，以米和羹也。一曰粒也。古文糂从参。"则糂、糁古今字。

[3]《孔丛》、《太平御览》引"享"作"烹"，俗写耳，享即烹耳。

[4]《艺文类聚》引作"不问肉所从来即食之。"

[5]号，"裞"字之误。《孔丛》作"剥"。

[6]《孔丛》"酤"作"沽"，同。

[7]《文选注》引"反"作"异"。

[8]当为"语女"。

[9]苟，且。

[10]旧云"曩与女为苟义"，脱五字，据《文选注》增。

[11]此字衍。

孔某与其门弟子闲坐，曰："夫舜见瞽叟就然[1]，此时天下圾乎[2]！周公旦非其人也邪，何为亦舍[3]家室而托寓也?"

[1] 旧作"然就",孙以意改。《孟子》云:"舜见瞽瞍,其容有蹙。"《韩非子·忠孝》云:"记曰:舜见瞽瞍,其容造焉。孔子曰:当是时也,危哉!天下岌岌。"《荀子》亦同作"造"。案:就、蹙、造三音皆相近。

[2] "坂"旧作"坡",以意改。《孟子》《韩非子》作"岌岌"。

[3] 旧作"舍亦",卢云如此。

孔某所行,心术所至也。其徒属弟子,皆效孔某。子贡、季路辅孔悝乱[1]乎卫,阳虎乱乎齐[2],佛肸以中牟叛,漆雕刑残[3],莫大焉[4]!

[1] 旧脱此字,据《孔丛》云"以乱卫"增。

[2] 《孔丛》作"鲁"。

[3] 《孔丛》作"漆雕开形残,诘曰:非行己之致"。

[4] "莫"上当脱一字。

夫为弟子后生其师,必修其言,法其行,力不足、知弗及而后已。今孔某之行如此,儒士则可以疑矣。

第十卷

经 上[1]

故,所得而后成也[2]。止,以久也[3]。体,分于兼也[4]。必,不已也[5]。知,材也[6]。平,同高也[7]。虑,求也[8]。同,长以缶[9]相尽也。知,接也[10]。中,同长也[11]。恕,明也[12]。厚,有所大也。仁,体爱也。日中[13],正南也。义,利也[14]。直,参也[15]。礼,敬也。圜,一中同长也[16]。行,为也。方,柱隅四讙也[17]。实,荣也[18]。倍,为二也[19]。忠,以为利而强低也[20]。端,体之无序而最前者也[21]。孝,利亲也。有间,中也[22]。信,言合于意也。间,不及旁也[23]。佴,自作也[24]。纑,间虚也[25]。谓[26],作嗛也。盈,莫不有也。廉,作非也[27]。坚白,不相外也。令,不为所作也[28]。撄,相得也[29]。任,士损己而益所为也[30]。似,有以相撄,有不相撄也。勇,志之所以敢也[31]。次,无间而不撄撄也。力,刑[32]之所以奋也[33]。法,所若而然也[34]。生,刑[35]与知处也[36]。佴,所然也[37]。卧,知无知也[38]。说,所以明也[39]。梦,卧而以为然也[40]。攸不可[41],两不可也。平[42],知无欲恶也。辩,争彼也。辩胜[43],当[44]也。利,所得而喜也[45]。为,穷知而悬于欲也[46]。害,所得而恶也[47]。已,成[48]、亡[49]。治,求得也[50]。使[51],谓、故[52]。誉,明美也。名[53]，达、类、私[54]。诽，明恶也。谓[55]，移、举、加[56]。举，拟实也。知[57]，闻[58]、说、亲[59]，名[60]、实合为[61]。言，出举也。闻[62]，传、亲[63]。且[64]，言然也。见[65]，体、尽[66]。君臣萌[67]，通约也。合[68]，舌、宜[69]、必[70]。功，利民也。欲舌权利，且恶舌权害。赏，上报下之功也。为[71]，存、亡、易、荡、治、化[72]。罪，犯禁也。同[73]，重、体、合、类[74]。罚，上报下之罪也。异[75]，二体、不合、不类[76]。同，异而俱于之一也。同异交得，放有无[77]。久，弥异时也[78]。守，弥异所也[79]。闻，耳之聪也。穷，或有前不容尺也。循[80]所闻而得其意，心之[81]察也。尽，莫不然也。言，口之利也。始，当时也。执[82]所言而意得见，心之辩也。化，征易也。诺，不一利用[83]。损[84]，偏去也[85]。服、执、说[86]。巧转[87]，则求其故。大益[88]。儇㩂柢[89]。法同则观其同[90]。库[91]，易也。法异则观而宜[92]。动，或从也。止，因以别道。

[1] 此翟自著，故号曰《经》，中亦无"子墨子曰"云云。按宋潜溪云"上卷七篇号曰《经》，中卷、下卷六篇号曰《论》"。上卷七篇则自《亲士》至《三辩》也，此经似反不在其数。然本书固称《经》，词亦最古，岂后人移其篇第与？唐、宋传注亦无引此，故讹错独多，不可句读也。

[2] 《说文》云："故，使为之也。"或与固同，事之固然言已得成也。

[3] 以，同"已"。

[4] 《孟子》云："有圣人之一体。"

[5] 言事必行。

[6] 言材知。

[7] 言上平。

[8] 谋虑有求。

［9］缶即"正"字。卢云："歪，古文正，亦作舌。"沅按：唐《大周石刻》"投心舌觉"如此。

［10］知以接物。

［11］中孔四量如一。

［12］推己及人，故曰明。

［13］句。

［14］《易》曰："利者，义之和。"

［15］《说文》云："直，正见也。"《论语》："子曰：立则见其参于前。"

［16］一中言孔也，量之四面同长。

［17］讙，疑"维"字。

［18］实至则名荣。

［19］倍之是为二。

［20］言以利人为志而能自下。

［21］序，言次序。《说文》云："岗，物初生之题也。"

［22］间隙是二者之中。

［23］言间偼。

［24］《说文》云："偠，伙也"。此云自作，未详也。

［25］卢云："纩，犹坟垆之垆。"

［26］字书无此字。

［27］廉察之廉。作，与狙声近。言狙伺。

［28］言使人为之，不自作。

［29］《玉篇》云："缨，结也。"

［30］谓任侠。《说文》云："粤侠也。"三辅谓轻财者为粤，粤与任同。

［31］敢，决。

［32］同形。

［33］言奋身是强力。

［34］若，顺。言有成法可从。

［35］同"形"。

[36] 言人处世惟形体与知识。

[37] 然犹顺耳之言,贰或为"尔"字假音。《说文》云:"尔,必然也。"

[38] 卧而梦,似知也,而不可为知。

[39] 解说。

[40] 言梦中所知以为实然。

[41] 句。

[42] 句。

[43] 读如"胜负"。

[44] 读如"当意"。

[45] 谓梦所见。

[46] 言知之所到而欲为。縣,同"悬"。

[47] 谓梦所见。

[48] 句。

[49] 句。

[50] 言事既治,所求得。

[51] 句。

[52] 句。《说文》云:"故,使为之也。"

[53] 句。

[54] 句。

[55] 句。

[56] 名。

[57] 句。

[58] 旧作"间",据《经说上》改。

[59] 句。

[60] 句。

[61] 句。

[62] 句。

[63] 句。

［64］旧衍一"且"字，以意删。

［65］句。

［66］句。

［67］疑同"名"，或同"氓"。

［68］句。

［69］句。

［70］句。

［71］句。

［72］句。

［73］句。

［74］句。

［75］句。

［76］句。

［77］句。

［78］言不易其时，故曰久。

［79］言不移其所，故曰守。

［80］句。犹云从。

［81］旧作"也"，据下文改。

［82］句。

［83］句。

［84］句。

［85］言损是去其半。

［86］音利。沅案："音利"二字，旧注未详其义。

［87］句。

［88］句。

［89］句。《经说上》作"昫"。

［90］句。

［91］卢云："库疑廧，与障同，见下文。"

[92] 句。

读此书旁行，乭无非^[1]。

[1]《说文》云：“非，违也。从飞下翅，取其相背。”言此篇当旁行读之，即正读，亦无背于文义也。此篇旧或每句两截分写，如新考定本，故云旁行可读。

经 下

止，类以行人[1]，说在同。所存[2]与者，于存与孰存。驷异说，推类之难，说在之大小[3]。五行毋常胜，说在宜。物尽[4]同名[5]，二与斗[6]，爱食与招[7]，白与视[8]，丽与，夫与履[9]。一，偏弃之，谓而固[10]是也，说在因。不可偏去而二[11]，说在见与俱[12]。一与二[13]、广与循[14]，无欲恶之为益损也，说在宜[15]。不能而不害，说在害[16]。损而不害，说在余[17]。异类不吡[18]，说在量[19]。知而不以五路，说在久[20]。偏去莫加少，说在故[21]。必热，说在顿。假[22]，必诤，说在不然[23]。知其所以不知，说在以名取。物之所以然[24]，与所以知之[25]，与所以使人知之[26]，不必同，说在病。无[27]，不必待有，说在所谓[28]。疑，说在逢[29]、循、遇、过。擢虑不疑，说在有无。合与一[30]，或复否，说在拒。且然[31]，不可正，而不害用工，说在宜欧[32]。物一体也，说在俱一[33]、惟是。均之绝不，说在所均[34]。宇或徙[35]，说在长宇久[36]。尧之义也，生于今而处于古，而异时，说在所义。二[37]，临鉴而立[38]，景到[39]，多而若少[40]，说在寡区[41]。狗，犬也，而杀狗非[42]杀犬也可，说在重[43]。鉴位[44]，量一小而易，一大而𧚍，说在中之[45]。外内使殷美，说在使。鉴团景一。不坚白，说在。荆之大，其沉浅也，说在具。无久与宇。坚白，说在因。以檻为抟，于以为无知也，说在意[46]。在诸其所然，未

173

者然,说在于是推之。意未可知,说在可用过仵[47]。景不从,说在改为[48]。一少于二,而多于五,说在建。住景二,说在重。非半弗靳[49],则不动,说在端[50]。景到在午,有端与景长,说在端。可无也,有之而不可去,说在尝然[51]。景迎日,说在抟。舌而不可担,说在抟[52]。景之小大,说在地舌远近[53]。宇进无近,说在敷。天而必舌,说在得行[54]。循以久,说在先后[55]。贞而不挠,说在胜一[56]。法者之相与也尽,若方之相召也,说在方[57]。契与枝板,说在薄[58]。狂举不可以知异,说在有不可[59]。牛马之非牛,与可之同,说在兼[60]。倚者不可正,说在剃。循此[61],循此与彼此同,说在异[62]。推之必往,说在废材[63]。唱和同患,说在功[64]。买无贵,说在仮[65]其贾[66]。闻所不知,若所知,则两知之,说在告[67]。贾宜则雠[68],说在尽[69]。以言为尽诤,诤,说其在言。无说而惧,说在弗心。惟吾谓非名也则不可,说在仮。或过名也,说在实。无穷不害兼,说在盈否知[70]。知之否之,足用也诤,说在无以也。不知其数,而知其尽也,说在明者[71]。谓辩无胜,必不当,说在辩。不知其所处,不害爱之,说在丧子者。无不让也不可,说在始。仁义之为外内也内,说在仵[72]颜。于一有知焉,有不知焉,说在存。学之益也,说在诽者。有指于二而不可逃,说在以二絫[73]。诽之可否[74],不以众寡,说在可非[75]。所知而弗能指,说在春也。逃臣、狗犬贵者,非诽者诤,说在弗非[76]。知狗而自谓不知犬[77],过也,说在重。物[78]箅不甚,说在若是。通意后对,说在不知其谁谓也。取下以求上也,说在泽。是[79]是与是同,说在不州[80]。

[1]句。

[2]句。

[3]句。

[4]句。

[5]句。

[6]句。

[7]句。

[8]句。

[9]句。

[10]言固陋。

[11]句。

[12]句。

[13]句。

[14]句。

[15]句。

[16]句。

[17]句。

[18]《说文》无此字。《玉篇》云："吡,毗必切,鸣吡吡。"

[19]句。

[20]句。

[21]句。

[22]句。

[23]句。

[24]句。

[25]句。

[26]句。

[27]句。

[28]句。

［29］句。

［30］句。

［31］句。

［32］句。

［33］句。

［34］句。

［35］旧作"从"，以意改。

［36］句。

［37］句。

［38］句。

［39］即今"影倒"字正文。

［40］若，犹顺。

［41］句。

［42］句。

［43］句。

［44］当云"鉴立"，古位、立字通。

［45］句。

［46］句。

［47］即"午"字异文。《玉篇》云："仵，古吴切，偶敌也。"非此义。

［48］句。

［49］《玉篇》云："靳，知略切，破也。"卢云："非此义，此当与斫、斯义同。"沅案：靳即斯字异文耳。

［50］句。

［51］句。

［52］句。

［53］句。

［54］句。

［55］句。

[56] 句。

[57] 句。

[58] 句。

[59] 句。

[60] 句。

[61] 句。

[62] 句。

[63] 句。

[64] 句。

[65] "反"字异文,下仿此。

[66] 句。

[67] 句。

[68] 售字,古只作"雠",后省。《前汉书·高帝纪》云:"高祖每酤留饮,酒雠数倍。"如淳曰:"雠,亦售也。"

[69] 句。

[70] 句。

[71] 句。

[72] 此亦未详其义。

[73]《说文》云:"絫,增也。从厽,从糸。絫,十黍之重也。"《汉书注》:"孟康曰:絫音累蠡。师古曰:絫,孟康音来戈反,此字读亦音累泄之累。"

[74] 句。

[75] 句。

[76] 句。

[77] 句。

[78] 句。

[79] 句。

[80] 疑云不同。

经 说 上

故,小故,有之不必然,无之必不然[1]。体也,若有端。大故,有之必无然,若见之成见也。体,若二之一,尺之端也[2]。知,材;知也者,所以知也,而必知,若明。虑[3],虑也者,以其知有求也,而不必得之,若睨。知[4],知也者,以其知过物而能貌之,若见。恕[5],恕也者,以其知论物,而其知之也著,若明[6]。仁,爱己者非为用己也,不若爱马著,若明[7]。义,志以天下为芬,而能能利之,不必用[8]。礼,贵者公,贱者名,而俱有敬僈焉[9],等异论也[10]。行,所为不善名,行也;所为善名,巧也,若为盗[11]。实,其志气之见也,使人如己,不若金声玉服[12]。忠,不利弱子亥,足将入止容[13]。孝,以亲为芬,而能能利亲,不必得[14]。信,不以其言之当也,使人视城得金[15]。佴,与人遇人众循[16]。谓,为是为是之台[17]彼也,弗为也[18]。廉,己惟为之,知其也黣也[19]。所令,非身弗行[20]。任,为身之所恶,以成人之所急[21]。勇,以其敢于是也命之,不以其不敢于彼也害之[22]。力,重之谓下[23],与重,奋也[24]。生,楹之生[25],商不可必也[26]。卧[27]。梦[28]。平[29],怅然[30]。利,得是而喜,则是利也;其害也,非是也。害,得是而恶,则是害也;其利也,非是也[31]。治,吾事治矣,人有治南北[32]。誉之,必其行也,其言之忻,使人督之[33]。诽,必其行也,其言之忻[34]。举,告以文名,举彼实也[35]。故言也者,诸口能之出民者也,民若画俍也[36]。言也,谓言犹石致也[37]。且,自前曰且,自后曰己,方然亦且,若石者也[38]。君,以若名者也[39]。功不待时,若衣裘[40]。功不待时,若衣裘[41]。赏。罪不在禁,惟害无罪,殆姑。上报下之功也;罚,上报下之罪也[42]。伺,二人而俱见是楹也,若是君。今久,古今且莫。宇,东西家南北[43]。穷[44],或不容尺,有穷[45];莫不容尺[46],无穷也[47]。尽,但止动[48]。始,时或有久,或无久,始当无久[49]。化,若蛙为鹑[50]。损,偏也者,兼之体也;其体或去存,谓其存者损[51]。儇,昫[52]民也[53]。库,区穴若,斯貌常[54]。动,偏祭从者,户枢免瑟[55]。止,无久之不止,当牛非马,若夫过楹;有久之不止,当马非马,若人过梁[56]。必,谓臺执者也[57],若弟兄一然者,一不然者,必不必也,是非必也[58]。同,捷[59]与狂之同长也,心中自是往相若也[60]。厚,惟无所大[61]。圜,规写支也[62]。方,矩见久也[63]。倍,二尺与尺,但去一[64]。端,是无同也[65]。有间[66],谓夹之者也[67]。间,谓夹者也。尺,前于区穴而后于端,不夹于端与区内[68]。及,及非齐之及也[69]。纑,虚也者,两木之间,谓其无木者也[70]。盈,无盈无厚,于尺无所往而不得[71]。得二,坚异处不相盈,相非是相外也[72]。撄,尺与尺俱不尽,端无端但尽,尺与或尽或不尽,坚白之撄相尽,体撄不相尽端[73]。仳[74],两有[75]端而后可[76]。次,无厚而后可[77]。法,意规员三也,俱可以为法[78]。佴然也者,民若法也[79]。彼凡牛枢非牛,两也无以非也。辩,或谓之牛,谓之非牛,是争彼也,是不俱当;不俱当,不必或不当,不若当犬[80]。为[81],欲雞其指[82],智不知其害,是智之罪也。若智之慎文也,无遗于其害也,而犹欲雞之,则离之是犹食脯也,骚之利害未可知也[83],欲而骚,是不以所疑止所欲也;膺外之利害未可知也[84],趋之而得力,则弗趋也,是以所疑止所欲也。观为穷知而儳于欲之理[85],雞脯而非恕也[86],雞指而非愚也,所为与不,所与为相疑也,非谋也[87]。已[88],为衣[89],成也;治病[90],亡也[91]。使,令谓[92],谓也,不必成湿[93];故也[94],必待所为之成也[95]。名物[96],达也,有实必待文多也;命之马[97],类也,若实也者必以是名也;命之臧[98],私也,是名也止于是实也。声出口,俱有名[99],若信宇[100]。洒谓狗犬命也;狗犬[101],举也;叱狗[102],加也[103]。知,传受之[104],闻也;方不廇[105],说也;身观焉[106],亲也[107]。所以谓[108],名也;所谓[109],实也;名、实耦[110],合也;志行[111],为也[112]。闻,或告之[113],传也;身观焉[114],亲也[115]。见,时者[116],体也;二者,尽也[117]。古,兵立反中,志工[118],正也;臧之为[119],宜也;非彼必不有,必也。圣者用而勿必,必也者可勿疑,仗者两而勿偏[120]。为,早台[121],存也;病[122],亡也;买鬻[123],易也;霄[124]尽[125],荡也;顺长[126],治也;蛙买[127],化也[128]。同,二名一实[129],重同也;不外于兼[130],体同也;俱处于室[131],合同也;有以同[132],类同也[133]。异,二必异[134],二也;不连属[135],不体也;不同所[136],不合也;不有同[137],不类也[138]。同异交得,于福家良,恕有无也[139]。比,度多少也。免蚴还园,去就也;鸟折用桐,坚柔也;剑尤早,死生也;处室子,子母,长少也;两绝胜,白黑也;中央,旁也;论行行行学实,是非也;难宿,成未也;兄弟,俱适也;身处志往,存亡也;霍为姓,故也;贾宜,贵贱也[140]。诺,超城员止也。相从,相去,先知,是,可,五色。长短、前后、轻重援[141]。执服难成,言务成之,九则求执之。法法取同观巧,传法取此择彼,问故观宜[142]。以人之有黑者,有不黑者也,止黑人;与以有爱于人,有不爱于人,心爱人,是孰宜心?彼举然者,以为此其然也,则举不然者而问之。若圣人有非而不非,正五诺,皆人于知有说;过五诺,若员,无直无说;用五诺,若自然矣。

[1] 此释《经上》"故,所得而后成也"。

[2] 此释《经上》"体,分于兼也"。

[3] 此释《经上》"知,材也"。

[4] 此释《经上》"虑,求也"。

[5] 此释《经上》"知,接也"。

[6] 此释《经上》"恕,明也"。

[7] 此释《经上》"仁,体爱也"。言当观仁于爱物。

[8] 此释《经上》"义,利也"。言意以为美,而施之又忘其劳。

[9] 僈,"慢"字异文。

[10] 此释《经上》"礼,敬也"。

[11] 此释《经上》"行,为也"。言所为之事无善名,是躬行也。有善名,是巧于盗名也。

[12] 此释《经上》"实,荣也"。

[13] 此释《经上》"忠,以为利而强低也"。

[14] 此释《经上》"孝,利亲也"。言不以为德。

[15] 此释《经上》"信,言合于意也"。

［16］此释《经上》"佴,自作也"。字书无"愐"字。

［17］一本作"治"。

［18］此释《经上》"讲,作廉也"。

［19］一本作"知其思耳也",是。此释《经上》"廉,作非也"。

［20］此释《经上》"令,不为所作也"。

［21］此释《经上》"任,士损己而益所为也"。言任侠轻财。

［22］此释《经上》"勇,志之所以敢也"。言勇憨。

［23］句。

［24］此释《经上》"力,刑之所以奋也"。

［25］楹,当为"形"。

［26］此释《经上》"生,刑与知处也"。商不可必,言不可知量。

［27］句。

［28］句。

［29］句。

［30］句。

［31］此释《经上》"卧,知无知也";"梦,卧而以为然也";"平,知无欲恶也";"利,所得而喜也";"害,所得而恶也"。

［32］此释《经上》"治,求得也"。

［33］此释《经上》"誉,明美也"。

［34］此释《经上》"诽,明恶也"。

［35］此释《经上》"举,拟实也"。

［36］俿,"虎"字异文。

［37］石,当为"实"。此释《经上》"言,出举也"。

［38］此释《经上》"且,言然也"。

［39］此释《经上》"君臣名,通约也"。"名",《经上》作"萌",误。

［40］此释《经上》"功,利民也"。

［41］句疑衍。

［42］此释《经上》"赏,上报下之功也";"罪,犯禁也"。

［43］此释《经上》"同,异而俱之于一也";"久,弥异时也";"守,弥异所也"。

［44］句。

［45］句。

［46］句。

［47］此释《经上》"穷,或有前不容尺也"。

［48］此释《经上》"尽,莫不然也"。

［49］此释《经上》"始,当时也"。

［50］此释《经上》"化,徵易也"。

［51］此释《经上》"损,偏去也"。

［52］《经》作"祺"。

［53］此释《经上》"儇,祺秪"。

［54］此释《经上》"库,易也"。

［55］此释《经上》"动,或从也"。

［56］此释《经上》"止,以久也"。其义未详。

［57］臺,疑握字。《说文》云:"蠥,古文握。"握执,言执持必然者也。

［58］此释《经上》"必,不已也"。

［59］一本作"楗"。

［60］此释《经上》"平,同高也";"同长,以正相尽也";"中,同长也"。

［61］此释《经上》"厚,有所大也"。言唯其大无所加,是所谓大也。

［62］此释《经上》"圜,一中同长也"。

［63］此释《经上》"方,柱隅四讙也"。

［64］此释《经上》"倍,为二也"。

［65］此释《经上》"端,体之无序而最前者"。

［66］此与下"间"旧作"闻",俱以意改。

［67］此释《经上》"有间,中也"。

［68］疑"穴"字。

［69］此释《经上》"间,不及旁也"。

[70] 此释《经上》"绎,间虚也"。

[71] 此释《经上》"盈,莫不有也"。

[72] 此释《经上》"坚白,不相外也"。

[73] 此释《经上》"撄,相得也"。

[74] 疑"似"字。

[75] 一本作"目"。

[76] 此释《经上》"似,有以相撄,有不相撄也"。

[77] 此释《经上》"次,无间而不撄撄也"。

[78] 此释《经上》"法,所若而然也"。

[79] 此释《经上》"佴,所然也"。

[80] 此释《经上》"说,所以明也";"攸,不可两不可也";"辩,争彼也";"辩胜,当也"。

[81] 句。

[82] 難,即"难"异文。

[83] 骚,"臊"字假音,读如《山海经》云"食之已骚"。

[84] 廧字,"墙"俗写。

[85] 縣,"县"字异文,读如"县挂"之类。

[86] 㤪,"愍"字异文,字书无此字。

[87] 此释《经上》"为,穷知而趋于欲也"。大指言所知一事,必待为之而信,其利害否则悬于欲,不以疑而自止。

[88] 句。

[89] 句。

[90] 句。

[91] 此释《经上》"已,成,亡"。

[92] 句。

[93] 句。

[94] 卢云:"《方言》'自关而西,秦晋之间,凡志而不得,欲而不获,高而有坠,得而中亡,谓之湮'。杨倞注《荀子》引作'湿'。此湿字与《方

言》义同,他合反。"

[95] 此释《经上》"使,谓,故"。

[96] 句。

[97] 句。

[98] 句。

[99] 此释《经上》"名,达、类、私"。

[100] 疑字。

[101] 句。

[102] 句。

[103] 此释《经上》"谓,移、举、加"。

[104] 句。

[105] 句。

[106] 句。

[107] 此释《经上》"知,闻、说、亲"。言所为知者有三,得之传受是耳所闻也,非方土所阻是人所说也,身自观之则亲见也。前后文句仿此例读之。

[108] 句。

[109] 句。

[110] 句。

[111] 句。

[112] 此释《经上》"名实合为"。

[113] 句。

[114] 句。

[115] 此释《经上》"闻,传亲"。

[116] 句。

[117] 此释《经上》"见,体、尽"。

[118] 句。

[119] 句。

［120］此释《经上》"合，正、宜、必"；"欲正权利，且恶正权害"。

［121］句。

［122］句。

［123］句。

［124］与"消"同。

［125］句。

［126］句。

［127］句。

［128］此释《经上》"为，存、亡、易、荡、治、化"。

［129］句。

［130］句。

［131］句。

［132］句。

［133］此释《经上》"同，重、体、合、类"。

［134］句。

［135］句。

［136］句。

［137］句。

［138］此释《经上》"异，二、不体、不合、不类"。旧脱不体"不"字。

［139］此释《经上》"同异交得，放有无"。

［140］已上未详。

［141］此释《经上》"诺，不一利用"。

［142］此释《经上》"服执说。巧转，则求其故。大益"；"法同则观其同"；"法异则观其宜"。

经 说 下

止，彼以此其然也，说是其然也；我以此其不然也，疑是其然也。谓四足兽[1]，与生鸟[2]与，物尽[3]与，大小也[4]。此然是必然，则俱。为糜同名，俱斗，不俱二，三与斗也[5]。包[6]、肝[7]、肺[8]、子[9]，爱也；橘茅[10]，食与招也[11]。白马多白[12]，视马不多视[13]，白与视也[14]。为丽不必丽，不必丽与暴也。为非以人是不为非，若为夫勇不为夫，为屦以买衣为屦，夫与屦也[15]。二与一亡[16]，不与一在[17]，偏去未，有文[18]实也，而后谓之；无文[19]实也，则无谓也。不若敷与美[20]，谓是[21]，则是固美也；谓也，则是非美[22]，无谓则报也。见不见，离一二，不相盈[23]，广循坚白[24]。举不重[25]，不与箴[26]，非力之任也；为握者之顑[27]倍，非智之任也。若耳目异。木与夜孰长？智与粟孰多[28]？爵[29]、亲、行、贾[30]，四者孰贵[31]？糜与霍孰高？糜与霍孰霍？蚓与瑟孰瑟？偏，俱一无变。假，假必非也而后假。狗假霍也，犹氏霍也，物或伤之，然也；见之，智也；吉之，使智也[32]。疑逢[33]，为务则士，为牛庐者夏寒，逢也；举之则轻，废之则重，非有力也，沛从削，非巧也，若石羽，楣也；斗者之敝也，以饮酒，若以日中，是不可智也，愚也；智与，以已为然也与，愚也。俱，俱一[34]，若牛马四足[35]。惟是，当牛马，数[36]牛，数马[37]，则牛马二[38]；数牛马[39]，则牛马一[40]。若数指[41]，指五而五一。长[42]宇,徙而有处,宇[43]。宇南北,在且有在莫,宇徙久[44]。无坚得白,必相盈也。在尧善治[45],自今在诸古也;自古在之今[46],则尧不能治也[47]。

[1] 句。

[2] 句。

[3] 句。

[4] 已上释《经下》"止,类以行人"云云,至"说在之大小"。

[5] 已上释《经下》"五行毋当胜"云云,至"二与斗"。

[6] 句。

[7] 句。

[8] 句。

[9] 句。

[10] 句。

[11] 已上释《经下》"爱食与招"。

[12] 句。

[13] 句。

[14] 已上释《经下》"白与视"。

[15] 已上释《经下》"丽与,夫与履"。履,同"屦"。

[16] 句。

[17] 句。

[18] 句。

[19] 句。

[20] 句。

[21] 句。

[22] 句。

[23] 已上释《经下》"一偏弃之"云云,至"说在见与俱,一与二"。

［24］句。

［25］句。

［26］疑当云"不举箧"。

［27］字未详。

［28］句。

［29］句。

［30］句。

［31］句。

［32］已上释《经下》"广与循"云云，至"说在所谓"。

［33］旧作"蓬"，下同，以意改。

［34］句。

［35］句。

［36］句。

［37］句。

［38］句。

［39］句。

［40］句。

［41］句。

［42］已上释《经下》"说在俱一"。

［43］句。

［44］已上释《经下》"字或徙，说在字长久"。

［45］句。

［46］句。

［47］已上释"尧之义也"云云，至"说在所异二"。

景，光至[1]景亡，若在[2]，尽古息。景，二光夹一光；一光者，景也。景光之人煦若射[3]，下者之人也高[4]，高者之人也下[5]。足敝下光，故成景于上；首敝上光，故成景于下。在远近有端与于光，故景廔[6]内也。景，日之光反烛人[7]，则景在日与人之间[8]。景，木柂[9]，景短大[10]；木正[11]，景长小[12]。大小于木，则景大于木，非独小也[13]。远近临正鉴[14]，景寡[15]，貌能白黑[16]。远近、柂正[17]，异于光鉴[18]。景当俱就，去亦当俱[19]，俱用北。鉴者之臭，于鉴无所不鉴。景之臭无数，而必过正。故同处，其体[20]俱，然鉴分[21]，鉴中之内[22]，鉴者近中[23]，则所鉴大[24]，景亦大[25]，远中，则所鉴小，景亦小，而必正，起于中[26]，缘正而长其直也；中之外，鉴者近中，则所鉴大，景亦大，远中，则所鉴小，景亦小，而必易，合于而长其直也。鉴鉴者近，则所鉴大，景亦大；亦远，所鉴小，景亦小。而必正，景过正[27]。

[1] 句。

[2] 句。

[3] 句。

[4] 句。

[5] 句。

[6] 旧作"库"，卢以意改。

[7] 句。

[8] 句。

[9] 犹言木斜。

[10] 句。

[11] 句。

[12] 句。

[13] 已上以表言，文尚可详。

［14］句。

［15］句。

［16］句。

［17］句。

［18］句。

［19］仝，疑"亦"字。

［20］句。

［21］句。

［22］句。

［23］句。

［24］句。

［25］句。

［26］句。

［27］已上以镜言。

故招负衡木，加[1]重焉而不挠[2]，极胜重也[3]。右校交绳[4]，无加焉而挠，极不胜重也。衡加重于其一旁[5]，必捶，权重相若也[6]。相衡，则本短标长[7]。两加焉重相若[8]，则标必下[9]，标得权也。挈有力也，引无力也，不正[10]，所挈之止于施也。绳制挈之也，若以锥刺之，挈，长[11]、重者下[12]，短[13]、轻者上[14]；上者愈得下[15]，下者愈亡[16]。绳直权[17]重相若[18]，则正[19]矣。收，上者愈丧，下者愈得；上者权重尽，则遂挈[20]。

［1］旧作"如"，以意改。

［2］句。

［3］极，谓权也。

［4］句。

［5］句。

［6］此"锤"字假音，陆德明《考工记音义》云："直伪反，刘直危反。"

［7］标，犹杪末也。

［8］句。

［9］句。

［10］旧作"心"，以意改。

［11］句。

［12］句。

［13］句。

［14］句。

［15］句。

［16］句。

［17］句。

［18］句。

［19］旧作"心"，以意改。

［20］已上以权衡言。

　　两轮高，两轮为辐[1]，车梯也。重其前，弦其前[2]，载弦其前，载弦其轴[3]，而县重于其前。是梯[4]，挈且挈则行。凡重，上弗挈，下弗收，旁弗劫，则下直。扡，或害之也。沝[5]梯者不得沝[6]，直也。今也废尺于平地，重不下无蹐也[7]。若夫绳之引轴也，是犹自舟中引横也。倚、倍、拒、坚，觕[8]倚焉则不正。谁辨[9]石累石耳[10]。

　　[1]《杂记》云："载以辌车。"郑注云："辌读为辁，或作辁。"《说文》

云："辁，蕃车下庳也。"又郑注《既夕记》云："许叔重说有辐曰轮，无辐曰辁。"

[2] 弦，直也。

[3]《玉篇》云："轱，古胡切。"《广雅》云："轱，车也。曹宪音枯，又音姑。"案轱、毂音相近，疑毂字异文。

[4] 旧作"埽"，据上文改，下同。

[5]《公羊传·桓十年》有云"沶血"，陆德明《音义》云："古流字。"

[6] 旧作"汸"，据上改。

[7]《玉篇》云："蹃，蒲唐切。踉蹃欲行貌。"《正字通》以为"膖"字之俗。

[8] 唐宋字书无此字。《正字通》云："俗字。旧注音嗔，走貌。"

[9] "并"字异文。

[10] 已上以车制言。

夹寝[1]者法也，方石去地尺[2]，关石于其下[3]，县丝于其上[4]，使适至方石，不下柱也，胶丝去石[5]，挈也；丝绝[6]，引也。未变而名易[7]，收也。买，刀[8]籴相为贾[9]，刀轻则籴不贵[10]，刀重则籴不易[11]。王刀无变[12]，籴有变[13]；岁变籴[14]，则岁变刀[15]。若鬻子，贾尽也者，尽去其以不雠也；其所以不雠去[16]，则雠。缶贾也宜不宜，缶欲不欲，若败邦鬻室[17]，嫁子无子[18]。在军不必其死生，闻战亦不必其生。前也不惧，今也惧。或，知是之非此也。有知是之不在此也，然而谓此南北，过而以已为然。始也谓此南方，故今也谓此南方。智论之，非智无以也。谓，非谓。非同也，则异也。同则或谓之狗，其或谓之犬也。异则或谓之牛，牛或谓之马也。俱无胜[19]，是不辩也。辩也者，或谓之是，或谓之非。当也者,胜也。无让者酒,未让始也,不可让也。於石一也,坚白二也,而在石。故有智焉,有不智焉,可。有指子智是,有智是吾所先举,重;则子智是,而不智吾所先举也,是一。谓有智焉,有不智焉也。若智之,则当指之智告我,则我智之。兼指之,以二也。衡指之,参直之也。若曰必独指吾所举,毋举吾所不举,则者固不能独指。所欲相不传,意若未校。且其所智是也,所不智是也,则是智,是之不智也,恶得为一。谓而有智焉,有不智焉,所春也,其执固不可指也。逃臣不智其处,狗犬不智其名也。遗者,巧弗能两也。智,智狗,重智犬,则过;不重则不过。通问者曰:"子智飘乎[20]?"应之曰:"飘何谓也?"彼曰:"飘施。"则智之。若不问飘何谓,径应以弗智,则过。且应必应,问之时若应,长应有深浅。大常[21]中在,兵人长所。室堂,所存也。其子,存者也。据在者而问室堂,恶可存也? 主室堂而问存者,孰存也? 是一主存者以问所存[22],一主所存以问存者[23]。五合,水土火[24],火离然;火铄金,火多也;金靡炭,金多也;合之府水[25],木离木。若识麋与鱼之数,惟所利,无欲恶。伤生损寿,说以少连,是谁爱也? 尝多粟,或者欲不有能伤也,若酒之于人也。且恕人利人,爱也,则惟恕弗治也。损饱者去馀,适足不害,能害饱,若伤麋之无脾也。且有损而后益智者,若疟病之之于疟也[26]。智以目见,而目以火见,而火不见。惟以五路智,久不当。以目见,若以火见火,谓火热也,非以火之热。我有若视曰智;杂所智与所不智而问之,则必曰"是所智也,是所不智也",取去俱能之,是两智之也。

无，若无焉，则有之而后无；无天陷，则无之而无。攫疑，无谓也。臧也今死，而春也得文，文死也可。且，犹是也。且且，必然；且已，必已。且用工而后已者，必用工后已。均，发[27]均县，轻重而发绝，不均也；均，其绝也莫绝。尧霍[28]，或以名视人，或以实视人。举友富商也，是以名视人也；指是臛也，是以实视人也。尧之义也[29]，是声也于今[30]，所义之实处于古[31]。若殆于城门，与于臧也。狗，狗犬也，谓之杀犬，可，若两脶。使，令使也。我使我，我不使亦使我。殿戈亦使，殿不美亦使，殿。荆沈，荆之贝也，则沈浅非荆浅也。若易五之一，以楹之抟也，见之，其于意也不易，先智意相也。若楹轻于秋，其于意也洋然。段、椎、锥，俱事于履，可用也。成绘屦过椎，与成椎过绘屦同，过件也[32]。一，五有一焉，一有五焉，十二焉。非新半，进前取也，前则中无为半，犹端也。前后取，则端中也。薪必半，毋与非半，不可薪也。可无也，已给则当给，不可无也。久有穷无穷。正九[33]，无所处而不中县，抟也[34]。

[1] "瘜"字省文。

[2] 句。

[3] 句。

[4] 句。

[5] 句。

[6] 句。

[7] 句。

[8] 谓泉刀。

[9] 句。

[10] 句。

[11] 句。

[12] 句。

[13] 句。

[14] 句。

[15] 句。

[16] 句。

[17] 句。

[18] 句。

[19] 句。

[20] 飘，当为飖，即"赢"省文。

[21] 据下文当为"堂"。

[22] 句。

[23] 句。

[24] 句。

[25] 府，疑同"腐"。

[26] 疲，即"疟"省文。《说文》云："瘧，热寒休作。"今经典省几，此省彐，一也。彐即"爪"字。

[27] 句。

[28] 据下文作"膧"。

[29] 句。

[30] 句。

[31] 句。

[32] 仦，当为"舛"异文。

[33] 一本作"凡"。

[34] 已上释《经下》"临鉴而立景"云云，至"说在抟"。

伛宇不可偏举，字也。进行者，先敷近，后敷远。行者
行者，必先近而后远。远修近修也，先后久也，民行修必以
久也[1]。

[1] 已上释《经下》"景之大小"云云，至"说在先后"。

一方貌尽，俱有法而异，或木或石，不害其方之相合也。
尽貌犹方也[1]。

[1] 已上释《经下》"法者之相与也"云云，至"说在方"。

物俱然[1]。牛狂与马惟异[2]，以牛有齿[3]，马有尾[4]，说
牛之非马也，不可[5]。是俱有，不偏有偏无有。曰：[6]"之与
马不类[7]，用牛角[8]，马无角[9]，是类不同也。"若举牛有角、
马无角，以是为类之不同也，是狂举也。犹牛有齿，马有尾。
或不非牛而非牛也可[10]，则或非牛或牛而牛也可[11]。故曰
"牛马非牛也"未可，"牛马牛也"未可，则或可或不可，而曰
"牛马牛也未可"亦不可。且牛不二，马不二，而牛马二。则
牛不非牛，马不非马，而牛马非牛非马，无难[12]。

[1] 句。

[2] 句。

[3] 句。

[4] 句。

[5] 句。

[6]卢云："当有牛字。"

[7]句。

[8]卢云："用牛当为牛有。"

[9]句。

[10]句。

[11]句。

[12]已上释《经下》"牛马之非牛"云云。

彼，正名者彼此[1]，彼此可[2]。彼彼止于彼[3]，此此止于此[4]，彼此不可[5]。彼且此也，彼此亦可。彼此止于彼此，若是而彼此也，则彼亦且此此也[6]。

[1]句。

[2]句。

[3]句。

[4]句。

[5]句。

[6]已上释《经下》"循此与彼此同，说在异"。

唱无过，无所周，若粺；和无过，使也，不得已。唱而不和，是不学也，智少而不学，必寡；和而不唱，是不教也，智[1]而不教，功适息[2]。

[1]当有"少"字。

[2]已上释《经下》"唱和同患"云云。

使人夺人衣,罪或轻或重;使人予人酒,或厚或薄。闻在外者,所不知也。或曰"在室者之色若是其色",是所不智若所智也,犹白若黑也。谁胜,是若其色也,若白者必白。今也智其色之若白也,故智其白也。夫名,以所明[1]正所不智[2],不以所不智[3]疑所明[4]。若以尺度所不智[5]长,外[6],亲智也[7];室中[8],说智也[9]。

[1] 句。
[2] 句。
[3] 句。
[4] 句。
[5] 句。
[6] 句。
[7] 句。
[8] 句。
[9] 已上释《经下》"闻所不知若所知"云云。

以诤,不可也。出入之言可,是不诤,则是有可也。之人之言不可,以当,必不审。惟谓是霍可,而犹之非夫霍也,谓彼是是也。不可谓者,毋惟乎其谓。彼犹惟乎其谓,则吾谓不行。彼若不惟其谓,则不行也。无南者[1],有穷则可尽[2],无穷则不可尽[3]。有穷、无穷未可智[4],则可尽、不可尽不可尽[5]未可智[6]。人之盈之否未可智[7],而必人之可尽、不可尽亦未可智[8]。而必人之可尽爱也,诤。人若不盈先穷,则人有穷也,尽有穷无难。盈无穷,则无穷尽也,尽有穷无难。不二智其数,恶智爱民之尽文也?或者遗乎其门也？尽问人则尽爱其所问，若不智其数而智爱之尽文也，无难。仁[9]。

[1]卢云："南当读如难，上下文俱有无难之语。"

[2]句。

[3]句。

[4]句。

[5]此三字疑衍。

[6]句。

[7]句。

[8]句。

[9]已上释"贾宜则售，说在尽"云云，至"说在辩。不知其所处"。

仁，爱也。义，利也。爱利，此也。所爱所利，彼也。爱利不相为内外[1]。所爱利亦不相为外内[2]。其为仁内也，义外也，举爱与所利也，是狂举也[3]。

[1]句。

[2]句。

[3]已上释《经下》"不害爱之"云云，至"仵颜于一"。

若左目右目入。学也，以为不知学之无益也，故告之也是。使智学之无益也，是教也，以学为无益也，教诪[1]。

[1]已上释《经下》"有知焉，有不知焉"云云。

论诽,诽之可不可,以理之可诽,虽多诽,其诽是也;其理不可非,虽少诽,非也。今也谓多诽者不可,是犹以长论短。不诽,非己之诽也。不非诽,非可非也。不可非也,是不非诽也[1]。

[1] 已上释《经下》"诽之可否,不以众寡"云云。

物,甚长甚短[1],莫长于是[2],莫短于是[3],是之是也。非是也者,莫甚于是。取高下以善不善为度,不若山泽。处下善于处上,下所请上也。不是,是则是且是焉。今是文于是,而不于是,故是不文。是不文,则是而不文焉。今是不文于是,而文与是,故文与是不文同说也[4]。

[1] 句。
[2] 句。
[3] 句。
[4] 已上释《经下》"取上以求下也"云云,至末。案此文传写错谬,句读难定,略以所知,据前后文及他篇疏通文义,恐多臆见,以俟敏求君子更正之。

新考定经上篇[1]

故,所得而后成也。

体,分于兼也。

知,材也。

虑,求也。

知,接也。

恕,明也。

仁,体爱也。

义,利也。

礼,敬也。

行,为也。

实,荣也。

忠,以为利而强低也。

孝,利亲也。

信,言合于义也。

侢,自作也。

诮,作嗛也。

廉,作非也。

令,不为所作也。

任,士损己而益所为也

勇,志之所以敢也。

止,以久也。

必,不已也。

平,同高也。

同,长以舌相尽也。

中,同长也。

厚,有所大也。

日中,正南也。

直,参也。

圜,一中同长也。

方,柱隅四讙也。

倍,为二也。

端,体之无序而最前者也。

有间,中也。

间,不及旁也。

纑,间虚也。

盈,莫不有也。

坚白,不相外也。

撄,相得也。

似,有以相撄,有不相撄也。

次,无间而不撄也。

力,形之所以奋也。

生,形与知处也。

卧,知无知也。

梦,卧而以为然也。

平,知无欲恶也。

利,所得而喜也。

害,所得而恶也。

治,求得也。

誉,明美也。

诽,明恶也。

举,拟实也。

言,出举也。

且,言然也。

君臣名,通约也。

功,利民也。

赏,上报下之功也。

罪,犯禁也。

罚,上报下之罪也。

久,弥异时也。守,弥
　　异所也。

穷,或有前不容尺也。

尽,莫不然也。

法,所若而然也。

佴,所然也。

说,所以明也。

攸不可,两不可也。

辩,争彼也。辩胜,当也。

为,穷知而縣于欲也。

已,成、亡。

使,谓、故。

名,达、类、私。

谓,移、举、加。

知,闻、说、亲,名、实合为。

闻,传、亲。

见,体、尽。

合,舌、宜、必。

欲舌权利,且恶舌权害。

为,存、亡、易、荡、治、化。

同,重、体、合、类。

异,二体、不合、不类。同,异
　　而俱之于一也。同异交得,
　　放有无。

闻,耳之聪也。

循所闻而得其意,心之察也。

言,口之利也。

203

始，当时也。　　　　　　执所言而意得见，心之辨也。

化，徵易也。　　　　　　诺，不一利用。

捐，偏去也。　　　　　　服、执、说。巧转，则求其故。

　　　　　　　　　　　　大益。

儇秪秪。　　　　　　　　法同则观其同。

庨，易也。　　　　　　　法异则观其宜。

动，或从也。　　　　　　止，因以别道。

　　［1］本篇云：读此书旁行。今依录为两截，旁读成文也。

读此书旁行，正无非。

乾隆癸卯三月，星衍方自秦北征，巡抚公将刻所注《墨子》，札讯星衍云：“《经》上、下、《经说》上、下四篇，有似坚白、异同之辩，其文脱误难晓，自鲁胜所称外，书传颇有引之否？”星衍过晋问卢学士，又抵都问翁洗马，俱未获报。阅数月，重读《淮南·齐俗训》，有云：“夫虾蟆为鹑，生非其类，唯圣人知其化。”因悟与《经说》上“化若蛙为鹑”合。又读《列子·汤问篇》云：“均，发均县，轻重而发绝，发不均也。均也，其绝也莫绝。”张湛注云：“发甚微绝，而至不绝者，至均故也。今所以绝者，犹轻重相倾，有不均处也。若其均也，宁有绝理，言不绝也。”又云：“人以为不然，自有知其然也。”湛注云：“凡人不达理也，会自有知此理为然者。《墨子》亦有此说。”今按《经说》下有云：“均，发均县，轻而发绝，不均也。均，其绝也莫绝。”“轻”下脱“重”字，“均其绝也”句，“均”下无“也”字。又《列子·仲尼篇》云：“影不移者，说在改也。"湛注云:"影改而更生,非向之影。《墨子》:'日影不移,说在改为也'。"今按《经下》云:"过仵景不从,说在改为。"其文微异而义亦同,是知子家多有若说。晋时尚能读此书,唐人则不及此也。又《杨朱篇》"禽子曰:'以吾言问大禹、墨翟,则吾言当矣'。"湛注云:"禹、翟之教,忘己而济物也。"亦星衍往言《墨子》夏教之证。比复公,而是卷已刊成,无容注处。公然其言,因据增重字,又命附其说于卷末,俟知十君子焉。甲辰上巳孙星衍记。

第十一卷

大　取[1]

天之爱人也,薄于圣人之爱人也[2];其利人也,厚于圣人之利人也。大人之爱小人也,薄于小人之爱大人也[3];其利小人也,厚于小人之利大人也。以臧为其亲也而爱之[4],非爱其亲也;以臧为其亲也而利之,非利其亲也。以乐为利其子,而为其子欲之[5],爱其子也;以乐为利其子,而为其子求之,非利其子也[6]。

[1]篇中言利之中取大,即大取之义也。意言圣人厚葬固所以利亲,盛乐固所以利子,而节葬、非乐则利尤大也。墨者固取此。

[2]言天地之大,人犹有憾。

[3]言不如小人之姑息。

[4]《说文》云:"葬,臧也。"即"藏"字正文。谓葬亲。

[5]当有"非"字。

[6]此辩葬之非利亲,乐之非利子,即节葬、非乐之说也。

于所体之中,而权轻重之谓权。权非为是也,非非为非也。权,正也。断指以存擘[1],利之中取大,害之中取小也。害之中取小也[2],非取害也,取利也。其所取者,人之所执也。遇盗人,而断指以免身,利也;其遇盗人,害也。断指与

断腕[3]，利于天下相若，无择也。死生利若，一无择也。杀
一人以存天下，非杀一人以利天下也。杀己以存天下，是杀
己以利天下。于事为之中，而权轻重之谓求。求为之，非
也。害之中取小，求为义，非为义也。为暴人语天之为是
也，而性，为暴人歌天之为非也。诸陈执既有所为，而我为
之陈执，执之所为，因吾所为也；若陈执未有所为，而我为之
陈执，陈执因吾所为也。暴人为我为天之以人非为是也，而
性。不可正而正之。利之中取大，非不得已也；害之中取
小，不得已也。所未有而取焉，是利之中取大也；于所既有
而弃焉，是害之中取小也。

[1] 此"捥"字正文，旧作"瞟"，误。《说文》云："擘，手擘也。扬雄
曰：擘，握也。从手取声。"郑注《士丧礼》云："手后节中也，古文擘作捥。"

[2] 当为者。

[3]《玉篇》云："腕，乌段切，手腕，亦作捥。"案：捥、腕，皆擘字
之俗。

义可厚，厚之；义可薄，薄之；谓伦列。德行、君上、老
长、亲戚，此皆所厚也。为长厚，不为幼薄。亲厚，厚；亲薄，
薄。亲至，薄不至。义，厚亲不称行而顾行。为天下厚禹，
为禹也。为天下厚爱禹，乃为禹之人爱也。厚禹之加于天
下[1]，而厚禹不加于天下。若恶盗之为加于天下[2]，而恶盗
不加于天下。爱人不外己，己在所爱之中。己在所爱，爱加
于己。伦列之爱己，爱人也。圣人恶疾病[3]，不恶危难[4]。
正体不动，欲人之利也，非恶人之害也[5]。圣人不为其室，

臧之故，在于臧[6]。圣人不得为子之事。圣人之法，死亡亲，为天下也。厚亲，分也，以死亡之，体渴兴利[7]。有厚薄而毋伦列，之兴利为己。

[1] 言禹之厚德及天下。

[2] 言盗之恶行及天下。

[3] 言自重其身。

[4] 言为人则不避艰险。

[5] 言欲存其身以利人，非恶人之以危难害己。

[6] 言臧富在下。

[7] 《说文》云"渴，尽也"，"竭，负举也"。今经典多以竭为"渴"。此云云者，谓尽其利以厚丧也。

语经[1]：语经也[2]，非白马焉，执驹焉说求之，舞说非也。渔大之舞大，非也[3]。三物必具，然后足以生。

[1] 意言圣人厚葬之说，为自厚其亲，语其经耳。经犹云正，非必欲天下人如是也，故下辨之。

[2] 也，同"者"。

[3] 案《列子·仲尼》云："公子牟曰：白马非白，形名离也。孤犊未尝有母，非孤犊也。"似与此意同。"执驹焉说求之舞"，似当云"执驹马说求之无母"，即孤犊之论乎？"渔大"一句未详。

臧之爱己，非为爱己之人也。厚不外己。爱无厚薄，举己，非贤也。义，利；不义，害。之功为辩。

有有于秦马，有有于马也，智来者之马也。

爱众众也[1]，与爱寡也相若。兼爱之有相若。爱尚世与爱后世，一若今之世人也。鬼，非人也。兄之鬼，兄也。天下之利欢。圣人有爱而无利，倪日之言也，乃客之言也。天下无人，子墨之言也，犹在。

[1] 此与下"寡也"旧俱作"世"，以意改。

不得已而欲之，非欲之，非欲之也[1]。非杀臧也。专杀盗，非杀盗也。凡学爱人。

[1] 一本无"非欲之"三字。

小圜之圜，与大圜之圜同。方至尺之不至也，与不至锺之至不异，其不至同者，远近之谓也。是璜也[1]，是玉也。

[1]《说文》云："璜，半璧也。"

意楹，非意木也，意是楹之木也。意指之人也，非意人也。意获也，乃意禽也。志功，不可以相从也。

利人也，为[1]其人也。富人，非为其人也[2]。有为也以富人。富人也，治人有为鬼焉。为赏誉利一人，非为赏誉利人也，亦不至无贵于人。智亲之一利[3]，未为孝也，亦不至于智不为己之利于亲也。

[1] 一本作"非"。

　　[2]旧二字倒,一本如此。
　　[3]智,同"知"。

　　智是之世之有盗也,尽爱是世。智是室之有盗也,不尽是室也。智其一人之盗也,不尽是二人[1]。虽其一人之盗,苟不智其所在,尽恶其弱也。

　　[1]二,当为"一"。

　　诸圣人所先为,人欲名实。名实不必名。苟是石也白,败是石也,尽与白同。是石也唯大,不与大同,是有便谓焉也。以形貌命者,必智是之某也,焉智某也。不可以形貌命者,唯不智是之某也,智某可也,诸以居运命者[1],苟人于其中者,皆是也。去之,因非也。诸以居运命者,若乡里齐荆者,皆是。诸以形貌命者,若山丘室庙者,皆是也。

　　[1]居运,言居住或运徙。

　　智与意,重同[1],具同,连同,同类之同,同名之同,丘同,鲋同,是之同[2],然之同,同根之同。有非之异,有不然之异。有其异也,为其同也,为其同也异。一曰乃是而然,二曰乃是而不然,三曰迁,四曰强。子深其深,浅其浅,益其益,尊其尊。察次山比因至,优指复。次察声端名,因请复。正夫辞恶者,人右以其请得焉。诸所遭执,而欲恶生者,人

210

不必以其请得焉。

[1] 已下"同"字,俱绝句。

[2] 一本又有"同"字。

圣人之附渍也[1],仁而无利爱,利爱生于虑。昔者之虑也,非今日之虑也;昔者之爱人也,非今之爱人也。爱获之爱人也,生于虑获之利,非虑臧之利也;而爱臧之爱人也,乃爱获之爱人也。去其爱而天下利,弗能去也。昔之知墙,非今日之知墙也。贵为天子,其利人不厚于正夫。二子事亲,或遇孰,或遇凶[2],其亲也相若。非彼其行益也,非加也。外执无能厚吾利者。藉藏也死而天下害,吾持养臧也万倍,吾爱臧也不加厚。

[1] "渍"字未详。

[2] 言岁孰、岁凶。

长人之异,短人之同,其貌同者也,故同。指之人也,与首之人也异。人之体,非一貌者也,故异。将剑与挺剑异,剑以形貌命者也,其形不一,故异。杨木之木与桃木之木也,同。诸非以举量数命者,败之尽是也。故一人指,非一人也;是一人之指,乃是一人也。方之一面,非方也;方木之面,方木也。

以故生,以理长,以类行也者。立辞而不明于其所生,忘也。今人非道无所行,唯有强股肱,而不明于道,其困也,可立而待也。夫辞以类行者也，立辞而不明于其类，则必困矣。故浸淫之辞，其类在鼓栗。圣人也，为天下也，其类在于追迷[1]。或寿或卒，其利天下也指若[2]，其类在誉石[3]。一日而百万生，爱不加厚，其类在恶害[4]。爱二世有厚薄，而爱二世相若，其类在蛇文。爱之相若，择而杀其一人[5]，其类在院下之鼠。小仁与大人，行厚相若，其类在申。凡兴利除害也，其类在漏雍。厚亲不称行而类行，其类在江上井。不为己之可学也，其类在猎走。爱人非为誉也，其类在逆旅。爱人之亲若爱其亲，其类在官苟。兼爱相若，一爱相若，一爱相若，其类在死也[6]。

[1] 言能追正迷惑。

[2] 言其指相若。

[3] 疑誉名。言圣人有寿、有不寿，其利天下同，则誉在也。

[4] 言意多所爱而不行者，畏难之故。

[5] 言爱二人同，择而杀其一。杀，减也。

[6] 一本作"虵"。

小 取

　　夫辩者,将以明是非之分,审治乱之纪,明同异之处,察名实之理,处利害,决嫌疑。焉摹略万物之然。论求群言之比,以名举实,以辞抒意[1],以说出故,以类取,以类予[2]。有诸己不非诸人,无诸己不求诸人。或也者,不尽也。假者,今不然也[3]。效者,为之法也;所效者,所以为之法也。故中效[4]则是也,不中效则非也,此效也。辟也者[5],举也[6]物而以明之也。侔也者,比辞而俱行也。援也者,曰子然[7],我奚独不可以然也? 推也者,以其所不取之,同于其所取者,予之也。是犹谓也者同也,吾岂谓也者异也。夫物有以同而不,率遂同。辞之侔[8]也,有所至而正。其然也,有所以然也同[9],其所以然不必同[10]。其取之也,有以取之。其取之也同[11],其所以取之不必同[12]。是故辟、侔、援、推之辞[13],行而异,转而危[14],远而失[15],流而离本[16],则不可不审也,不可常用也。故言多方,殊类异故,则不可偏观也。

　　[1] 纪、理、疑、比、意为韵,古四声通。
　　[2] 故、取、予为韵。
　　[3] 假设,是尚未行。
　　[4] 中,去声。
　　[5] 辟,同"譬"。《说文》云:"譬,谕也。"谕,古文喻字。

[6] 此字疑衍。

[7] 句。

[8] 一本作"佯之"。

[9] 句。

[10] 句。

[11] 句。

[12] 句。

[13] 譬也、佯也、援也、推也,即上四者。

[14] 句。

[15] 句。

[16] 句。

　　夫物或乃是而然,或是而不然。或一害而一不害,或一是而一不是也,不可常用也。故言多方,殊类异故,则不可偏观也。非也。白马,马也;乘白马,乘马也[1]。骊马,马也;乘骊马,乘马也。获,人也;爱获,爱人也。臧,人也;爱臧,爱人也[2]。此乃是而然者也。获之视[3],人也;获事其亲,非事人也。其弟,美人也;爱弟,非爱美人也[4]。车,木也;乘车,非乘木也。船,木也;人船[5],非人木也。盗人,人也;多盗,非多人也;无盗,非无人也。奚以明之? 恶多盗,非恶多人也;欲无盗,非欲无人也[6]。世相与共是之。若若是,则虽盗人人也,爱盗非爱人也,不爱盗非不爱人也,杀盗人非杀人也,无难盗无难矣。此与彼同类,世有彼而不自非也,墨者有此而非之,无故也焉,所为内胶外闭,与心毋空乎,内胶而不解也。此乃是而不杀[7]者也。且夫读书,非好书也。且斗鸡,非鸡也[8];好斗鸡,好鸡也。且入井,非入井

也；止且入井，止入井也。且出门，非出门也；止且出门，止
出门也。若若是，且夭，非夭也，寿夭也。有命，非命也。非
执有命，非命也。无难矣。此与彼同[9]，世有彼而不自非
也，墨者有此而罪[10]，非之，无故焉也[11]，所谓内胶外闭，与
心毋空乎，内胶而不解也。此乃是而然者也。爱人，待周爱
人，而后为爱人。不爱人，不待周不爱人，不失周爱，因为不
爱人矣。乘马，待周乘马，然后为乘马也。有乘于马，因为
乘马矣。逮至不乘马，待周不乘马，而后不乘马，而后不乘
马。此一周而一不周者也。居于国，则为居国，有一宅于
国，而不为有国。桃之实，桃也。棘之实，非棘也。问人之
病，问人也；恶人之病，非恶人也。人之鬼，非人也；兄之鬼，
兄也。祭之鬼，非祭人也；祭兄之鬼，乃祭兄也。之马之目
盼[12]，则为[13]之马盼；之马之目大，而不谓之马大。之牛之
毛黄，则谓之牛黄；之牛之毛众，而不谓之牛众。一马，马
也；二马，马也。马四足者，一马而四足也，非两马而四足
也。一马马也。马或白[14]者，二马而或白也，非一马而或
白。此乃一是而一非者也。

[1] 张湛注《列子》云："《白马论》曰：马者所以命形也，白者所以命
色也，命色者非命形也。"

[2]《方言》云："臧获，奴婢贱称也。荆、淮、海、岱、杂齐之间，骂奴
曰臧，骂婢曰获。齐之北鄙，燕之北郊，凡民男而婿婢谓之臧，女而妇奴
谓之获。亡奴谓之臧，亡婢谓之获。"王逸注《楚词》云："臧为人所贱系
也，获为人所系得也。"或曰："臧，守藏者也；获，主禽者也。"

[3] 当为"事"。

〔4〕言使其弟有美容，而爱弟者，非以容也。

〔5〕当为"乘船"。

〔6〕此所谓辩名实之理。

〔7〕据下当为"然"，一本作"然"。

〔8〕言人使之斗。

〔9〕据上当有"类"字。

〔10〕据上无此字。

〔11〕据上文二字当倒。

〔12〕上"之"，疑当为"大"。

〔13〕当作"谓"。

〔14〕旧作"自"，以意改。

耕　柱

子墨子怒耕柱子。耕柱子曰："我毋俞于人乎[1]？"子墨子曰："我将上大行[2]，驾骥与羊，子[3]将谁敺[4]？"耕柱子曰："将敺骥也。"子墨子曰："何故敺骥也？"耕柱子曰："骥足以责[5]。"子墨[6]子曰："我亦以子为足以责[7]。"

[1]古愈字只作俞，《太平御览》引作"愈"。

[2]高诱注《吕氏春秋》云："大行在河内野王县北。"山在今河南怀庆府城北，亦名羊肠坂。

[3]旧作"我"，据《艺文类聚》、《太平御览》改。

[4]《说文》云："敺，古文驱，从攴。"《艺文类聚》引作"驱"。

[5]《艺文类聚》引作"以骥足责"。

[6]二字旧脱，据《太平御览》增。

[7]《太平御览》无"以"字。

巫马子谓子墨子曰[1]："鬼神孰与圣人明智？"子墨子曰："鬼神之明智于圣人，犹聪耳明目[2]之与聋瞽也[3]。昔者[4]夏后开[5]使蜚廉[6]采[7]金于山川[8]，而陶铸之于昆吾[9]。是使翁难乙卜于目若之龟[10]，龟曰[11]：'鼎成，三足而方[12]，不炊而自烹[13]，不举而自臧[14]，不迁而自行[15]，以祭于昆吾之墟[16]，上乡[17]！'乙又[18]言兆之由[19]曰：'飨矣！逢逢白云，一南一北，一西一东[20]。'九鼎既成，迁于三国[21]。

夏后氏失之，殷人受之；殷人失之，周人受之。夏后、殷、周之相受也，数百岁矣。使圣人聚其良臣与其桀相而谏，岂能智[22]数百岁之后哉[23]？而鬼神智之。是故曰：鬼神之明智于圣人也，犹聪耳明目之与聋瞽也。”

[1]《艺文类聚》引“谓”作“问”。

[2]《艺文类聚》引作“聪明耳目”。

[3]《艺文类聚》引“瞽”作“盲”。

[4] 二字《艺文类聚》引作“若”。

[5]《后汉书注》引云“开冶”。

[6]《艺文类聚》、《后汉书注》、《太平御览》、《玉海》俱引“蜚”作“飞”。

[7] 旧作“折”，据《文选注》改。

[8]《山海经》云：“其中多金，或在山，或在水。”诸书引多无“川”字，非。

[9]《艺文类聚》、《后汉书注》、《文选注》俱引作“以铸鼎于昆吾”，“吾”，《文选注》作“吴”，《括地志》云：“濮阳县，古昆吾国，故城县西三十里，昆吾台在县西百步，在颛帝城内，周回五十步，高二十丈，即昆吾虚也。”

[10] 旧脱“乙”字，又作“白苦之龟”，误。《艺文类聚》引作“使翁难乙灼目若之龟”。《玉海》引作“使翁难雉乙卜于白若之龟”，当从“目若”者。《周礼》云：“北龟曰若。”《尔雅·释鱼》云：“龟左睨不类，右睨不若。”贾公彦疏《礼》以为“睥睨”是“目若”之说也。若，顺也。

[11] 旧脱“龟”字，据《玉海》增。

[12]《玉海》“三”作“四”。

[13] 此“亯”字俗写，《玉海》引作“亨”，《艺文类聚》引作“不灼自成”。

[14]《玉海》引作"藏"。

[15]《太平御览》引作"撍",《说文》云:"捂,古文遷,从手西。"则撍实古捂字,后加为撍耳。今书又作"迁",皆传写者以少见改之。又《艺文类聚》引俱无"而"字。

[16] 此"虚"字俗写。《括地志》云:"昆吾故城在濮阳县西三十里。"

[17] 疑同"尚飨"。

[18] 旧脱"乙"字,"又"字作"人",据《艺文类聚》、《玉海》改。

[19]《艺文类聚》作"繇",无"兆之"二字。《玉海》亦作"繇"。

[20]《玉海》引作"一东一西"。

[21] 北、国为韵。《艺文类聚》引作"而迁三国"。

[22] 一本作"知",下同。

[23]《艺文类聚》引云:"此知必千年,无圣之智,岂能知哉。"

　　治徒娱、县子硕问于子墨子曰:"为义孰为大务?"子墨子曰:"譬若筑墙然,能筑者筑,能实壤者实壤,能欣者欣[1],然后墙成也。为义犹是也,能谈辩者谈辩,能说书者说书,能从事者从事,然后义事成也。"

　　[1]《说文》云:"掀,举出也。"与欣同。

　　巫马子谓子墨子曰:"子兼爱天下,未云利也;我不爱天下,未云贼也。功皆未至,子何独自是而非我哉?"子墨子曰:"今有燎者[1]于此[2],一人奉水将灌之,一人掺火将益之[3],功皆未至,子何贵于二人?"巫马子曰:"我是彼奉水者之义,而非夫掺火者之意。"子墨子[4]曰:"吾亦是吾意,而非子之意也。"

[1]《说文》云：“燎，放火也。”

[2] 旧二字倒，一本如此。

[3] 掺，即“操”字异文，唐人别有音，非也。

[4] 旧脱二字，以意增。

子墨子游荆耕柱子于楚[1]，二三子过之，食之三升，客之不厚。二三子复于子墨子曰：“耕柱子处楚无益矣。二三子过之，食之三升，客之不厚。”子墨子曰：“未可智[2]也。”毋几何而遗十金于子墨子[3]，曰：“后生不敢死[4]，有十金于此，愿夫子之用也。”子墨子曰：“果未可智也。”

[1] 游，谓游扬其名而使之仕。

[2] 一本作“知”，下同。

[3] 十金，当为“千金”之误。

[4] 称不敢死者，犹古人书疏称死罪常文。

巫马子谓子墨子之为义也，人不见而耶[1]，鬼不见而富，而子为之，有狂疾！子墨子曰：“今使子有二臣于此[2]，其一人者见子从事，不见子则不从事；其一人者见子亦从事，不见子亦从事。子谁贵于此二人？”巫马子曰：“我贵其见我亦从事，不见我亦从事者。”子墨子曰：“然则，是子亦贵有狂疾也。”

[1] 此讹字。

[2] 谓家臣。

子夏之徒问于子墨子曰："君子有斗乎？"子墨子曰："君子无斗。"子夏之徒曰："狗豨犹有斗，恶有士而无斗矣？"子墨子曰："伤矣哉！言则称于汤文，行则譬于狗豨，伤矣哉！"

巫马子谓子墨子曰："舍今之人而誉先[1]王，是誉槁骨也。譬若匠人然，智槁木也[2]，而不智生木。"子墨子曰："天下之所以生者，以先王之道教也。今誉先王，是誉天下之所以生也。可誉而不誉，非[3]仁也。"

[1] 旧作"大"，一本如此，下同。

[2] 智同"知"。

[3] 旧脱此字，一本有。

子墨子曰："和氏之璧，隋侯之珠[1]，三棘六异，此诸侯之所谓良宝也[2]。可以富国家，众人民，治刑政，安社稷乎？曰不可。所谓贵良宝者，为其可以利也。而和氏之璧、隋侯之珠、三棘六异不可以利人，是非天下之良宝也。今用义为政于国家，人民必众，刑政必治，社稷必安。所为贵良宝者，可以利民也，而义可以利人，故曰：义，天下之良宝也。"

[1]《文选注》引"隋"作"随"。

[2]《艺文类聚》引云："申徒狄曰：周之灵珪出于土石，楚之明月出于蚌蜃。"《太平御览》引云："周公见申徒狄曰：贱人强气则罚至。申徒狄曰：周之灵珪出于土□，楚之明月出□蚌蜃，五象出于汉泽。和氏之璧，夜光之珠，三棘六异，此诸侯之良宝也。"又一引云："申徒狄谓周公曰：贱人何可薄邪？周之灵珪出于土石，隋之明月出于蚌蜃，少豪大豪出于污泽，天下诸侯皆以为宝。狄今请退也。"文各不同，当是此和氏之

221

璧上脱文。

　　叶公子高问政于仲尼曰："善为政者若之何?"仲尼对曰："善为政者，远者近之，而旧者新之[1]。"子墨子闻之，曰："叶公子高未得其问也，仲尼亦未得其所以对也[2]。叶公子高岂不知善为政者之远者近也[3]，而旧者新是[4]哉？问所以为之若之何也。不以人之所不智[5]告人，以所[6]智告之，故叶公子高未得其问也，仲尼亦未得其所以对也。"

　　[1]《论语》作"近者说，远者来"。

　　[2] 此称仲尼者，见翟未尝轻孔。《非儒》所斥孔子名，由其门人小
　　　子之过矣。

　　[3] 当为"之"。

　　[4] 一本无此字。

　　[5] 一本作"知"。

　　[6] 旧二字倒，一本如此。

　　子墨子谓鲁阳文君[1]曰："大国之攻小国，譬犹童子之为马[2]。童子之为马，足用而劳[3]。今大国之攻小国也，攻者，农夫不得耕，妇人不得织，以守为事；攻人者，亦农夫不得耕，妇人不得织，以攻为事。故大国之攻小国也，譬犹童子之为马也。"

　　[1]《文选注》云："贾逵《国语注》曰：鲁阳文子，楚平王之孙，司马子
　　　期之子，鲁阳公。"即此人。其地在鲁山之阳。《地理志》云："南阳鲁阳有
　　　鲁山。"师古曰："即《淮南》所云鲁阳公与韩战，日反三舍者也。"

[2]一本有"也"字。《文选注》云:"幽求子曰:年五岁间有鸠车之乐,七岁有竹马之欢。"

[3]言自劳其足,谓竹马也。

子墨子曰:"言足以复行者,常之;不[1]足以举行者,勿常。不足以举行而常之,是荡口也。"

[1]旧脱此字,一本有。

子墨子使管黔㹟[1]游高石子于卫,卫君致禄甚厚,设之于卿[2]。高石子三朝必尽言,而言无行者。去而之齐,见子墨子曰:"君以夫子之故,致禄甚厚,设我于卿。石三朝必尽言,而言无行,是以去之也。卫君无乃以石为狂乎?"子墨子曰:"去之苟道,受狂何伤!古者周公旦非关叔[3],辞三公,东处于商盖[4],人皆谓之狂。后世称其德,扬其名,至今不息。且翟闻之,为义非避毁就誉[5],去之苟道[6],受狂何伤!"高石子曰:"石去之,焉敢不道也。昔者夫子有言曰:'天下无道,仁士不处厚焉。'今卫君无道,而贪其禄爵,则是我为苟陷[7]人长也。"子墨子说,而召子禽子曰:"姑听此乎!夫倍义而乡禄者,我常闻之矣,倍禄而乡义者,于高石子焉见之也。"

[1]疑敖字。

[2]旧作"乡",一本如此,下同。

[3]关,即"管"字假音,一本改作"管",非是。《左传》云:"掌其北门

之管"。即关也。

　　[4] 商盖,即商奄。《尚书·金縢》云:"周公居东二年。"

　　[5] 旧二字倒,一本如此。

　　[6] 旧二字倒,一本如此。

　　[7] 一本作"处"。

　　子墨子曰:"世俗之君子,贫而谓之富,则怒;无义而谓之有义,则喜。岂不悖哉!"

　　公孟子曰:"先人有则三而已矣。"子墨子曰:"孰先人而曰有则三而已矣? 子未智人之先有。"

　　后生有反子墨子而反者,"我岂有罪哉? 吾反后。"子墨子曰:"是犹三军北[1],失后之人求赏也。"

　　[1] 句。

　　公孟子曰:"君子不作,术而已[1]。"子墨子曰:"不然。人之其不君子者,古之善者不诛[2],今也善者不作。其次不君子者,古之善者不遂[3],已有善则作之,欲善之自己出也。今诛而不作,是无所异于不好遂而作者矣。吾以为古之善者则诛之,今之善者则作之,欲善之益多也[4]。"

　　[1] 术,同"述"。

　　[2] 诛,疑当为"述"。术、诛、遂,疑皆声误,下同。

　　[3] 疑当为述。《月令》以"遂"为"术"。

　　[4] 意言古之善者多,故但述而行之;今之善者少,故须作。作者欲善之多,无异于述也。

巫马子谓子墨子曰："我与子[1]异，我不能兼爱。我爱邹人于越人，爱鲁人于邹人，爱我乡人于鲁人，爱我家人于乡人，爱我亲于我家人，爱我身于吾亲，以为近我也。击我则疾，击彼则不疾于我，我何故疾者之不拊，而不疾[2]者之拊？故有我有杀彼以我，无杀我以利。"子墨子曰："子之义将匿邪？意将以告人乎？"巫马子曰："我何故匿我义[3]？吾将以告人。"子墨子曰："然则，一人说子，一人欲杀子以利己；十人说子，十人欲杀子以利己；天下说子，天下欲杀子以利己。一人不说子，一人欲杀子，以子为施不祥言者也；十人不说子，十人欲杀子，以子为施不祥言者也；天下不说子，天下欲杀子，以子为施不祥言者也。说子亦欲杀子，不说子亦欲杀子，是所谓经者口也，杀常之身者也。"子墨子曰："子之言恶利也？若无所利而不言，是荡口也。"

[1] 旧作"之"，一本如此。

[2] 旧二字倒，一本如此。

[3] 一本作"意"，非。

子墨子谓鲁阳文君曰："今有一人于此，羊牛犓豢[1]，维人[2]但割而和之[3]，不可胜食也[4]。见人之作[5]饼，则还然窃之，曰："舍余食[6]。"不知日月安不足乎[7]？其有窃疾乎？"鲁阳文君曰："有窃疾也。"子墨子曰："楚四竟[8]之田，旷芜而不可胜辟[9]；呼灵数千[10]，不可胜[11]；见宋、郑之间邑，则还然窃之。此与彼异乎？"鲁阳文君曰："是犹彼也，实有窃疾也。"

　　[1]此"豢"字俗写,《太平御览》引作"刍豢"。

　　[2]当为"饕人"之误。

　　[3]但割,即"袒割"。《说文》云:"但,裼也。从人旦声。"经典用但为弟字之义,而忘其本。

　　[4]旧脱"不可"二字,据《太平御览》增。

　　[5]旧作"生",皆据改。

　　[6]言舍以为余食。

　　[7]或当云"明不足乎"。

　　[8]二字旧作"三意",据《太平御览》改。

　　[9]《太平御览》引云:"楚四境之田,芜旷不可胜辟。"鲁阳,楚县,故云然也。

　　[10]《说文》云:"呼,召也。"

　　[11]下当脱"用"字。

　　子墨子曰:"季孙绍与孟伯常治鲁国之政,不能相信,而祝于丛社,曰:'苟使我和。'是犹弇其目[1]而祝于丛社也,'苟使我皆视。'岂不缪哉!"

　　[1]《说文》云:"弇、盖也。"

　　子墨子谓骆滑氂曰:"我闻子好勇。"骆滑氂曰:"然。我闻其乡有勇士焉,吾必从而杀之。"子墨子曰:"天下莫不欲与其所好,度其所恶[1]。今子闻其乡有勇士焉,必从而杀之,是非好勇也,是恶勇也。"

　　[1]度,谓渡去也。

第十二卷

贵　义

　　子墨子曰："万事莫贵于义。今谓人曰：'予子冠履，而断子之手足，子为之乎？'必不为。何故？则冠履不若手足之贵也。又曰：'予子天下而杀子之身，子为之乎？'必不为。何故？则天下不若身之贵也。争一言以相杀，是贵义于其身也[1]。故曰：万事莫贵于义也。"

　　[1]《太平御览》引作"义贵于身"。

　　子墨子自鲁即齐[1]，过故人[2]，谓子墨子曰[3]："今天下莫为义，子独自苦而为义，子不若已。"子墨子曰："今有人于此，有子十人，一人耕而九人处，则耕者不可以不益急矣。何故？则食者众，而耕者寡也。今天下莫为义，则子如劝我者也[4]，何故止我[5]？"

　　[1] 二字旧倒，以意改。
　　[2]《太平御览》引作"之齐遇故人"。
　　[3] 四字《太平御览》引作"故人"。
　　[4]《太平御览》引作"子宜劝"，又作"子宜劝我"。
　　[5]《太平御览》"故"作"以"。

子墨子南游于楚,见楚献惠王[1]。献惠王以老辞,使穆贺见子墨子。子墨子说穆贺,穆贺大说,谓子墨子曰:"子之言则诚[2]善矣;而君王,天下之大王也,毋乃曰贱人之所为而不用乎[3]!"子墨子曰:"唯其可行。譬若药然[4],草之本,天子食之以顺其疾[5],岂曰一草之本而不食哉[6]?今农夫入其税于大人,大人为酒醴粢盛[7]以祭上帝鬼神,岂曰贱人之所为而不享哉?故虽贱人也,上比之农,下比之药,曾不若一草之本乎?且主君亦尝闻汤之说乎?昔者,汤将往见伊尹,令彭氏之子御。彭氏之子中道而问曰:'君将何之?'汤曰:'将往见伊尹。'彭氏之子曰:'伊尹,天下之贱人也。若君欲见之,亦令召问焉,彼受赐矣。'汤曰:'非女所知也。今有药此,食之则耳加聪,目加明,则吾必说而强食之。今夫伊尹之于我国也,譬之良医善药也;而子不欲我见伊尹,是子不欲吾善也。'因下彭氏之子,不使御。彼苟然,然后可也[8]。"

[1] 检《史记》,楚无献惠王也,《艺文类聚》引作惠王,是。又案:《文选注》引本书云"墨子献书惠王,王受而读之,曰良书也",恐是此间脱文。

[2] 旧作"成",据《艺文类聚》改,一本同。

[3]《艺文类聚》引作"用子",又节。

[4]《艺文类聚》引作"焉"。

[5]《艺文类聚》引"顺"作"疗"。

[6]《艺文类聚》引"食"作"用"。

[7] 粢,当为盠,《说文》云:"黍稷在器以祀者。"盛,解同,俱从皿,亦见《周礼》也。前文皆同此义。

[8] 卢云:"此下疑有脱文。"

子墨子曰："凡言凡动,利于天鬼百姓者为之;凡言凡动,害于天鬼百姓者舍之;凡言凡动,合于三代圣王尧、舜、禹、汤、文、武者为之;凡言凡动,合于三代暴王桀、纣、幽、厉者舍之。"

子墨子曰："言足以迁行者,常之;不足以迁行者,勿常。以迁行而常之,是荡口也。"

子墨子曰："必去六辟。嘿则思[1],言则诲,动则事。使者三代御[2],必为圣人。必去喜,去怒,去乐,去悲,去爱,而用仁义。手足口鼻耳,从事于义,必为圣人。"

[1]"默"字俗写,从口。

[2]卢云:"疑有脱误。"沈按:此言三世为人御,必能抑然自下,若去其喜怒乐悲爱,而有圣人之用心也,则非脱误矣。

子墨子谓二三子曰："为义而不能,必无排其道。譬若匠人之斫而不能,无排其绳[1]。"

[1]排,犹背。

子墨子曰："世之君子,使之为一彘之宰,不能则辞之;使为一国之相,不能而为之。岂不悖哉!"

子墨子曰："今瞽曰:'钜者白也[1],黔者黑也[2]。'虽明目者无以易之。兼白黑,使瞽取焉,不能知也。故我曰瞽不知白黑者,非以其名也,以其取也。今天下之君子之名仁也,虽禹、汤无以易之。兼仁与不仁,而使天下之君子取焉,不能知也。故我曰天下之君子不知仁者，非以其名也，亦以其取也。”

[1] 未详"钜"义。

[2]《说文》云："黔，黎也。秦谓民为黔首，谓黑色也。"

子墨子曰："今士之用身，不若商人之用一布之慎也。商人用一布布，不敢继苟而雠焉[1]，必择良者。今士之用身则不然，意之所欲则为之，厚者入刑罚，薄者被毁丑，则士之用身，不若商人之用一布之慎也。"

[1] 雠，即"售"字正文。

子墨子曰："世之君子欲其义之成，而助之修其身则愠；是犹欲其墙之成，而人助之筑则愠也，岂不悖哉！"

子墨子曰："古之圣王欲传其道于后世，是故书之竹帛，镂之金石，传遗后世子孙，欲后世子孙法之也。今闻先王之遗而不为，是废先王之传也。"

子墨子南游使卫[1]，关中载书甚多[2]。弦唐子见而怪之，曰："吾夫子教公尚过曰：'揣曲直而已。'今夫子载书甚多，何有也？"子墨子曰："昔者周公旦朝读百篇[3]，夕见漆十士[4]。故周公旦佐相天子，其修至于今。翟上无君上之事，下无耕农之难，吾安敢废此[5]？翟闻之：'同归之物，信有误者。'然而民听不钧[6]，是以书多也。今若过之心者数逆于精微，同归之物，既已知其要矣，是以不教以书也。而子何怪焉[7]?"

[1]《北堂书钞》作"使于卫"。

[2] 关中,犹云扃中。关、扃音相近。

[3] 本多作"读书百篇",《绎史》同,《艺文类聚》引无"书"字。《北堂书钞》凡三引,两引无,一引有,无者是也。

[4] 漆,"七"字假音,今俗作"柒"。《艺文类聚》引作"七"。

[5]《北堂书钞》引云:"相天下犹如此,况吾无事,何敢废乎?"

[6] "均"字假音。

[7] 言苟得其精微,则无用以书为教。

子墨子谓公良桓子曰:"卫,小国也,处于齐、晋之间,犹贫家之处于富家之间也。贫家而学富家之衣食多用,则速亡必矣。今简子之家,饰车数百乘,马食菽粟者数百匹,妇人衣文绣者数百人。吾取饰车、食马之费与绣衣之财以畜士,必千人有余。若有患难,则使百人处于前,数百[1]于后,与妇人数百人处前后,孰安? 吾以为不若畜士之安也。"

[1] 当脱"人处"二字。

子墨子仕人[1]于卫,所仕者至而反。子墨子曰:"何故反?"对曰:"与我言而不当[2],曰'待女以千益[3]',授我五百益,故去之也。"子墨子曰:"授子过千益,则子去之乎?"对曰:"不去。"子墨子曰:"然则,非为其不审也,为其寡也。"

[1] 旧脱"人"字,一本有。

[2] 后作"审"。

[3] 旧作"盆",误。古无"镒"字,只作"益",或作"溢"。《汉书·食货志》云:"黄金以溢为名。"《注》孟康曰:"二十两为溢也。"贾逵《国语注》云:"二十四两。"

　　子墨子曰:"世俗之君子,视义士不若负粟者。今有人于此,负粟息于路侧,欲起而不能。君子见之,无长少贵贱,必起之。何故也? 曰义也。今为义之[1]君子,奉承先王之道以语之,纵不说而行,又从而非毁之。则是世俗之君子之视义士也,不若视负粟者也[2]。"

　　[1] 旧作"也",据《太平御览》改。
　　[2] 一本脱此字。

　　子墨子曰:"商人之四方,市贾信徙[1],虽有关梁之难,盗贼之危,必为之。今士坐而言义,无关梁之难,盗贼之危,此为信徙[2],不可胜计,然而不为。则[3]士之计利,不若商人之察也。"

　　[1] 当为"倍徙"。
　　[2] 当为"倍徙"。
　　[3] 旧作"财",一本如此。

　　子墨子北之齐,遇日者[1]。日者曰:"帝以今日杀黑龙于北方[2],而先生之色黑,不可以北[3]。"子墨子不听,遂北,至淄水,不遂而反焉[4]。日者曰:"我谓先生不可以北。"子墨子曰:"南之人不得北,北之人不得南,其色有黑者,有白者,何故皆不遂也?且帝以甲乙杀青龙于东方,以丙丁杀赤龙于南方,以庚辛杀白龙于西方,以壬癸杀黑龙于北方,以戊己杀黄龙于中方[5]。若用子之言,则是禁天下之行者也[6]。是围心而虚天下也。子之言不可用也。"

[1]《文选注》引"遇"作"过"。

[2]《事类赋》引"杀"作"屠"。

[3]《事类赋》作"往"。

[4]旧脱"至淄水不遂"五字,据《史记集解》及《事类赋》增。《史记集解》云"墨子不遂而反",又多二字。淄水出今山东益都县西南颜神镇东南三十五里原山,经临淄县东北,流至寿光县北,入海。

[5]此句旧脱,据《太平御览》增。

[6]旧脱"天"字、"之"字,据《太平御览》增。

子墨子曰:"吾言足用矣!舍言革思者,是犹舍获而攈粟也[1]。以其言非吾言者[2],是犹以卵投石也。尽天下之卵,其石犹是也,不可毁也[3]。"

[1]攈,拾也。一本作"攘",非。

[2]《太平御览》引"其"作"他"。

[3]《太平御览》作"石犹不毁也"。

公 孟

公孟子谓子墨子曰："君子共己以待，问焉则言，不问焉则止。譬若锺然[1]，扣则鸣[2]，不扣则不鸣。"子墨子曰："是言有三物焉，子乃今知其一身也，又未知其所谓也。若大人行淫暴于国家，进而谏，则谓之不逊，因左右而献谏，则谓之言议。此君子之所疑惑也。若大人为政，将因于国家之难，譬若机之将发也然，君子之必以谏，然而大人之利。若此者，虽不扣必鸣者也。若大人举不义之异行，虽得大巧之经，可行于军旅之事，欲攻伐无罪之国，有之也，君得之，则必用之矣。以广辟土地，著税伪材[3]，出必见辱，所攻者不利，而攻者亦不利，是两不利也。若此者，虽不扣必鸣者也[4]。且子曰：'君子共己待，问焉则言，不问焉则止。譬若钟然，扣则鸣，不扣则不鸣。'今未有扣子而言，是子之谓不扣而鸣邪？是子之所谓非君子邪[5]？"

[1]《说文》云"锺，酒器也"，"鐘，乐鐘也"。此借为鐘。

[2]《说文》云："扣，牵马也"，"敂，击也，读若扣"。此假音耳。

[3] 伪，疑当为"䝿"。《说文》云："此古货字，读若贵。"

[4] 已上申明知其一身。

[5] 已上申明又未知其所谓。

公孟子谓子墨子曰："实为善人，孰不知[1]？譬若良玉，处而不出,有余精[2]。譬若美女,处而不出,人争求之。行而自衒[3],人莫知[4]取也。今子徧[5]从人而说之,何其劳也?"子墨子曰:"今夫世乱,求美女者众,美女虽不出,人多求之;今求善者寡[6],不强说人,人莫之知也。且有二生于此,善星[7],一行为人筮者,与处而不出者,其精孰多?"公孟子曰:"行为人筮者其精多。"子墨子曰:"仁义钧[8]。行说人者,其功善亦多,何故不行说人也?"

[1]句。

[2]句。

[3]《说文》云:"衒,行且卖也。衒或字。"

[4]一本作"之"。

[5]旧作"徧",以意改。

[6]言好德不如好色。

[7]句。

[8]句。

公孟子戴[1]章甫,搢忽[2],儒服,而以见子墨子,曰:"君子服然后行乎? 其行然后服乎?"子墨子曰:"行不在服。"公孟子曰:"何以知其然也?"子墨子曰:"昔者,齐桓公高冠博带,金剑木盾[3],以治其国,其国治。昔者,晋文公大布之衣,牂羊之裘[4],韦以带剑,以治其国,其国治。昔者,楚庄王鲜冠组缨,绛衣博袍[5],以治其国,其国治。昔者,越王句践剪发文身,以治其国,其国治。此四君者,其服不同,其行犹一也。翟以是知行之不在服也。"公孟子曰:"善。吾闻之曰：'宿善者不祥[6]。'请舍笏[7]，易章甫，复见夫子，可乎？"
子墨子曰："请因以相见也。若不[8]，将舍笏、易章甫而后相
见，然则行果在服也[9]。"

　　[1] 本多作"义"，以意改。

　　[2] 搢，即"晋"字俗写。笏，即"笏"字，《古文尚书》"在治笏"亦用此
字。旧作"忽"，误。

　　[3]《说文》云："盾，瞂也，所以扞身蔽目，象形。"陆德明《周礼音义》
云："食允反，又音允。"

　　[4]《尔雅》云："羊牡，羒。"

　　[5]《太平御览》引作"褒衣博裦"。

　　[6] 读如"无宿诺"。

　　[7] 旧作"忽"。

　　[8] 句。一本作"必"，亦是。

　　[9] 言其意在服也。

　　公孟子曰："君子必古言服[1]，然后仁。"子墨子曰："昔
者，商王纣、卿士费仲为天下之暴人，箕子、微子为天下之圣
人，此同言而或仁不仁也[2]。周公旦为天下之圣人，关叔为
天下之暴人，此同服或仁或不仁。然则不在古服与古言矣。
且子法周而未法夏也[3]，子之古非古也。"

　　[1] 句。

　　[2] 言同时之言，而仁不仁异。

　　[3] 谓节葬、节用之属。墨氏之学出于夏。

公孟子谓子墨子曰："昔者圣王之列也，上圣立为天子，其次立为卿、大夫。今孔子博于《诗》、《书》，察于礼、乐，详于万物。若使孔子当圣王，则岂不以孔子为天子哉？"子墨子曰："夫知者，必尊天事鬼，爱人节用，合焉为知矣。今子曰'孔子博于《诗》、《书》，察于礼、乐，详于万物'，而曰可以为天子，是数人之齿[1]，而以为富。"

[1] 齿，年也。

公孟子曰："贫富寿夭，齰然在天[1]，不可损益。"又曰："君子必学。"子墨子曰："教人学而执有命，是犹命人葆[2]而去丌[3]冠也。"

[1] 齰，同"错"。
[2] 葆，言包裹其发。
[3] 旧作"亦"，知是此字之讹。"丌"即其字，以意改。

公孟子谓子墨子曰："有义不义，有[1]祥不祥。"子墨子曰："古圣王皆以鬼神为神明，而为祸福[2]，执有祥不祥，是以政治而国安也。自桀、纣以下，皆以鬼神为不神明，不能为祸福，执无祥不祥，是以政乱而国危也。故先王之书《子亦》有之曰：'丌[3]傲也出，于子不祥。'此言为不善之有罚，为善之有赏。"

[1] 旧作"无"，据下文改。

[2]而,同"能"。

[3]已下"丌"字,旧皆作"亦"。

子墨子谓公孟子曰:"丧礼:君与父母、妻、后子[1]死,三年丧服;伯父、叔父、兄弟期;族人五月;姑、姊、舅、甥皆有数月之丧。或以不丧之间,诵《诗三百》,弦《诗三百》,歌《诗三百》,舞《诗三百》。若用子之言,则君子何日以听治? 庶人何日以从事?"公孟子曰:"国乱则治之,治则为礼乐。国治则从事,国富则为礼乐。"子墨子曰:"国之治[2],治之废,则国之治亦废。国之富也,从事,故富也;从是废,则国之富亦废。故虽治国,劝之无餍[3],然后可也。今子曰'国治则为礼乐,乱则治之',是譬犹噎而穿井也[4],死而求医也。古者三代暴王桀、纣、幽、厉,茶为声乐[5],不顾其民,是以身为刑僇,国为戾虚者,皆从此道也。"

[1]嗣子也。

[2]卢云:"此下脱'治之故治也'五字。"

[3]犹云勉之无已。

[4]《说文》云:"噎,饭窒也。"饭窒则思饮。

[5]《说文》云:"茶,华盛。"言盛也。或侈假音字。

公孟子曰:"无鬼神。"又曰:"君子必学祭祀[1]。"子墨子曰:"执无鬼而学祭礼,是犹无客而学客礼也,是犹无鱼而为鱼罟也。"

[1] 当为"礼"。

公孟子谓子墨子曰："子以三年之丧为非,子之三日之丧亦非也[1]。"子墨子曰："子以三年之丧非三日之丧,是犹果[2]谓撅者不恭也[3]。"

[1] 三日,当为"三月"。《韩非子·显学》云:"墨者之葬也,冬日冬服,夏日夏服,桐棺三寸,服丧三月。"高诱注《淮南子》云:"三月之服,是夏后氏之礼。"而《后汉书注》引《尸子》云"禹制丧三日",亦当为月。

[2] 当为"裸"。《说文》云:"袒也。"《玉篇》云:"倮,赤体也。"

[3] 撅,当为"蹶"。《说文》云:"僵也。一曰跳也。"

公孟子谓子墨子曰:"知有贤于人,则可谓知乎?"子墨子曰:"愚之知有以贤于人,而愚岂可谓知矣哉?"

公孟子曰:"三年之丧,学吾之慕父母。"子墨子曰:"夫婴儿子之知[1],独慕父母而已。父母不可得也,然号而不止,此其故何也? 即愚之至也。然则儒者之知,岂有以贤于婴儿子哉?"

[1]《众经音义》云:"《仓颉篇》云:男曰儿,女曰子。"

子墨子曰:"问于儒者:'何故为乐?'曰:'乐以为乐也。'"子墨子曰:"子未我应也。今我问曰:'何故为室?'曰:'冬避寒焉,夏避暑焉,室以为男女之别也。'则子告我为室之故矣。今我问曰:'何故为乐?'曰:'乐以为[1]乐也。'是犹曰：'何故为室？'曰：'室为以室也。'"

[1] 旧脱此字，据上文增。

子墨子谓程子曰："儒之道足以丧天下者，四政焉。儒以天[1]为不明，以鬼为不神；天鬼不说，此足以丧天下。又厚葬久丧，重为棺椁，多为衣衾，送死若徙，三年哭泣，扶后起，杖后行，耳无闻，目无见，此足以丧天下。又弦歌鼓舞[2]，习为声乐，此足以丧天下。又以命为有，贫富寿夭、治乱安危有极矣，不可损益也。为上者行之，不必听治矣；为下者行之，必不从事矣。此足以丧天下。"程子曰："甚矣！先生之毁儒也。"子墨子曰："儒固无此各四政者，而我言之，则是毁也。今儒固有此四政者，而我言之，则非毁也，告闻也[3]。"程子无辞而出。子墨子曰："迷之[4]。"反[5]，后[6]坐，进复曰："乡者先生之言有可闻[7]者焉。若先生之言，则是不誉禹，不毁桀、纣也。"子墨子曰："不然。夫应孰[8]辞，称议而为之，敏也。厚攻则厚吾，薄攻则薄吾。应孰辞而称议，是犹荷辕而击蛾也[9]。"

[1] 旧脱此字，据下文增。
[2] 此鼓字从攴，与钟鼓字异，彼从皷。
[3] 言告所闻。
[4] 句。
[5] 句。
[6] 句。言惑于此说者，请反，而后后留之。

[7] 当为"间"。

[8] 当为"执"。

[9] 蛾,同"蚍"。

子墨子与程子辩,称于孔子[1]。程子曰:"非儒[2],何故称于孔子也?"子墨子曰:"是亦当而不可易者也。今鸟闻热旱之忧则高,鱼闻热旱之忧则下,当此,虽禹、汤为之谋,必不能易矣。鸟、鱼可谓愚矣,禹、汤犹云因焉。今翟曾无称于孔子乎[3]?"

[1] 称述孔子。

[2] 句。

[3] 言孔子之言有必不能易者。此下旧有"有游于子墨子之门者,谓子墨子曰:先王以鬼为神明,知能为祸人哉"二十七字,今据一本移后。

有游于子墨子之门者,身体强良,思虑徇通,欲使随而学。子墨子曰:"姑学乎,吾将仕子。"劝于善言而学。其年[1],而责仕于子墨子。子墨子[2]曰:"不仕子。子亦闻夫鲁语乎?鲁有昆弟五人者,丌[3]父死,丌长子嗜酒而不葬。丌四弟曰:'子与[4]我葬,当为子沽酒。'劝于善言而葬。已葬,而责酒于其四弟。四弟曰:'吾末予子酒矣。子葬子父,我葬吾父,岂独吾父哉?子不葬则人将笑子,故劝子葬也。'今子为义,我亦为义,岂独我义也哉?子不学则人将笑子,故劝子于学。"

〔1〕同"期年"。

〔2〕旧脱二字，以意增。

〔3〕旧作"亦"，下同。一本俱作"其"。

〔4〕旧作"无"，一本如此。

　　有游于子墨子之门者，子墨子曰："盍学乎？"对曰："吾族人无学者。"子墨子曰："不然。夫好美者，岂曰吾族人莫之好，故不好哉？夫欲富贵者，岂曰我族人莫之欲[1]，故不欲哉[2]？好美、欲富贵者，不视人犹强为之[3]。夫义，天下之大器也，何以视人必[4]强为之[5]？"

〔1〕已上八字旧脱，据一本增。

〔2〕《太平御览》引云："墨子谓门人曰：'汝何不学？'对曰：'吾族无学者。'墨子曰：'不然。岂有好美者，而曰吾族无此，不欲邪？富贵者，而曰吾族无此，不用也？'"与此微异。

〔3〕此下旧接"为善者富之"云云二百六十四字，今据文义移后。一本此下亦接"夫义，天下之大器也。"

〔4〕当为"不"。

〔5〕已上十六字旧脱，在"则盗何遽无从"下，今据一本移正。

　　有游于子墨子之门者，谓子墨子曰："先王以鬼为神明，知能为祸人哉[1]，为善者富之，暴者祸之。今吾事先生久矣，而福不至。意者先生之言有不善乎？鬼神不明乎？我何故不得福也？"子墨子曰："虽子不得福，吾言何遽不善？而鬼神何遽不明？子亦闻乎匡徒之刑之有刑乎？"对曰："未之得[2]闻也。"子墨子曰："今有人于此，什子，子能什誉之而一自誉乎?"对曰:"不能。""有人于此,百子,子能终身誉开善而子无一乎?"对曰:"不能。"子墨子曰:"匿一人者犹有罪,今子所匿者若此开多,将有厚罪者也,何福之求?"

[1]已上二十七字旧在"今翟曾无称于孔子乎"下,今据一本在此,一本又无"知能无祸福人哉"六字。

[2]二字旧倒,以意移。

子墨子有疾,跌鼻进而问曰:"先生以鬼神为明,能为祸福,善者赏之,为不善者罚之。今先生圣人也,何故有疾?意者先生之言有不善乎? 鬼神不明知乎?"子墨子曰:"虽使我有病,何遽不明? 人之所得于病者多方,有得之寒暑,有得之劳苦,百门而一门焉,则盗何遽无从[1]?"

[1]旧有"夫义天下之大器也"云云十六字,据一本移前。

二三子有复于子墨子学射者,子墨子曰:"不可。夫知者必量开力所能至而从事焉。国士战且扶人,犹不可及也[1]。今子非国士也,岂能成学又成射哉?"

[1]及,犹兼。

二三子复于子墨子曰:"告子曰'言义而行甚恶',请弃之。"子墨子曰:"不可。称我言以毁我行,愈于亡。有人于此:'翟甚不仁。'尊天、事鬼、爱人,甚不仁,犹愈于亡也。今告子言谈甚辩,言仁义而不吾毁,告子毁[1],犹愈亡也。"

[1]二字倒,今移。

二三子复于子墨子曰:"告子胜为仁[1]。"子墨子曰:"未必然也! 告子为仁,譬犹跂[2]以为长,隐[3]以为广[4],不可久也。"

[1]《文选注》引无"为"字。

[2]旧作"跛",据《文选注》改。此企字假音,《尔雅》云:"其踵企。"陆德明《音义》云:"去豉反,本或作跂。"《说文》云"企,举踵也","跂,足多指"。二字异。

[3]《文选注》引作"偃"。隐、偃音相近,亦通。

[4]言企足以为长,仰身以为广。偃,犹仰。

告子谓子墨子曰:"我治国为政。"子墨子曰:"政者,口言之,身必行之。今子口言之,而身不行,是子之身乱也。子不能治子之身,恶能治国政? 子姑亡[1],子之身乱之矣[2]!"

[1]言子姑无若此。

[2]一本作"子姑防子之身乱之矣",是。

第十三卷

鲁　问

　　鲁君[1]谓子墨子曰："吾恐齐之攻我也，可救乎？"子墨子曰："可。昔者，三代之圣王禹、汤、文、武，百里之诸侯也，说忠行义，取天下；三代之暴王桀、纣、幽、厉，仇怨行暴，失天下。吾愿主君之上者尊天事鬼，下者爱利百姓，厚为皮币，卑辞令，函遍礼四邻诸侯，驱国而以事齐，患可救也。非愿[2]，无可为者。"

　　[1] 当是鲁阳文君，楚县之君。
　　[2] 言非此之为愿。

　　齐将伐鲁。子墨子谓项子牛曰："伐鲁，齐之大过也。昔者，吴王东伐越，栖诸会稽；西伐楚，葆昭王于随；北伐齐，取国太子以归于吴。诸侯报其仇，百姓苦其劳，而弗为用，是以国为虚戾，身为刑戮也。昔者，智伯伐范氏与中行氏，兼三晋之地。诸侯报其仇，百姓苦其劳，而弗为用，是以国为虚戾，身为刑戮用是也。故大国之攻小国也，是交相贼也，过必反于国。"

　　子墨子见齐大王[1]，曰："今有刀于此，试之人头，倅然断之[2]，可谓利乎？"大王曰："利。"子墨子曰："多试之人头，倅然断之，可谓利乎？"大王曰："利。"子墨子曰："刀则利矣，孰将受其不祥？"大王曰："刀受其利，试者受其不祥^[3]。"子墨子曰："并国覆军，贼放百姓^[4]，孰将受其不祥？"大王俯仰而思之，曰："我受其不祥。"

[1]《太平御览》无"大"字，下同。

[2]"卒"字异文作"倅"，读如"仓倅"。

[3] 言持刀之人。

[4] 旧作"敊"，非。《太平御览》引作"杀"。案：《说文》云："敊，古文杀。"出此，今依改正。此书观览者少，故犹存古字，如《广雅》然也，慎勿改乱之。

鲁阳文君将攻郑，子墨子闻而止之，谓^[1]阳文君曰："今使鲁^[2]四境之内，大都攻其小都，大家伐其小家，杀其人民，取其牛马、狗豕、布帛、米粟、货财，则何若？"鲁阳文君曰："鲁四境之内，皆寡人之臣也。今大都攻其小都，大家伐其小家，夺之货财，则寡人必将厚罚之。"子墨子曰："夫天之兼有天下也，亦犹君之有四境之内也。今举兵将以攻郑，天诛亓不至乎？"鲁阳文君曰："先生何止我攻郑也？我攻郑，顺于天之志。郑人三世杀其父^[3]，天加诛焉，使三年不全。我将助天诛也。"子墨子曰："郑人三世杀其父，而天加诛焉，使三年不全。天诛足矣，今又举兵将以攻郑，曰'吾攻郑也，顺于天之志'。譬有人于此，其子强梁不材，故其父笞之，其邻家之父举木而击之，曰'吾击之也，顺于其父之志'，则岂不悖哉？"

[1] 此下当脱"鲁"字。

[2] 谓鲁阳。

[3] 未详其事。

子墨子谓鲁阳文君曰："攻其邻国，杀其民人，取其牛马、粟米、货财，则书之于竹帛，镂之于金石，以为铭于钟鼎，传遗后世子孙曰：'莫若我多[1]。'今贱人也，亦攻其邻家，杀其人民，取其狗豕、食粮[2]、衣裘，亦书之竹帛，以为铭于席豆，以遗后世子孙曰：'莫若我多。'丌可乎？"鲁阳文君曰："然。吾以子之言观之，则天下之所谓可者，未必然也。"

[1] 二字旧作"多吾"，一本如此。

[2] "糧"字俗写。

子墨子为[1]鲁阳文君曰："世俗之君子，皆知小物而不知大物。今有人于此，窃一犬一彘则谓之不仁，窃一国一都则以为义。譬犹小视白谓之白，大视白则谓之黑。是故世俗之君子，知小物而不知大物者，若此[2]言之谓也。"

[1] "谓"字。

[2] 旧二字倒，一本如此。

鲁阳文君语子墨子曰："楚之南有啖人之国者桥，其国之长子生，则鲜[1]而食之，谓之宜弟。美，则以遗其君，君喜则赏其父。岂不恶俗哉？"子墨子曰："虽中国之俗，亦犹是也。杀其父而赏其子，何以异食其子而赏其父者哉？苟不用仁义，何以非夷人食其子也？"

[1]一本作"解"。

鲁君之嬖人死，鲁君为之诔，鲁人因说而用之。子墨子闻之，曰："诔者，道死人之志也；今因说而用之，是犹以来首从服也[1]。"

[1]未详。

鲁阳文君谓子墨子曰："有语我以忠臣者：令之俯则俯[1]，令之仰则仰，处则静，呼则应。可谓忠臣乎？"子墨子曰："令之俯则俯，令之仰则仰，是似景也[2]。处则静，呼则应，是似响也。君将何得于景与响哉？若以翟之所谓忠臣者，上有过，则微之以谏，己有善，则访之上，而无敢以告外；匡其邪而入其善[3]，尚而无下比[4]。以美善在上，而怨仇在下；安乐在上，而忧戚在臣。此翟之谓忠臣者也。"

[1]"頫"字俗写。
[2]古"影"字只作"景"，葛洪加"彡"，而明刻《淮南子》有注云"古影字"，或以此为高诱文，则非始于葛。沅案：《道藏》本《淮南子注》无此三字，盖明人妄增耳。今《尚书》亦有"影响"字，写者乱之。
[3]"匡"字旧阙，注云"太祖庙讳上字"，盖宋本如此，今增。
[4]句。

鲁君谓子墨子曰："我有二子，一人者好学，一人者好分人财，孰以为太子而可？"子墨子曰："未可知也，或所为赏与[1]为是也。鮒者之恭[2]，非为赐也[3]；饵鼠以虫[4]，非爱之也。吾愿主君之合其志功而观焉。"

[1] 旧作"兴"，以意改。

[2] "钓"字，俗写从鱼。《艺文类聚》引作"钓"。案：《玉篇》有鮒字，云"丁叫切，亦作钓。饵取鱼。"出此。《墨》书如此类字，由后人抄写，以意改为，大都出自六朝。凡秦以前书传，皆篆简耳，不应有此，以相传既久，亦不改也。

[3] "赐"字，一本作"鱼赐"，《艺文类聚》作"鱼"。

[4] "饵"旧作"蚎"，非，据《艺文类聚》改。

鲁人有因子墨子而学其子者，其子战而死，其父让子墨子。子墨子曰："子欲学子之子，今学成矣，战而死，而子愠，是犹欲粜籴，籴则愠也[1]，岂不费哉？"

[1] "售"字正作"籴"。

鲁之南鄙人有吴虑者[1]，冬陶夏耕，自比于舜。子墨子闻而见之。吴虑谓子墨子："义耳义耳，焉用言之哉！"子墨子曰："子之所谓[2]义者，亦有力以劳人，有财以分人乎？"吴虑曰："有。"子墨子曰："翟尝计之矣：翟虑耕天下而食之人矣，盛[3]，然后当一农之耕，分诸天下，不能人得一升粟。籍而以为得一升粟[4]，其不能饱天下之饥者，既可睹矣。翟虑

织而衣天下之人矣,盛,然后当一妇人之织,分诸天下,不能
人得尺布。籍而为得尺布,其不能煖天下之寒者,既可睹
矣。翟虑被坚执锐,救诸侯之患,盛,然后当一夫之战。一
夫之战,其不御三军,既可睹矣。翟以为不若诵先王之道而
求其说,通圣人之言而察其辞,上说王公大人,次^[5]匹夫徒
步之士。王公大人用吾言,国必治;匹夫徒步之士用吾言,
行必修。故翟以为虽不耕而食饥^[6],不织而衣寒^[7],功贤于
耕而食之、织而衣之者也。故翟以为虽不耕织乎,而功贤于
耕织也。"吴虑谓子墨子曰:"义耳义耳,焉用言之哉!"子墨
子曰:"籍设而天下不知耕,教人耕,与不^[8]教人耕而独耕
者,其功孰多?"吴虑曰:"教人耕者其功多。"子墨子曰:"籍
设而攻不义之国,鼓^[9]而使众进战,与不鼓而使众进战而独
进战者,其功孰多?"吴虑曰:"鼓而进众者其功多。"子墨子
曰:"天下匹夫徒步之士少知义,而教天下以义者功亦多,何
故弗言也? 若得鼓而进于义,则吾义岂不益进哉?"

[1]《太平御览》引作"吴宪"。

[2] 二字旧倒,以意改。

[3] 句。

[4] 籍,"藉"字假音。

[5] 当脱"说"字。

[6] 句。

[7] 句。

[8] 旧脱此字,一本有。

[9] 已下"鼓"字皆从攴。

子墨子游公尚过于越。公尚过说越王,越王大说[1],谓公尚过曰:"先生苟能使子墨子于越而教寡人,请裂故吴之地,方五百里[2],以封子墨子。"公尚过许诺。遂为公尚过束车五十乘,以迎子墨子于鲁,曰:"吾以夫子之道说越王,越王大说,谓过曰,苟能使子墨子至于越而教寡人,请裂故吴之地,方五百里,以封子。"子墨子谓公尚过曰:"子观越王之志何若? 意越王将听吾言,用我道,则翟将往;量腹而食,度身而衣,自比于群臣,不[3]能以封为哉? 抑越不听吾言,不用吾道,而我往焉,则是我以义粜也[4]。钧之粜[5],亦于中国耳,何必于越哉[6]?"

[1] 旧作"悦",下同,此俗写字,今改正。

[2] 时吴已亡入越,故曰"故吴"。

[3] 一本作"奚"。

[4] "粜"旧作"糶",下同,以意改。《吕氏春秋》作"翟"。

[5] 句。

[6] 《吕氏春秋·高义》云:"子墨子游公上过于越。公上过语墨子之义,越王说之,谓公上过曰:'子之师苟肯至越,请以故吴之地,阴江之浦,书社三百,以封夫子。'公上过往复于子墨子。子墨子曰:'子之观越王也,能听吾言,用吾道乎?'公上过曰:'殆未能也。'墨子曰:'不唯越王不知翟之意,虽子亦不知翟之意。若越王听吾言,用吾道,翟度身而衣,量腹而食,比于宾萌,未敢求仕。越王不听吾言,不用吾道,虽全越以与我,吾无所用之。越王不听吾言,不用吾道,而受其国,是以义翟也。义翟何必越,虽于中国亦可。'"即用此文。义翟,亦当为"义粜"。

子墨子游,魏越曰:"既得见四方之君,子则将先语?"子墨子曰：“凡入国，必择务而从事焉。国家昏乱，则语之尚贤、尚同；国家贫，则语之节用、节葬；国家憙音湛湎[1]，则语之非乐、非命；国家淫僻无礼，则语之尊天、事鬼；国家务夺侵凌，即语之兼爱、非曰，择务而从事焉。”

[1]《说文》云：“憙，说也。”

子墨子曰。出[1]曹公子而于宋，三年而反，睹子墨子曰：“始吾游于子之门，短褐之衣[2]，藿羹朝得之，则夕弗得祭祀鬼神。而以夫子之政[3]，家厚于始也。有家厚[4]，谨祭祀鬼神，然而人徒多死，六畜不蕃，身湛于病。吾未知夫子之道之可用也。”子墨子曰：“不然！夫鬼神之所欲于人者多，欲人之处高爵禄则以让贤也，多财则以分贫也。夫鬼神岂唯擢季拊肺[5]之为欲哉？今子处高爵禄而不以让贤，一不祥也；多财而不以分贫，二不祥也。今子事鬼神唯祭而已矣，而曰病何自至哉？是犹百门而闭一门焉，曰盗何从入？若是而求福于有怪之鬼，岂可哉？”

[1] 未详。
[2] “短”从豆声，读如裋。
[3] 句。
[4] 句。
[5] 四字有误。

鲁祝以一豚祭，而求百福于鬼神。子墨子闻之，曰：

"是不可。今施人薄而望人厚，则人唯恐其有赐于己也。今以一豚祭，而求百福于鬼神，唯恐其以牛羊祀也。古者圣王事鬼神，祭而已矣。今以豚祭而求百福，则其富不如其贫也。"

彭轻生子曰："往者可知，来者不可知。"子墨子曰："籍设而亲在百里之外，则遇难焉，期以一日也，及之则生，不及则死。今有固车良马于此，又有奴马[1]四隅之轮于此，使子择焉，子将何乘？"对曰："乘良马固车，可以速至。"子墨子曰："焉在矣来[2]！"

　　[1]"弩"古字只作"奴"，一本作"弩"。《说文》无"弩"字。
　　[2]卢云："似谓焉在不知来，文误。"

孟山誉王子闾曰："昔白公之祸，执王子闾，斧钺钩要[1]，直兵当心，谓之曰：'为王则生，不为王则死。'王子闾曰：'何其侮我也！杀我亲，而喜我以楚国。我得天下而不义，不为也；又况于楚国乎？'遂而不为[2]。王子闾岂不仁哉？"子墨子曰："难则难矣，然而未仁也。若以王为无道，则何故不受而治也？若以白公为不义，何故不受王[3]，诛白公[4]然而反王[5]？故曰难则难矣，然而未仁也。"

　　[1]此正字，余文作"腰"者，后改乱之耳。
　　[2]《说文》云："遂，亡也。从辵㒸声。"王逸注《楚词》云："遂，往也。"义出于此。经典多借为"㒸"字，而忘其本㒸从意也。
　　[3]句。

［4］句。

［5］言何不借王之权，以杀白公，然后反位于王。

子墨子使胜绰事项子牛。项子牛三侵鲁地，而胜绰三从。子墨子闻之，使高孙子请而退之，曰：“我使绰也，将以济骄而正嬖也[1]。今绰也禄厚而谲夫子，夫子三侵鲁，而绰三从，是鼓鞭于马靳也[2]。翟闻之：‘言义而弗行，是犯明也。’绰非弗之知也，禄胜义也。”

［1］济，止也。嬖，同“僻”。

［2］《说文》云：“靳，当膺也。从革斤声。”一本改作“勒”，非。言欲马行而鞭其前，所以自困，犹使人仕而反来侵我也。

昔者楚人与越人舟战于江，楚人顺流而进，迎流而退；见利而进，见不利则其退难。越人迎流而进，顺流而退；见利进，见不利则其退速。越人因此若执，亟败楚人。公输子[1]自鲁南游楚焉[2]，始为舟战之器[3]，作为钩强之备，退者钩之，进者强之[4]，量其钩强之长，而制为之兵。楚之兵节，越之兵不节。楚人因此若执，亟败越人。公输子善其巧，以语子墨子曰：“我舟战有钩强，不知子之义亦有钩强乎？”子墨子曰：“我义之钩强，贤于子舟战之钩强。我钩强，我钩之以爱，揣之以恭。弗钩以爱，则不亲；弗揣以恭，则速狎[5]；狎而不亲则速离。故交相爱，交相恭，犹若相利也。今子钩而止人，人亦钩而止子；子强而距人，人亦强而距子。交相钩，交相强，犹若相害也。故我义之钩强，贤子舟战之钩强。"

[1] 旧有"曰"字，一本无。

[2]《太平御览》引作"公输般自鲁之楚"。

[3]《太平御览》引作"具"。

[4]《太平御览》引作"谓之钩拒，退则钩之，进则拒之也"。

[5] 旧脱一"狎"字，以意增。

公输子削竹木以为䧿，成[1]而飞之，三日不下[2]，公输子自以为至巧。子墨子谓公输子曰："子之为䧿也，不如翟[3]之为车辖[4]，须臾刘三寸之木[5]，而任五十石之重。故所为巧，利于人谓之巧，不利于人谓之拙[6]。"

[1]《太平御览》引作"鹊"。

[2]《文选注》云："案墨子削竹以为鹊，鹊三日不行者"。彼误。

[3]《太平御览》引作"匠"。

[4]《太平御览》有"也"字。

[5] 刘，"镂"字假音。《太平御览》引此作"竖"。

[6]《韩非子》云："墨子为木鸢，三年而成，蜚一日而败。弟子曰：'先生之巧，至能使木鸢飞。'墨子曰：'不如为车輗之巧也，用咫尺之木，不费一朝之事，而引三十石之任，致远，力多，久于岁数。今我为鸢三年成，蜚一日而败。'惠子闻之曰：'墨子太巧，巧为輗，拙为鸢。'"与此异也。

公输子谓子墨子曰："吾未得见之时，我欲得宋；自我得见之后，予我宋而不义，我不为。"子墨子曰："翟之未得见之时也,子欲得宋;自翟得见子之后,予子宋而不义,子弗为,是我予[1]子宋也。子务为义,翟又将与子天下。"

[1] 一本作"与"。

公　输

公输盘[1]为楚造云梯之械，成[2]，将以攻宋[3]。子墨子闻之，起于齐[4]，行十日十夜而至于郢[5]，见公输盘。公输盘曰："夫子何命焉为？"子墨子曰："北方有侮臣，愿藉子杀之。"公输盘不说。子墨子曰："请献十金[6]。"公输盘曰："吾义固不杀人。"子墨子起，再拜，曰："请说之。吾从北方，闻子为梯[7]，将以攻宋。宋何罪之有？荆国有余于地而不足于民，杀所不足而争所有余，不可谓智。宋无罪而攻之，不可谓仁。知而不争，不可谓忠。争而不得，不可谓强。义不杀少而杀众，不可谓知类。"公输盘服。子墨子曰："然乎不已乎[8]？"公输盘曰："不可。吾既已言之王矣。"子墨子曰："胡不见我于王？"公输盘曰："诺。"

[1]《史记集解》、《后汉书注》、《文选注》皆引作"般"，《广韵》引作"班"。

[2] 张湛《列子注》云："云梯可以凌虚。"

[3]《文选注》引作"必取宋"三字，《太平御览》云："《尸子》云：般为蒙天之阶，阶成，将以攻宋。"

[4]《吕氏春秋》云"自鲁往"，是。

[5]《文选注》引云："公输般欲以楚攻宋，墨子闻之，自鲁往，裂裳裹足，十日至郢。"

[6] 一本作"千金"，是。

[7]《太平御览》引作"阶"。

[8]《太平御览》引作"胡不已也"。

　　子墨子见王，曰："今有人于此，舍其文轩，邻有敝轝而欲窃之；舍其锦绣[1]，邻有短褐而欲窃之；舍其粱肉，邻有糠糟而欲窃之。此为何若人？"王曰："必为窃疾矣[2]。"子墨子曰："荆之地，方五千里；宋之地，方五百里[3]；此犹文轩之与敝轝也[4]。荆有云梦，犀兕麋鹿满之[5]，江汉之鱼鳖鼋鼍为天下富；宋所为无雉兔狐狸者也[6]；此犹粱肉之与糠糟也。荆有长松、文梓、楩枏、豫章[7]；宋无长木；此犹锦绣之与短褐也。臣以三事之攻宋也[8]，为与此同类。臣见大王之必伤义而不得[9]。"王曰："善哉！虽然，公输盘为我为云梯，必取宋[10]。"

　　[1]已上十一字旧脱，据《太平御览》增。一本亦有。"轝"即"舆"，异文耳。

　　[2]《太平御览》作"耳"。

　　[3]七字旧脱，据《太平御览》增。

　　[4]《太平御览》引"敝"作"獘"，"轝"即"舆"异文。

　　[5]《太平御览》"满"作"盈"。

　　[6]《太平御览》"狐狸"作"鲋鱼"。

　　[7]《说文》无楩字，《玉篇》云："鼻县切，楩木似豫章。"陆德明《尔雅音义》云："鼻县反，又婢衍反。"《字指》云："楩木似豫章。"《尸子》作"梗"，《太平御览》引此亦只作"梗"。

　　[8]《战国策》云："臣以王吏之攻宋。""王吏"盖"三叓"之误。《说文》云："叓，古文事。"《尸子》作"王使"，《太平御览》作"王之攻宋"。

　　[9]已上十一字旧俱脱，《太平御览》有，或当在此。

[10]《太平御览》引有云"宋王曰：公输子，天下之巧士，作为云梯，设以攻宋，曷为弗取"二十三字，皆与此异，岂此文已为后人所节与？

于是见公输盘。子墨子解带为城，以牒为械[1]。公输盘九设攻城[2]之[3]机变，子墨子九距之。公输盘之攻械尽，子墨子之守圉[4]有余[5]。公输盘诎[6]，而曰："吾知所以距子矣，吾不言。"子墨子亦曰："吾知子之所以距我[7]，吾不言[8]。"楚王问其故，子墨子曰："公输子之意，不过欲杀臣。杀臣，宋莫能守[9]，可攻也。然臣之弟子禽滑釐等三百人，已持臣守圉之器[10]，在宋城上而待楚寇矣。虽杀臣，不能绝也。"楚王曰："善哉！吾请[11]无攻宋[12]矣[13]。"

[1]旧作"牒"，《太平御览》引作"牒"，《北堂书钞》作"襟"。案：作"牒"者是也，牒省为牒。《说文》云："南楚谓禅衣曰牒。"《玉篇》云："牒，徒颊切，禅衣也。牒同。"又案：陈孔璋《为曹洪与文帝书》云："墨子之守，萦带为垣，折箸为械。"则似以意改用之。

[2]《太平御览》一作"宋"。

[3]《太平御览》引有"具"字。

[4]《史记集解》引作"固"，一本作"固"，《太平御览》作"御"。

[5]《太平御览》引有云："今公输设守之械，墨子设守之备，公输九攻，而墨子九拒之，终弗能人，于是乃偃兵辍不攻宋。"俱多于此文。

[6]《太平御览》引作"屈"，《文选注》作"出"。

[7]《文选注》引有"者"字。

[8]《文选注》引有"之"字。

[9]《文选注》有"乃"字，是。

[10]《史记集解》引"圉"作"国"。

[11]《后汉书注》引作“楚”。

[12]《史记集解》云“宋城”。

[13]《文选注》引作“也”。

子墨子归，过宋，天雨，庇其闾中[1]，守闾者不内也。故曰：“治于神者，众人不知其功；争于明者，众人知之[2]。”

[1] 庇荫。

[2] 文与《战国策》及《尸子》略同。高诱注《吕氏春秋·慎大篇》引此，节文。

第十四卷

备城门[1]

禽滑釐问于子墨子曰:"由圣人之言,凰鸟之不出[2],诸侯畔殷周之国[3],甲兵方起于天下,大攻小,强执弱。吾欲守小国,为之奈何?"

[1]《说文》云"备,慎也","葡,具也"。经典通用"备"为葡具之字,此二义俱通。

[2] 见《论语》。

[3] 殷,盛也。孙云:"《尔雅》云:殷,中也。言周之中叶。"

子墨子曰:"何攻之守?"

禽滑釐对曰:"今之世常所以攻者:临[1]、钩[2]、冲[3]、梯[4]、堙[5]、水[6]、穴[7]、突[8]、空洞[9]、蚁附[10]、轒辒[11]、轩车[12]。敢问守此十二者奈何?"

[1] 一。《诗传》云:"临,临车也。"陆德明《音义》云:"《韩诗》作隆。"孔颖达《正义》曰:"临者,在上临下之名。"

[2] 二。《诗传》云:"钩,钩梯也。所以钩引上城者。"

[3] 三。《诗传》云:"冲,冲车也。"《说文》:云"轒,陷陣车也。"高诱注《淮南子》云:"冲车,大铁著其辕端,马被甲,车被兵,所以冲于敌城也。"又曰:"冲所以临敌城,冲突坏之。"孔颖达《诗正义》云:"冲者,从旁

冲突之称。兵书有作临车、冲车之法。"按："橦"正字，"冲"假音。

〔4〕四。案：即云梯。

〔5〕五。一本作"湮"。案：当为"陻"，俗加土。《说文》云："陻，塞也。"《玉篇》云："何休曰：上城具堙。"《通典》云："于城外起土为山，乘城而上，古谓之土山，今谓垒道。用生牛皮作小屋，并四面蒙之，屋中置运土人，以防攻击者。"注云："即《孙子》所谓距闉也。凿地为道，行于城下，用攻其城，往往建柱，积薪于其柱，圜而烧之。柱折橹部城摧。"

〔6〕六。

〔7〕七。

〔8〕八。

〔9〕九。

〔10〕十。同"蚍"。《孙子》云："将不胜心忿而蚁附。"注云："使卒徐城上，如蚁缘城，杀士也。"

〔11〕十一。《太平御览》云："太公《六韬》曰：凡三军有大器，攻围邑，有轒辒临冲。城中则有云梯飞楼。"周迁《舆服杂事》曰："橀楹，今之橦车也。其下四轮，从中榷之，至敌城下。"《说文》云："轒，淮阳名车穹隆轒。"《玉篇》云："轒辒，兵车作辒。"辒、辒音相近。《艺文类聚》引《孙子》又作"枌榅"。《通典》云："攻城战具，作四轮车，上以绳为脊，生牛皮蒙之，下可藏十人，填隍推之，直抵城下，可以攻掘，金火木石所不能败，谓之轒辒车。"

〔12〕十二。

子墨子曰："我城池修，守器具，推粟足[1]，上下相亲，又得四邻诸侯之救，此所以持也。且守者虽善[2]，则若不可以守也。若君用之守者，又必能乎守者，不能而君用之，则犹若不可以守也。然则守者必善而君尊用之，然后可以守也。

[1] 推粟言輓粟。

[2] 卢云："此下当有'而君用之'四字。"

"故凡守城之法，备城门为县门[1]沉机，长二丈，广八尺，为之两相如[2]；门扇[3]数[4]令相接三寸，施土扇上[5]，无过二寸。堑中深丈五，广比扇[6]，堑长以力[7]为度，堑之末为之县，可容一人所。容至，诸门户皆令凿而幕[8]孔。孔[9]之[10]，各为二幕二，一凿而系绳，长四尺[11]。

[1] 旧脱"门"字，据《太平御览》增。

[2] 句。

[3] 旧作"问扁"，据下文改。

[4] 同"促"。

[5] 旧"土扇"作"士扁"，非。《通典·守拒法》云："城门扇及楼堞，以泥涂厚，备火。"

[6]《说文》云："堑，坑也。"

[7] 字未详。

[8] 旧作"慕"，据下文改。

[9] 旧作"孜"，以意改。

[10] 疑脱"间"字。

[11] 已上县门之法。

"救车火，为烟矢射火城门上，凿扇上为栈[1]，塗之[2]，持水麻升、草盆救之[3]。门扇薄植[4]，皆凿半尺，一寸一涤弋，弋长二尺[5]，见[6]一寸，相去七寸，厚塗之以备火。城门上所凿以救门火，有名一罨水[7]，火三石以上，小大相杂。

[1]《说文》云:"栈,棚也。"

[2]"涂"字俗写从土,本书《迎敌祠》亦只作"涂"。《通典·守拒法》云:"门栈以泥厚塗之,备火。柴草之类贮积,泥厚塗之,防火箭飞火。"

[3]麻一升,草一盆也。

[4]《说文》云:"欂,壁柱","植,户植也"。薄,假音字。

[5]《说文》云:"枳,弋也。"

[6]疑"间"字。

[7]罨,"罋"字省文。《说文》云:"罋,小口罌也。"

"门植关必环锢[1],以锢[2]金若铁,镆之[3]。门关再重镆之以铁,必坚。梳关[4],关二尺,梳关一莧[5],封以守印,时令人行貌封[6],及视关入桓浅深[7]。门者皆无得挟斧、斤、凿、锯、椎[8]。

[1]言扃固之,环与扃音相近。

[2]此字疑衍。

[3]《说文》云:"镆,镊也。"此与锴音同。《说文》云:"以金有所冒也。"

[4]"梳"字未详,疑作"琐"。

[5]"管"字假音,《春秋左氏》云"北门之管"。

[6]貌,疑"视"字。

[7]桓,表也。

[8]已上救车火之法。

"城上二步一渠[1],渠立程,丈三尺,冠长十丈,辟长六尺。二步一荅[2],广九尺,袤[3]十二尺[4]。二步置连梃[5]、长斧、长椎各一物,枪二十枚,周置二步中[6]。二步一木弩[7],

必射五十步以上。及多为矢，节冊以竹箭，楛、赵、掍、榆，可。盖求齐铁夫，播以射𥦗[8]及梯枞[9]。二步积石，石重千钧以上者，五百枚[10]。毋百[11]，以亢疾犁[12]、壁，皆可善方[13]。二步积笠[14]，大一围，长丈，二十枚。五步一罂，盛水有奚，奚蠡大容一斗。五步积狗尸五百枚，狗尸长三尺，丧以弟，瓮[15]丌端，坚约弋。十步积抟，大二围以上，长八尺者，二十枚。二十五步一灶，灶[16]有铁鐳[17]容石以上者一[18]，戒以为汤[19]。及持沙，毋下千石[20]。三十步置坐候楼[21]，楼出于堞四尺[22]，广三尺，广四尺[23]，板周三面，密傅之，夏盖丌上。五十步一藉车[24]，藉车必为铁纂[25]。五十步一井屏[26]，周垣之，高八尺。五十步一方，方尚必为关籥守之。五十步积薪，毋下三百石，善蒙涂，毋令外火能伤也。百步一梯枞[27]，起地高五丈，三层，下广前面八尺，后十三尺，丌上称议衰杀之[28]。百步一木楼，楼广前面九尺，高七尺，楼物居垆[29]，出城十二尺。百步一井，井十罋[30]，以木为系连。水器容四斗到六什者百。百步一积杂秆[31]，大二围以上者五十枚。百步为橹[32]，橹广四尺，高八尺，为冲术。百步为幽㙜[33]，广三尺、高四尺者千。二百步一大楼[34]，城中广二丈五尺二[35]，长二丈，出枢五尺。

[1]高诱注《淮南子》云："渠，渐也。"案：渐，同"堑"。

[2]《汉书注》云："苏林曰：渠苔，铁蒺藜也。"

[3]旧作"表"，据《前汉书注》改。

[4]《前汉书注》云："晏子曰：城上二步一渠，立程，程长三尺，冠长十尺，臂长六尺三步。"则丈当为长，辟同"臂"。

[5]旧作"挺",以意改。《说文》云:"梃,一枚也。"《孟子音义》云:"丁,徒顶切。"《通典·守拒法》云:"连梃如打禾连枷状,打女墙外上城敌人。"

[6]已上渠、苔之法。

[7]《通典·守拒法》云:"木弩以黄连、桑、柘为之,弓长一丈二尺,径七寸,两弰三寸。绞车张之,大矢自副,一发声如雷吼,败队之卒。"

[8]疑"冲"字,文未详。

[9]已上木弩之法。

[10]《后汉书注》引作"积石百枚,重千钧以上者"。旧"千"作"中",据改。

[11]卢云:"疑云毋下百,脱下字,或尚有脱字。"

[12]此正字。《汉书注》作"蒺藜",非。《通典·守拒法》云:"敌若木驴攻城,用铁蒺藜下而敦之。"

[13]疑"缮方"。

[14]一本作"至",旧作"苙"。

[15]丧,藏也。

[16]旧脱一"灶"字,据《太平御览》增。

[17]"鬵"字假音。《说文》云:"鬵,大釜也。一曰鼎。大上小下,若甑曰鬵,读若岑。"《方言》云:"甑自关而东或谓之鬵。"《太平御览》引作"鑊"。

[18]《太平御览》引作"容二石以上为汤"。

[19]已上积石、笠、狗尸、樽、灶之法。

[20]毋下,犹言毋过。

[21]《通典·守拒法》有云:"却敌上建堠楼,以版跳出为橹,与四外烽戍昼夜瞻视。"

[22]《说文》云:"堞,城上女垣也。"堞,省文。

[23]当云"下广四尺"。

[24]疑即巢车。巢、藉音相近。

[25]《说文》云："篹，轴也。"篹，假音字。

[26] 当为井。

[27] 旧从手，非。

[28] 言称此而议减其上。

[29] 物，疑"吻"。坫，疑"坫"字，《说文》云："坫，屏墙也。"又或同
"阽"，《汉书注》如淳曰："阽，近边欲堕之意。"

[30] 旧作"百步再，再十壅"，据《太平御览》改。

[31] 一本作"杆"。

[32]《说文》云："橹，大盾也。"

[33] 未详。

[34] "大"旧作"立"，据《太平御览》改。

[35]《太平御览》引云："二百步一大楼，去城中二丈五尺。"

"城上广三步到四步，乃可以为使斗。俾倪[1]广三尺，
高二尺五寸。陛高二尺五，广长各三尺，远广各六尺。城上
四隅童异高五尺，四尉舍焉[2]。

[1]《说文》云："陴，城上女墙，俾倪也。"杜预注《左传》作"僻倪"。
《众经音义》云："《三仓》云：俾倪，城上小垣也。一云《三仓》作'顿垸'，
又作'埤堄'。"

[2] 已上候楼、井、椓杙、木楼、井、杂杆、橹、幽煲、立楼之法。

"城上七尺一渠，长丈五，貍三尺[1]，去堞五寸，夫[2]长
丈二尺，臂长六尺。半植一凿，内后长五寸。夫两[3]凿，渠
夫前端下堞四寸而适。貍渠、凿坎，覆以瓦，冬日以[4]马夫
寒，皆待命，若以瓦为坎。城上千步一表，长丈，弃水者操表

267

摇之。五[5]十步一厕,与下同圂[6]。之厕者[7],不得操[8]。城上三十步一藉车,当队者不用。城上五十步一道陛,高二尺五寸,长十步。城上五十步一楼撕[9],撕勇勇必重。土[10]楼百步一,外门发楼,左右渠之。为楼加藉幕[11],栈上出之以救外。城上皆毋得有室,若他[12]可依匿者,尽除去之。城下州道内[13]百步一积藉,毋下三千石以上,善涂之。

[1] 貍,"薶"省文。

[2] "夫"字俱未详,疑即"扶"字,所以著手。

[3] 旧作"雨",以意改。

[4] 中脱一字,或是"息"字。

[5] 旧衍一"五"字。

[6] 《说文》云:"圂,厕也。"

[7] 之,往也。见《尔雅》。

[8] 言不得有挟持。

[9] 字未详。

[10] 旧作"士",以意改。

[11] 旧作"幕",以意改。

[12] 旧作"也",以意改。

[13] 疑"周道"。

"城上十人一什长[1]。属一吏士、一帛尉[2]。百步一亭,高垣丈四尺,厚四尺,为闺门两扇[3],令各可以自闭。亭尉,必取有序[4]忠信可任事者[5]。

[1] 《通典·守拒法》云:"城上五步有伍长,十步有什长,五十步、百

步皆有将长。"

　　[2]帛,同伯。

　　[3]《说文》云:"闺,特立之户,上圜下方,有似圭。"

　　[4]言以资格。

　　[5]已上渠、表、藉车、道、楼□、积藉、什长、亭之法。

　　"二舍共一井爨,灰、康、秕[1]、杯[2]马矢[3],皆谨收藏之。城上之备:渠谵[4]、藉车、行栈、行楼、到、颉皋、连梃、长斧、长椎、长兹[5]、距、飞冲、县□、批屈。楼五十步一,堞下为爵穴[6],三尺而一为薪皋,二围长四尺半必有洁[7]。瓦石,重二升以上上[8]。城上沙[9],五十步一积。灶置铁镭焉[10],与沙同处。木大二围,长丈二尺以上,善耿开本[11],名曰长从,五十步三十。木桥长三丈,毋下五十。后使辛[12]急为垒壁,以盖瓦后之。用瓦木罂,容十升以上者,五十步而十,盛水,且用之。五十二者十步而二。

　　[1]《说文》云:"穅,谷皮也。"康或省字。"秕,不成粟也",此从米,非。

　　[2]"麸"字假音。《通典・守拒法》有"灰、麸、糠、秕、马矢"。

　　[3]旧作"夫",据《太平御览》引云:"备城皆收藏灰、糠、马矢。"《通典》云:"掷之以眯敌目也。"

　　[4]疑"渠苔"假音字。"谵"与"檐"同。《淮南子・氾论》云:"渠幨以守。"高诱注云:"渠,渐也。一曰甲名,《国语》奉文渠之甲是。幨幰所以御矢也。"

　　[5]疑"镰"字。《通典・守拒法》有"长斧、长椎、长镰"。

　　[6]旧作"内",以意改。

［7］当为"挈"。

［8］疑衍一上字。

［9］旧作"涉"，下同，俱以意改。

［10］旧作"错"，据上文改。镨同"簉"。

［11］言连其本。"丌"旧作"十"，以意改。

［12］疑"薪"字。

"城四面四隅皆为高磨襫[1]，使重室乎[2]子居丌上，候适[3]，视丌能状[4]，与丌进左右所移处，失候斩。

［1］未详。

［2］字疑衍。

［3］"敌"字假音，《史记》亦用此字。

［4］儋即"态"字，《说文》云："态，或从人。"

"适人为穴[1]而来，我函使穴师选木，匝而穴之，为之且[2]内弩以应之。

［1］旧作"内"，以意改。

［2］当为"具"。

"民室杵木瓦石，可以盖城之备者，尽[1]上之[2]。不从令者斩。

［1］旧作"盖"，以意改。

［2］言民室中所有，尽为城备。

"昔筑[1]，七尺一居属[2]，五步一垒。五筑有锑[3]。长斧，柄长八尺。十步一长镰，柄长八尺。十步一斗[4]，长椎，柄长六尺，头长尺，斧刃两端。三步一[5]。

[1] 当云"皆筑"。

[2] 疑"锯楣"。

[3]《说文》云："锑，镛锑也。"

[4] 当为"斫"。

[5] 下有脱文。已上井、渠、詹、杂器等之法。

"凡守围城之法，厚以高，壕[1]也[2]深以广，楼撕揗，守备[3]缮利，薪食足以支[4]三月以上；人众以选，吏民[5]和，大臣有功劳于上者多，主信以义，万民乐之无穷。不然，父母坟墓在焉；不然，山林草泽之饶足利；不然，地形之难攻而易守也；不然，则有深怨于适而有大功于上；不然，则赏明可信而罚严足畏也[6]。城下里中，家人各葆刃左右前后，如城上。城小人众，葆离乡老弱国中及他[7]大城。

[1]《玉篇》云："壕，胡高切，城壕也。"

[2] 字疑衍。

[3]《说文》、《玉篇》无"撕"。《集韵》云："斯或作撕字。"《说文》云："揗，摩也。"《玉篇》"食尹、详遵二切。"

[4] 旧作"交"，以意改。

[5] 旧作"尺"，以意改。下当有"以"字。

[6]《管子九变》云："凡民之所以守战至死，而不德其上者，有数以至焉。曰，大者亲戚坟墓之所在也，田宅富厚足居也。不然，则州县乡党

与宗族足怀乐也；不然，则上之教训习俗慈爱之于民也厚，无所往而得之也；不然，则山林泽谷之利足生也；不然，则地形险阻易守而难攻也；不然，则罚严而可畏也；不然，则赏明而足劝也；不然，则有深怨于敌人也；不然，则有厚功于上也。此民之所以守战至死，而不德其上者也。"与此文相似。言有此数者，方可以守围城。

[7]旧作"也"，以意改。

"寇至，度必攻，主人先削城编，唯勿烧。寇在城下，时换吏卒署[1]，而毋换丌养[2]，养毋得上城。寇在城下，收[3]诸盆甓，耕积之城下[4]，百步一积，积五百。城门内不得有室，为周官桓吏[5]，四尺为倪[6]。行栈内闭，二关一墚。除城场外，去池百步，墙垣树木小大尽坏伐[7]，除去之。寇所从来若昵道、傒近[8]，若城场，家为扈楼[9]。立竹箭天中。守天[10]，堂下为大楼，高临城。堂下周散，道中应客，客待见，时召三老左葆官中者，与计事得[11]。"

[1]《说文》云："署，部署，有所网属。"

[2]粮也。

[3]旧作"牧"，以意改。

[4]耕，疑"篝"字。

[5]疑云"周宫桓吏"。

[6]陴倪也。古只作此，作"埝"者俗。

[7]旧作"代"，以意改。

[8]《说文》云："尼，从后近之。"傒，即"溪"假音字。

[9]《礼记·檀弓》云"毋扈扈"，陆德明《音义》云："音户，广也，大也。"

［10］疑"矢"字。

［11］下脱简。

为之奈何？子墨子曰："问穴土之守邪？备穴者城内为高楼，以谨。

"此十四者具，则民亦不宜上矣，然后城可守。十四者无一，则虽善者不能守矣。

"守法：五十步丈夫十人、丁女二十人、老小十人，计之五十步四十人[1]。城下楼本，率一步一人，二十步二十人。城小大以此率之，乃足以守围。

［1］丈夫、丁女、老小共四十人。

"客[1]冯面而蛾傅之，主人则先之知[2]，主人利[3]，客適。客攻以遂[4]，十万物之众[5]，攻无过四队者，上术广五十步，中术三百步，下术五十步。诸不尽百五步者，主人利而客病。广五百步之队，丈夫千人，丁女子二千人，老小千人[6]，凡千人[7]而足以应之。此守术之数也。使老小不事者，守于城上不当术者。

［1］旧作"宕"，以意改。

［2］二字疑倒。

［3］言主人先知，则主人利。

［4］同"队"。

［5］一本作"数"。

[6] 千皆当作"十"。

[7] 当云"四十人"。

"城持出必为明填[1]，令吏民皆智知之。从一人百人以上，持出不操填章，从人非丌故人，乃[2]丌积[3]章也[4]，千人之将以上止之，勿令得行。行及吏率从之，皆斩，具以闻于上。此守城之重禁之[5]，夫奸之所生也，不可不审也。

[1] 未详。

[2] 疑"及"字。

[3] 上作"填"，是。

[4] 填章疑印章之属，言出城从人，非故相识人及有印信者，止之。

[5] 当"为"也。

"候望适人。適人为变，筑垣聚土非常者[1]，若彭有水浊非常者[2]，此穴土也。急堙城内[3]，穴丌[4]土直之[5]。穿井城内，五步一井，傅[6]城足，高地，丈五尺[7]，地得泉三尺而止。令陶者为罂，容四十斗以上，固顺之以薄鞈革[8]，置井中，使聪耳者伏罂而听之，审知穴之所在，凿内迎之[9]。令陶者为月明[10]，长二尺五寸六围，中判之，合而施之内中，偃一[11]覆一。柱之外善周涂，丌傅[12]柱者勿烧。柱者勿烧[13]。柱善涂丌窦际[14]，勿令泄，两旁皆如此，与穴[15]俱前。下迫地，置康若矢[16]丌中[17]，勿满。矢康长五窦，左右俱杂相如也。穴内口为灶，令如窑[18]，令容七八员艾，左右窦皆如此，灶用四橐。穴且遇[19]，以颉皋冲之，疾鼓橐熏之，必令明习[20]橐事者,勿令离灶口[21]。连版以穴高下,广陕为度,令穴者与版俱前,凿丌版令容矛[22],参分丌疏数,令可以救窦。穴则遇,以版[23]当之,以矛救窦,勿令塞窦,窦则塞,引[24]版而郄[25],过一窦而塞之,凿丌窦,通丌烟,烟通,疾鼓橐以熏之。徙[26]穴内听穴左右,急绝丌前,勿令得行。若集客穴,塞之以柴涂,令无可烧板也。然则穴土[27]之攻败矣。

[1] 言以所穴之土筑垣。

[2] 水浊者,穴土之验。

[3]《玉篇》云:"堑同埑。"

[4] 旧作"内",亦以意改。

[5] 直,当也。《说文》云:"直,正见也,从乚从十从目。"

[6] 旧作"传",以意改。

[7] 言视城足之高于地丈五尺者穿之。

[8] 即《通典》所云"以新罋用薄皮裹口如鼓"也。

[9]《文选注》引云:"若城外穿地来攻者,宜于城内掘井,以薄城幕罋内井,使聪耳者伏罋而听,审知穴处,凿内迎之。"《太平御览》引云:"若城外穿地来攻者,宜城中掘井,以薄瓮内井中,使听聪者伏瓮听之,审知穴处,凿内而迎之。"与此微异。《通典·守拒法》云"地听,于城内八方穿井,各深二丈,以新罋用薄皮裹口如鼓,使聪耳者于井中托罋而听,则去城五百步内悉知之,审知穴处,助凿迎之"云云,即其法也。

[10] 未详。

[11] 偃,仰。

[12] 旧作"亦传",以意改。

[13] 四字衍。

[14] 缝也。

[15] 旧作"内",以意改。

[16] 旧作"疾"，以意改，下同。

[17] 康即"糠"字，见《说文》。

[18]《说文》云："窑，烧瓦灶也"。即今"窑"字正文。

[19] 旧作"愚"，据下改。

[20] 旧作"翟"，以意改。

[21]《通典·守拒法》云："审知穴处，助凿迎之，与外相遇，即就以干艾一石，烧令烟出，以板于外，外密覆穴口，勿令烟泄，仍用鞴袋鼓之。"即其遗法。所云"以板于外，密覆穴口，勿令烟泄"，即下连版法也。

[22] 旧作"予"，以意改。

[23] 旧作"攸"，以意改。

[24] 旧作"弓"，以意改。

[25] 此"却"字俗写。

[26] 旧作"徒"，以意改。

[27] 旧作"内土"，以意改。

"斩艾与柴[1]长尺，乃置窑灶中，先垒窑壁迎穴为连。凿井傅城足，三丈一，视外之广陕而为凿井，慎勿失。城卑穴高从穴难[2]，凿井城上，为三四井，内新斯[3]井中，伏而听之。审之知穴之所在，穴而迎之。穴且遇，为颉皋，必以坚杖为夫[4]，以利斧施之，命有力者三人用颉皋冲之，灌以不洁十余石[5]。趣伏此井中[6]，置艾亓上，七分，盆盖井口，毋令烟上泄，旁亓橐口，疾鼓之。以车轮辒[7]。一束樵，梁[8]麻索涂中以束之。铁锁[9]，县正当寇穴[10]口。铁锁长三丈[11]，端环，一端钩。

[1] 旧作"此"，以意改。

［2］二"穴"字旧俱作"内"，以意改。

［3］当为"新鐅"。

［4］同"趹"，如足两分也。

［5］若糠矢之类。

［6］"伏"旧作"状"，以意改。趣，同"促"。

［7］未详。下文作"菹"，即"薀"省文。《说文》云："薀，积也。"

［8］疑"梁"字。

［9］当为"琐"，《说文》无"锁"字，据《备蛾傅》作"琐"。

［10］旧作"内"，以意改。

［11］《通典·守拒法》云："先为桔槔县铁镬，长三丈以上，束柴苇焦草而燃之，队于城外所穴之孔以烟熏之，敌立死。"已上罂听、连版、伏艾、县锁、备穴土之法。

"鼠[1]穴高七尺，五寸广，柱间也尺，二尺一柱，柱下傅舄[2]，二柱共一员十一。两柱同质[3]，横员士，柱大二围半，必固丌员士，无柱与柱交者。穴二窠，皆为穴月屋[4]，为置吏、舍人，各一人，必置水。塞穴门以车两走[5]，为菹[6]，涂丌上，以穴高下广陜为度，令入穴中四五尺，维置之。当穴者客争伏门[7]，转而塞之为窠，容[8]三员艾者，令丌突入[9]伏尺[10]。伏傅[11]突一旁，以二橐守之，勿离。穴矛[12]以铁，长四尺半，大如铁服说，即刃之二矛[13]。内去窦尺，邪凿之，上穴当心，丌矛长七尺。穴中为环利率，穴二。凿井城上，俟丌身井且通，居版上[14]，而凿丌一偏[15]，已而移版，凿一偏。颉皋为两夫，而旁貍丌植，而数钩其两端。诸作穴者五十人，男女相半。

[1] 旧作"偑",以意改。

[2] 张衡《西京赋》云"雕楹玉碣",李善注云:"《广雅》云:碣,礩也。碣,古字作舄。"

[3] "礩"古字如此。

[4] 疑"穴月"字。

[5] 即车轮。

[6] "薀"省文。

[7] 旧"穴"作"内"、"客"作"容",以意改。

[8] 旧作"客",以意改。

[9] 旧作"亦突人",以意改。

[10] 一本无此二字。

[11] 旧作"付",以意改。

[12] 旧作"内予",以意改。

[13] 旧凡"矛"字作"予",俱以意改。

[14] 居,同"倨"。

[15] 旧作"徧",以意改。

"城上为爵穴,下堞三尺,广亓外,五步一。爵穴大容苴,高者六尺,下者三尺,疏数自適为之[1]。塞外堑,去格七尺,为县梁。城篟陕不可堑者,勿堑。城上三十步一聋灶[2],入坛苣长五节。寇在城下,闻鼓音,燔苣,复鼓,内苣爵穴中,照外。

[1] 言视敌而为疏促。自,"视"字之误。

[2] 聋疑"垄"字。

"诸藉车皆铁什[1],藉车之柱长丈七尺,亓狸者四尺,夫长三丈以上至三丈五尺，马颊长二尺八寸，试藉车之力而为之困，失四分之三在上。藉车，夫长三尺，四二三在上，马颊在三分中。马颊长二尺八寸，夫长二十四尺，以下不用。治困以大车轮。藉车桓长丈二尺半，诸藉车皆铁什，复车者在之。

[1]什与"锴"音近。《说文》云："锴，以金有所冒也。"

"寇闉池来[1]，为作水甬，深四尺，坚幕[2]貍之。十尺一，覆以穴[3]而待令。以木大围长二尺四分而早凿之，置炭火丌中而合幕之，而以藉车投之。为疾犁投，长二尺五寸，大二围以上。涿弋[4]，弋长七寸，弋[5]间六寸，剡丌末。狗走[6]，广七寸，长尺八寸，蚤长四寸，大耳施之。"

[1]闉，疑当为"冲"，或"闑"字。池，城池。
[2]旧作"幕"，以意改。
[3]旧作"月"，以意改。
[4]旧俱作"代"，以意改。
[5]旧作"我"，以意改。
[6]疑"穴"字，可以出狗者，曰狗走。

子墨子曰："守城之法，必数城中之木，十人之所举为十挈，五人之所举为五挈，凡轻重以挈为人数[1]。为薪樵挈，壮者有挈，弱者有挈，皆称丌任。凡挈轻重所为，吏人各得丌任。城中无食则为大杀[2]。

［1］言即以十挈、五挈名其物者，以人数也。

［2］杀，言减。

“去城门五步大堑之，高地三丈下地至，施贼丌中，上为发梁[1]而机巧之，比传薪土，使可道行，旁有沟垒，毋可踰越，而出佻旦[2]，比適人遂入[3]，引机发梁，適人可禽。適人恐惧而有疑心，因而离[4]。”

［1］梁，桥也。

［2］疑“佻达”字。旦、达，音之缓急。

［3］旧作“人”，以意改。

［4］下脱简。

备 高 临

禽子再拜再拜曰:"敢问适人[1]积土为高,以临吾城,薪土俱上,以为羊黔[2],蒙櫓俱前,遂属之城,兵弩俱上,为之奈何?"

[1] 适,同"敌"。
[2] 《杂守》作"羊坽",未详其器。

子墨子曰:"子问羊黔[1]者,将之拙者也,足以劳本,不足以害城。守为台城,以临羊黔,左右出巨各二十尺,行城三十尺,强弩之,技机藉之,奇[2]器□□之,然则羊黔之攻败矣。

[1] 疑下更有"羊黔"二字。
[2] 疑即藉车。

"备矣[1]临以连弩之车,杖大方一方一尺,长称城之薄厚。两轴三轮,轮居筐中,重下上筐。左右旁二植,左右有衡植,衡植左右皆圜内,内径四寸。左右缚弩皆于植,以弦钩弦,至于大弦。弩臂前后与筐齐,筐高八尺,弩轴去下筐三尺五寸。连弩机郭同铜,一石三十斤。引弦鹿长奴[2]。筐大三围半,左右有钩距,方三寸,轮厚尺二寸,铜巨臂博尺四寸,厚七寸,长六尺。横臂齐筐外,蚤尺五寸,有距,博六寸,厚三寸,长如筐,有仪,有诎胜[3],可上下。为武重一石,以材大围五寸。矢长十尺,以绳□□矢端,如如戈射,以磨[4]庢[5]卷收[6]。矢高弩臂三尺,用弩无数,出人六十枚,用小矢无留。十人主此车。遂具寇,为高楼以射道,城上以苔[7]罗、矢[8]。"

[1] 备,同"橀"。

[2] 同"弩"。

[3] 即《通典》屈胜梯。

[4] 疑"麻"。

[5] 此"粗"字之讹。

[6] 旧作"牧",以意改。

[7] 苔,即"幨"也,音之缓急。《说文》无"幨"字,疑古用"苔"为之。

[8]《通典·守拒法》云:"弩台高下与城等,去城百步,每台相去亦如之,下阔四丈,高五丈,上阔二丈,下建女墙,台内通暗道,安屈胜梯,人上便卷收,中设毡幕,置弩手五人,备干粮水火。"

备 梯

禽滑釐子事子墨子三年，手足胼胝[1]，面目黧黑[2]，役身给使，不敢问欲。子墨子其[3]哀之，乃[4]管酒块脯[5]，寄于大山，昧茙[6]坐之，以樵禽子[7]。

[1]"胼"省文，从月。

[2]"黎"字俗写，从黑。

[3]"甚"字。

[4]旧作"及"，以意改。

[5]当为"馈脯"，"馈"字假音。

[6]当为"茅蒸"。昧，音同"茅"。

[7]当云"以谯禽子"。

禽子再拜而叹。子墨子曰："亦何欲乎[1]？"禽子再拜再拜曰："敢问守道。"

[1]"亦"当为"尔"字之误。

子墨子曰："姑亡，姑亡。古有丌术者，内不亲民，外不约治，以少间众，以弱轻强，身死国亡，为天下笑。子丌慎之，恐为身姜[1]。"

[1] 同"僵"。亡、强、姜为韵。

禽子再拜顿首,愿遂问守道,曰:"敢问客众而勇,烟资吾池,军卒并进,云梯既施,攻备已具,武士又多,争上[1]吾城,为之奈何[2]?"

[1] 旧作"土",据《太平御览》改。

[2] 池、施,多、何为韵。

子墨子曰:"问云梯之□邪? 云梯者重器也,亓动移甚难。守为行城,杂楼相见,以环亓中。以适广陕为度,环中藉幕[1],毋广亓处[2]。行城之法,高城二十尺,上加堞,广十尺,左右出巨各二十尺,高广如行城之法。为爵穴辉鼠[3],施苔亓外[4],机、冲、钱、城,广与队等,杂亓间以镌、剑,持冲十人,执剑五人,皆以有力者。令案目者视适[5],以鼓发之,夹而射之,重而射,披机藉之,城上繁下矢、石、沙、炭以雨之[6],薪火、水汤以济之。审赏行罚,以静为故,从之以急,毋使生虑[7]。若此,则云梯之攻败矣。

[1] 旧作"慕",以意改。

[2] 度、幕、处为韵。

[3] 旧作"鼸",以意改。

[4] 言施幨盖之。

[5] 适,同"敌"。

[6] 《太平御览》引"繁"作"多"。

[7] 故、虑为韵。

"守为行堞，堞高六尺而一等[1]，施剑丌面，以机发之，冲至则去之，不至则施之。爵穴三尺而一，蒺藜[2]投必遂而立，以车推引之。

[1] 等，级。

[2] 据《备城门》当为"疾犁"。

"裾城[1]外，去城十尺，裾厚十尺。伐裾[2]，小大尽本[3]断之，以十尺为传[4]，杂而深埋之，坚筑[5]，毋使可拔。二十步一杀，杀有一鬲，鬲厚十尺，杀有两门，门广五尺。裾门一，施浅埋，勿筑，令易拔。城希裾门而直桀[6]。

[1] "裾城"未详，文与《备蛾傅》同，彼"裾城"作"置薄城外"四字，下"裾"字俱作"薄"。

[2]《备蛾傅》此下有"之法"二字。

[3]《备娥傅》作"木"。

[4]《备蛾傅》作"断"，此传字当为"剸"之讹也。《说文》云："剸，古文断。"𠦪，古文专字。

[5]《备蛾傅》作"坚作之"，"杂"作"离"。

[6]《备蛾傅》作"置捣"。

"县火，四尺一钩樴，五步一灶，灶[1]有炉炭。令适人尽入，辉[2]火烧门，县火次之。出载而立，丌广终队。两载之间[3]一火，皆立而持鼓而揲火[4]，即具发之。适人除火而复攻，县火复下，适人甚病，故引兵而去。则令吾死士[5]左右出穴门击遗师[6]，令贲士、主将皆听城鼓之音而出，又听城鼓之音而入。因数出兵施伏^[7]，夜半城上四面鼓噪^[8]，適人必或^[9]，有此必破军杀将。以白衣为服，以号相得。若此^[10]，则云梯之攻败矣。"

[1] 旧脱一"灶"字，据《备蛾傅》增。

[2]《备蛾傅》作"车"。

[3] 此下旧有"载之门"三字，据《备蛾傅》去之，当是上三字重文之讹。

[4]《备蛾傅》云"待鼓音而燃"，待、持，燃、撚字相似，然此义较长，不必改从彼。《说文》云："撚，执也。"

[5] 旧脱"士"字，据《备蛾傅》增。

[6] 犹言余师。

[7] 旧"数"作"素"，"伏"作"休"，据《备蛾傅》改。

[8]《说文》云："譟，讙也。"此省文。

[9] 同"惑"。

[10] 旧作"也"，以意改。

备　水

城内堑外周道，广八步，备水谨度四旁高下。城地中遍下，令耳[1]丌内，及下地，地深穿之令漏泉[2]。置则瓦井中[3]，视外水深丈以上，凿城内水耳[4]。

[1] 疑"瓦"字。
[2] 《通典·守拒法》云："如有泄水之处，即十步为一井，井之内潜通引泄漏。"即其遗法。
[3] 则，同"侧"。
[4] 疑"瓦"字。

并船以为十临[1]，临三十人，人擅弩计四有弓[2]，必善[3]。以船为辕辐，二十船为一队，选材士有力者三十人共船，丌二十人人擅有弓[4]，剑甲鞮[5]瞀[6]，十人擅苗[7]。先养材士为异舍，食丌父母妻子以为质，视水可决，以临辕辐，决外堤，城上为射杖[8]疾佐之[9]。

[1] 言方舟以为临高之具。
[2] 旧作"方"，以意改。
[3] 善，同"缮"，言劲也。
[4] 旧作"方"，以意改。
[5] 《说文》云："鞮，革履也。"
[6] "鍪"字假音。《说文》云："鍑属。"

［7］同"矛"，犹苗山即茅山。

［8］《说文》云："杈，干也。"言矢干。旧从手，非，今改。

［9］《通典·守拒法》云："城中速造船一二十只，简募解舟楫者，载以弓、弩、锹、锼，每船载三十人，自暗门衔枚而出，潜往斫营，决堤堰，觉即急走，城上鼓噪，急出兵助之。"即其遗法。

备　突

城百步[1]一突门,突门各为窑灶,窦入门四五尺,为开门上瓦屋,毋令水潦能入门中。吏主塞突门,用车两轮,以木束之,塗其上,维置突门内,使度门广狭,令之[2]入门中四五尺。置窑[3]灶,门旁为橐[4],充灶伏柴艾[5]。寇即入,下辅[6]而塞之,鼓橐而熏之。

[1]《后汉书注》引有"为"字,一引无。

[2]《后汉书注》引作"人"。

[3]《后汉书注》引作"窒",非。

[4]旧作"橐",下同,据《后汉书注》改。又《韩非子》云:"干城拒卫,不若埋穴伏橐。"橐,当为"橐"。

[5]旧"伏"作"状",以意改,《后汉书注》作"又置艾"。

[6]《后汉书注》引作"轮"。

备　穴

禽子再拜再拜，曰："敢问古人有善攻者，穴土而入，缚柱施火，以坏吾城；城坏，或中人……[1]"

[1] 卢云："此上是问，下是答，此处有阙文。"

"大铤，前长尺[1]，蚤长五寸。两铤交之置如平，不如平不利，兑丌两末[2]。穴队若冲队，必审如攻队之广狭，而令邪[3]穿丌穴，令丌广必夷客队。

[1]《考工记》云："铤十之。"注云："铤，读如麦秀铤之铤。郑司农云：铤，箭足入槀中者也。"《说文》云："铤，铜铁朴也。"陆德明《周礼音义》"徒顶反"。
[2] 兑，同"锐"。
[3] 旧作"雅"，据下文改。

"疏束树木，令足以为柴抟，毌前面树，长丈七尺一以为外面，以柴抟从横施之，外面以强塗，毌令土漏。令丌广厚，能任三丈五尺之城以上。以柴木土稍杜之[1]，以急为故。前面之长短，豫蚤接之，令能任塗，足以为堞，善塗丌外，令毌可烧拔也。

[1] 此杜甘棠也。《说文》有"敳"字，云："闭也，读若杜。"此及杜门字皆当为"敳"之假音。

"大城丈五为闺门[1]，广四尺。为郭门，郭门在外，为衡，以两木当门，凿丌木维敷上堞。为斩县梁，酌穿，断城以板桥，邪穿外，以板次之，倚杀如城报。城内有傅壤，因以内壤为外。凿丌间，深丈五尺，室以樵，可烧之以待適[2]。令耳属城，为再重楼。下凿城外堞内深丈五，广丈二。楼若令耳，皆令有力者主敌，善射者主发，佐皆广矢。治裾诸，延堞，高六尺，部广四尺，皆为弩简格[3]。

[1]《说文》云："闺，持立之户，上圆下方有似圭。"

[2] 同"敌"。

[3] 简，同"阑"。

"转射机，机长六尺，狸一尺。两杖合而为之辒，辒长二尺，中凿夫之为道臂，臂长至桓。二十步令一善射之者佐，一人皆勿离。

"城上百步一楼，楼四植，植皆为通舄，下高丈，上九尺，广、丧各丈六尺，皆为宁[1]。三十步一突，九尺，广十尺，高八尺，凿广三尺，表二尺，为宁。城上为攒火，夫长以城高下为度，置火丌末。城上九尺一弩、一戟、一椎、一斧、一艾，皆积参石、蒺藜。

[1]"亭"字。

291

"渠长丈六尺,夫长丈,臂长六尺,丌貌者三尺,树渠毌傑[1]㻺三丈。藉莫[2]长八尺,广七尺,丌木也广五尺,中藉苴为之桥,索丌端;適攻[3],令一人下上之,勿离。

[1] 同"贯㻺"。
[2] "幕"同。
[3] 適,同"敌"。

"城上二十步一藉车,当队者不用此数。城上三十步一礜[1]灶。

[1] 唐宋字书无"礜"字,《备城门》作"聋",疑皆"垄"字。

"传火者必以布麻什、革盆,十步一。柄长八尺,什大容二什以上到三十。敝裕[1]、新布长六尺,中拙柄,长丈,十步一,必以大绳为箭。城上十步一钪[2]。水瓺[3],容三石以上,大小相杂。盆、蠡各二财。

[1]《说文》云:"裕,衣物饶也。"言敝衣物。
[2] 旧从穴,传写误也。《说文》云:"钪,雷属。"《玉篇》云"直深切"。
[3]《玉篇》云:"瓺,同缶。"

"为卒干饭,人二斗,以备阴雨,面使积燥处。令使守为城内㻺外行餐。置器备,杀[1]沙砾铁,皆为坏斗。令陶者为薄瓺,大容一斗以上至二斗,即用取,三秘合束。

[1]"粲"省文。《说文》云："粲，糜杀散之也。"

"坚为斗城上隔。栈高丈二，剡丌一末。为闱门，闱门两扇，令可以各自闭也。

"救闉池者[1]，以火与争，鼓橐[2]，冯埑外内，以柴为燔。灵丁，三丈一，火耳施之。十步一人，居柴内弩[3]，弩半，为狗犀者环之。墙七步而一[4]。

[1] 闉，同"堙"。

[2] 旧作"稿"，以意改。

[3] 内，同"纳"。

[4] 下有脱字。

"寇至吾城，急非常也，谨备穴。穴疑有应寇，急穴。穴未得，慎毋追[1]。凡杀以穴攻者，二十步一置穴，穴高十尺，凿十尺，凿如前，步下三尺，十步拥穴，左右横行，高[2]高广各十尺杀。

[1] 言已不谨其备，且勿追寇。

[2] 此"高"字及下，疑当为"鬲"。

"俚两罂，深平[1]城，置板丌上，删[2]板以井听。五步一密。用揗[3]若松为穴户，户穴有两蒺藜，皆长极丌户，户为环，垒石外墝[4]，高七尺，加堞丌上。勿为陛与石，以县陛上下出入。具炉橐，橐[5]以牛皮，炉有两瓴，以桥鼓之百十[6]，每丌熏四十什，然炭杜之[7]。满炉而盖之，毋令气出。适人疾近五百穴，穴高若下，不至吾穴，即以伯凿而求通之。穴中与适人遇，则皆围而毋逐，且战北，以须炉火之然也，即去而入瓮穴杀。有偊儵[8]，为之户及关籥独顺，得往来行丌中。穴垒之中各一狗，狗吠即有人也。

[1] 俚，同"埋"。

[2] 未详。

[3] 未详。

[4] 即"厚"字。《说文》云："垕，古文厚，从后土。"此又俗加。

[5] 旧俱作"稾"。

[6] 桥，桔皋也。

[7] 然，即"燃"正文。

[8] 俱"鼠"字之误。

"五十人，攻内为传士之口，受六参，约枲绳以牛丌下，可提而与投，已则穴七人守退，垒之中为大庎一，藏穴具丌中。难穴，取城外池唇木月散之什，斩丌穴，深到界。难近穴为铁铍，金与扶林长四尺，则自足。客即穴[1]，亦穴而应之。

[1] 即，就也。

"为铁钩钜长四尺者，财自足，穴[1]彻以钩客穴者。为短矛、短戟、短弩、虻矢，财自足，穴彻以斗。以金剑为难，长五尺，为鎜[2]、木床[3]；床有虑枚，以左客穴。

[1] 才与穴等也。

[2]《说文》云："鑿，斤斧穿也。"案经典文，凡以穿为孔者，此字假音。

[3]《说文》云："屎，篗木柄也。"《玉篇》"丑利切"。

"戒持鬵，容[1]三十斤以上，貍[2]穴中，丈一，以听穴者声。

[1] 旧作"客"，以意改。

[2] 旧作"狸"，以意改。

"为穴，高八尺，广，善为傅置。具全牛交橐[1]，皮及坅[2]，卫穴二，盖陈霍[3]及艾，穴彻熏之以。

[1] 疑"茭藁"。

[2] 未详。

[3] 郑君注《公食大夫礼》云："藿，豆叶也。"《说文》云："藿，尗之少也。"少言始生之叶。霍省文。

"斧金为斫，屎长三尺，卫穴四。为垒，卫穴四十，属四。为斤、斧、锯、凿、钁[1]，财自足。为铁校，卫穴四。

[1]《说文》云："钁，大锄也。"《玉篇》云："居缚切。锄钁。"

"为中橹，高十丈半，广四尺。为横穴八橹，盖具槀枲，财自足，以烛穴中。

　　“盖持酝[1]，客即熏以救目，救目分方鼕穴[2]，以益盛酝置穴中，文盆毋少四斗。即熏，以自临酝上及以泄[3]目[4]。”

[1] 未详。

[2] 鼕，即“鼓”。

[3] 《玉篇》云：“泄，大水也。”未详。

[4] 此文多坏体字，已无善本可校。

备蛾傅[1]

禽子再拜再拜曰:"敢问適人强弱,遂以傅城,后上先断,以为洼程[2],斩城为基,掘下为室,前上[3]不止,后射既疾[4],为之奈何?"

[1]蛾,同"螘"。《说文》云:"螘,蚍蜉也。""蛾,罗也",又云:"蛾,蚕化飞虫也。"经典多借为螘者,音相近耳。傅亦"附"字假音。

[2]城、程为韵。"洼"字未详。

[3]旧作"止",以意改。

[4]室、疾为韵。

子墨子曰:"子问蛾傅之守邪? 蛾傅者,将之忿者也。守为行临射之,校机藉之,擢之,太氾迫之,烧苔覆之,沙石雨之,然则蛾傅之攻败矣。

"备蛾傅为县脾[1],以木板厚二寸,前后三尺,旁广五尺,高五尺,而折为下磨车,转径尺六寸。令一人操二丈四方[2],刃其两端,居县脾中,以铁璅[3]敷县二脾上衡,为之机,令有力四人下上之,勿难。施县脾,大数二十步一,攻队所在六步一。

[1]疑"陴"字。

[2]疑"矛"字。

[3]《说文》无"锁"字,此璅与琐皆无锁钥之义,古字少,故借音用之。

　　"为累[1]，苔广从丈各二尺，以木为上衡，以麻索大遍之，染其索塗中，为铁镶[2]，钩其两端之县。客则蛾傅城，烧苔以覆之，连筳[3]，抄大皆救之。以车两走，轴间广大以圉，犯之。颹其两端[4]。以束轮，遍遍涂其上。室中，以榆若蒸，以棘为旁，命曰火捽，一曰传汤，以当队。客则乘队，烧传汤，斩维而下之，令勇士随而击之，以为勇士前行，城上辄塞坏城。

[1]　当为垒。
[2]　据上文当为璞。《玉篇》云："镶，俗。"
[3]　义未详。
[4]　颹，未详。《广雅》有獝字，云"大也"，疑此即"矜"异文。

　　"城下足为下说镶找，长五尺[1]，大圉半以上[2]，皆剡其末，为五行，行间广三尺，貍三尺，大耳树之。为连殳，长五尺，大十尺。梃[3]长二尺，大六寸，索长二尺。椎，柄长六尺，首长尺五寸。斧，柄长六尺，刃必利，皆莽[4]其一后。苔广丈二尺，□□丈六尺，垂前衡四寸，两端接尺相覆，勿令鱼鳞三，著其后行。中央木绳一，长二丈六尺，苔楼不会者以牒塞，数暴干[5]，苔为格，令风上下。堞恶疑坏者，先貍木十尺一枚一，节坏，斩植以押虑卢薄于木[6]，卢薄[7]表八尺，广七寸，经尺一，数施一击而下之，为上下鈇[8]而斩之。经一钩、禾楼、罗石、县苔，植内毋植外。杜格，貍四尺，高者十尺，木长短相杂，兑其上，而外内厚塗之。为前行行栈、县苔。隔为楼，楼必曲里。土五步一，毋其二十畾[9]。爵穴十尺一，下壤三尺，广其外。转㼚城上[10]，楼及散与池革盆。若转，攻卒击其后，煖失治。车革火。

[1] 找，未详。

[2] 圂，疑"围"。

[3] 旧俱从手，以意改。

[4] 未详。

[5] 《说文》云："暴，晞也。"

[6] 唐大周长安三年石刻云"爱雕爱邓"，即"斫"字，"虑"字衍文。

[7] 《说文》云："柄，柱上柎也。""樽，壁柱。"

[8] 《说文》云："茉，两刀臿也。或从金，或从手。"《玉篇》云："鉫同铧。铧，鍪也，胡瓜切。"

[9] "絫"字。

[10] 㼚，即"傅"字。

"凡杀蛾傅而攻者之法，置薄城外[1]，去城十尺，薄厚十尺。伐操[2]之法，大小尽木断之，以十尺为断，离而深貍坚筑之，毋使可拔。二十步一杀，有壗[3]，厚十尺[4]。杀有两门，门[5]广五步[6]，薄门板梯貍之，勿[7]筑，令易拔。城上希薄门而置捣，县火，四尺一椅[8]，五步一灶，灶门有炉炭。传令敌人尽入[9]，车火烧门，县火次之，出[10]载而立，其广终队，两载之间一火，皆立而待[11]鼓音而燃，即俱发之。敌人辟火而复攻，县火复下，敌人甚病。敌引哭而去[12]，则令吾死士左右出穴门击遗师，令贲士、主将皆听城鼓之音而出，又听城鼓之音而入。因素出兵将施伏，夜半，而城上四面鼓噪，敌人[13]必或[14]，破军杀将。以白[15]衣为服，以号相得。"

[1]薄,疑即"欂"字,所谓壁柱。

[2]当为"薄"。

[3]《方言》云:"燹火,虞望也。"郭璞注云:"今云烽火是也。"此从土,俗写耳。《说文》、《玉篇》无此字。

[4]《备梯》云:"杀有一鬲,鬲厚十尺。"

[5]旧脱一"门"字,据《备梯》增。

[6]《备梯》作"尺"。

[7]旧脱此字,据《备梯》增。

[8]《备梯》作"钩枳"。

[9]旧作"人",以意改。

[10]旧脱此字,据《备梯》增。

[11]旧作"侍",以意改。

[12]旧作"榆",音之讹,据《备梯》改。《备梯》多有微异。

[13]旧作"之",据《备梯》改。

[14]与"惑"同。

[15]旧脱此字,据《备梯》增。

第十五卷

迎敌祠

敌以东方来，迎之东坛，坛高八尺，堂密八。年八十者八人，主祭青旗。青神长八尺者八。弩八，八发而止。将服必青，其牲以鸡。敌以南方来，迎之南坛，坛高七尺，堂密七。年七十者七人，主祭赤旗。赤神长七尺者七。弩七，七发而止。将服必赤，其牲以狗。敌以西方来，迎之西坛，坛高九尺，堂密九。年九十者九人，主祭白旗。素神长九尺者九。弩九，九发而止。将服必白，其牲以羊。敌以北方来，迎之北坛，坛高六尺，堂密六。年六十者六人，主祭黑旗。黑神长六尺者六。弩六，六发而止。将服必黑，其牲以彘[1]。从外宅诸名大祠，灵巫或祷焉，给祷牲。

[1] 已上与《黄帝兵法》说同，见《北堂书钞》。

凡望气，有大将气，有小将气，有往气，有来气，有败气[1]，能得明此者可知成败、吉凶。举巫、医、卜有所长，具药宫之，善为舍。巫必近公社，必敬神之。巫卜以请守，守独智[2]巫卜望之气请而已[3]。其出入为流言，惊骇恐吏民，谨微察之，断，罪不赦。望气舍近守官。牧贤大夫及有方技者若工，弟之。举屠、酤者置厨给事，弟之[4]。

301

［1］今其法存《通典·兵·风云气候杂占》也。

［2］“知”同。

［3］言望气之请，唯告守独知之。

［4］言次第居之。古次第字只作“弟”。

凡守城之法，县师受事，出葆，循沟防，筑荐通塗，修城。百官共财，百工即事，司马视城修卒伍。设守门，三人掌右阎，二人掌左阎，四人掌闭，百甲坐之。城上步一甲、一戟，其赞三人。五步有五长，十步有什长，百步有百长，旁有大率，中有大将，皆有司吏卒长。城上当阶，有司守之；移中中处，泽急而奏之[1]。士皆有职。城之外，矢之所还，坏其墙，无以为客菌。三十里之内，薪、蒸、水皆入内。狗、彘、豚、鸡食其宾[2]，敛其骸以为醢，腹病者以起。城之内，薪、蒸庐室，矢之所还，皆为之涂菌。令命昏纬狗纂马，驿纬。静夜闻鼓声而谍[3]，所以阎客之气也[4]，所以固民之意也，故时谍则民不疾矣。

［1］言居中者择急事奏之。泽，当为“择”。

［2］“肉”字异文。《广韵》云：“肉，俗作宾。”

［3］“噪”字异文。

［4］阎，遏也。

祝、史乃告于四望、山川、社稷，先于戎，乃退。公素服，誓于太庙，曰：“其人为不道，不修义详[1]，唯乃是王，曰：予必怀亡尔社稷，灭尔百姓。二参子尚夜自厦[2]，以勤寡人，和心比力,兼左右,各死而守[3]。"既誓,公乃退食,舍于中太庙之右,祝、史舍于社。百官具御,乃斗[4]鼓于门,右[5]置旍、左置旌于隅练名。射参发,告胜,五兵咸备,乃下,出挨[6],升望我郊。乃命鼓,俄升,役司马射自门右,蓬矢射之,茅参发,弓弩继之,校自门左,先以挥,木石继之。祝、史、宗人告社,覆之以甀。

[1] "祥"同。

[2] 当为"厉"。

[3] 左右,助也。

[4] 疑"刁斗"字。

[5] "门"旧作"问",以意改。

[6] 当为"俟"。

旗　帜[1]

守城之法，木为苍旗，火为赤旗，薪樵为黄旗，石为白旗[2]，水为黑旗，食为菌旗，死士为仓英之旗，竟士[3]为雩旗[4]，多卒为双兔之旗，五尺男子为童旗，女子为梯末之旗，弩为狗旗，戟为荏旗[5]，剑盾为羽旗，车为龙旗[6]，骑为鸟旗。凡所求索旗名不在书者，皆以其形名为旗。城上举旗，备具之官致财物，之足而下旗。

[1]《说文》云："旗，熊旗五游，以象罚星，士卒以为期。"《释名》云："熊虎为旗，军将所建，象其猛如虎，与众期其下也。"帜，当为织，《诗》"织文鸟章"，传云："徽织也。"陆德明《音义》音"志"，云"又尺志反"，又作"识"。案《汉书》亦作"志"，而无从巾字。

[2]《北堂书钞》引作"金为白旗，土为黄旗"。

[3]犹云强士。

[4]"虎"字假音。

[5]《北堂书钞》引作"林旗"。

[6]旧作"垄"，据《北堂书钞》改，"车"，彼作"舆"。

凡守城之法，石有积，樵薪有积，菅茅有积，蘿苇有积，木有积，炭有积，沙有积，松柏有积，蓬艾有积，麻脂有积，金铁有积，粟米有积；井灶有处[1]，重质有居[2]，五兵各有旗，节各有辨，法令各有贞，轻重分数各有请，主慎道路者有经。

［1］《通典·守拒法》云："城上四队之间,各置八旗,若须木檑拯板,举苍旗;须灰炭稡铁,举赤旗;须檑木樵苇,举黄旗;须沙石砖瓦,举白旗;须水汤不洁,举黑旗;须战士锐卒,举熊虎旗;须戈戟弓矢刀剑,举鸷旗;须皮毡麻鍱锹钁斧凿,举双兔。城上举旗,主当之官随色而供。"亦其遗法。

［2］言居其妻子。

亭尉各为帜,竿长二丈五,帛长丈五,广半幅[1]。有[2]大寇傅攻前池外廉,城上当队鼓三,举一帜;到水中周,鼓四,举二帜;到藩,鼓五,举三帜;到冯垣,鼓六,举四帜;到女垣,鼓七,举五帜;到大[3]城,鼓八,举六帜;乘大城半以上,鼓无休。夜以火,如此数。寇却解,辄部帜如进数[4],而无鼓。

［1］《太平御览》引云："凡帜帛长五丈,广半幅。"
［2］旧作"者",据《礼说》改。
［3］旧作"六",以意改,下同。
［4］言数如此行之,寇去始解,辄部署帜如前也。

城为隆长五十尺,四面四门将长四十尺,其次三十尺,其次二十五尺,其次二十尺,其次十五尺,高无下四十五尺。

城上吏卒置之背,卒于头上,城下吏卒置之肩[1]。左军[2]于左肩,中军置之胸[3]。各一鼓,中军一三。每鼓三、十击之,诸有鼓之吏,谨以次应之,当应鼓而不应,不当应而不应鼓,主者斩[4]。

［1］旧作"眉",据《礼说》改,下同。

[2] 旧作"在他"，据《礼说》改。

[3] 此俗字，当为"匈"，或"胷"。

[4] 言罪其鼓主。

道广三十步，于城下夹阶者，各二，其井置铁礶。于道之外[1]为屏，三十步而为之圂，高丈。为民圂，垣高十二尺以上。巷术周道者，必[2]为之门，门二人守之，非有信符勿行，不从令者斩。

[1]《说文》云："礶，弓曲也。"

[2] 旧作"心"，以意改。

城中吏卒民男女，皆荀异衣章，微令男女可知。

诸守牲格者，三出却[1]适，守以令召赐食，前矛[2]大旗，署百户邑若他人财物，建旗其署，令皆明白知之，曰某子旗。牲格内广二十五步，外广十步，表以地形为度。

[1]《玉篇》云："卻字之俗。"

[2] 旧作"予"，以意改。

靳卒，中教解前后左右，卒劳者更修之。

号 令

安国之道,道任地始,地得其任其功成,地不得其任则劳而无功。人亦如此,备不先具者,无以安主;吏卒民多心不一者,皆在其将长;诸行赏罚及有治者,必出于公[1]。王数使人行劳赐守边城关塞、备蛮夷之劳苦者,举其守率之财用有余、不足,地形之当守边者,其器备常多者。边县邑,视其树木恶则少用,田不辟[2]少食,无大屋草盖少用桑[3]。多财,民好食。为内牒[4],内行栈,置器备其上,城上吏、卒、养皆为舍道内,各当其隔部。养什二人,为符者,曰养吏一人,辨护诸门[5]。门者及有守禁者皆无令无事者得稽稽留心其旁[6],不从令者戮。敌人但至,千丈之城[7],必郭近之[8],主人利;不尽千丈者勿迎也,视敌之居曲[9]、众少而应之。此守城之大体也。其不在此中者,皆心术与人事参之。凡守城者,以函伤敌为上[10]。其延日持久以待救之至,明于守者也,不能此[11],乃能守城。

[1] 旧作"功",一本如此。

[2] "闢"假音字。

[3] 言无大屋之处,当留桑以为荫。一本作"乘",非。

[4] 《说文》云:"牒,札也。"

[5] 辨,即今"办"字正文。

[6] 心,当为"必"。或衍一"稽"字。

〔7〕千，当为"十"。

〔8〕当为"迎之"。

〔9〕言所居曲隘。

〔10〕言扞御伤敌。

〔11〕句。

守城之法，敌去邑百里以上，城将如今[1]，尽召五官及百长，以富人重室之亲舍之官符，谨令信人守卫之，谨密为故，乃传[2]。城守将营无下三百人，四面四门之将，必选择之有功劳之臣及死事之后重者，从卒各百人。门将并守他门，他门[3]之上必夹为高楼，使善射者居焉。女郭、冯垣一人，一人守之，使重字子[4]。五十步一击。因城中里为八部，部一吏，吏各从四人，以行冲术[5]及里中。里中父老小不举守之事及会计者，分里以为四部，部一长，以苛往来，不以时行、行而有他异者，以得其奸。吏从卒四人以上有分者，大将必与为信符；大将使人行，守操信符，信不合及号不相应者，伯长以上辄止之，以闻大将[6]。当止不止及从吏卒纵之，皆斩。诸有罪自死罪上，皆还父母、妻子、同产。诸男女有守于城上者，什，六弩、四兵。丁女子、老少，人一矛。

〔1〕当为"令"。

〔2〕言守符谨密，必有故，乃传用也。

〔3〕旧脱此字，以意增。

〔4〕言重家之字子，谓富家。

〔5〕冲，当为"衝"，《说文》云："通道也。"《春秋传》曰："及衝以击之。"

[6] 告大将。

卒有惊事,中军疾击鼓者三,城上道路、里中巷街皆无得行,行者斩。女子到大军,令行者男子行左,女子行右,无并行,皆就其守,不从令者斩。离守者三日而一徇[1],而所以备奸也。里舌与皆守[2]宿里门,吏行其部,至里门,舌与开门内吏,与行父老之守及穷巷间无人之处。奸民之所谋为外心,罪车裂[3]。舌与父老及吏主部者,不得,皆斩;得之[4],除,又赏之黄金,人二镒。大将使使人行守,长夜五循行,短夜三循行。四面之吏亦皆自行其守,如大将之行,不从令者斩。

[1] 当为"徇",《众经音义》云:"《三仓》云:徇,遍也。"
[2] 当为"与守皆"。
[3] 《说文》云:"斩,戳也。从车从斤。斩法,车裂也。"
[4] 旧脱"得"字,据下文增。

诸灶必为屏[1],火突高[2]出屋四尺。慎无敢失火[3],失火者斩。其端失火[4]以为事者,车裂。伍人不得,斩[5];得之,除。救火者无敢讙哗[6],及离守绝巷救火者斩[7]。其舌及父老有守此巷中部吏,皆得救之。部吏[8]函令人谒之大将,大将使信人将左右救之;部吏失不言者斩。诸女子有死罪及坐失火,皆无有所失逮。其以火为乱事者,如法。围城之重禁。

[1]旧"必"作"火","屏"作"井",据《艺文类聚》改。

[2]"火",《艺文类聚》引作"心"。"突"或"突"字,《说文》云:"突,灶突。突从穴从火,从求省。"《玉篇》有"埃"字,徒忽切,云"灶埃",《鲁仲连子》"灶而五埃"也。未详突、突谁是。案:突、囱音相近,今人犹呼火窗为烟囱,疑突义为强。

[3]今江浙人家有高墙出屋如屏,云以障火,是其遗制。

[4]言因事端以害人,若今律故犯。

[5]言同伍不举,罪之。

[6]《说文》云:"讙、哗转注。"

[7]绝,言乱。

[8]二字旧倒,据下移。

敌人卒而至,严令吏民,无敢讙嚣、三最、并行、相视、坐泣流涕,若视、举手相探、相指、相呼、相麾[1]、相踵、相投、相击、相靡以身及衣,讼驳言语[2]及非令也而视敌动移者,斩。伍人不得,斩;得之,除。伍人逾城归敌,伍人不得,斩;与伯归敌,队吏斩;与吏归敌,队将斩。归敌者,父母、妻子、同产皆车裂。先觉之,除。

[1]旧作"历",以意改。

[2]《说文》云:"驳,兽如马。""驳,马色不纯",据此义,当为"驳"。

当术[1]需敌离地[2],斩。伍人不得,斩;得之,除。其疾斗却敌于术,敌下终不能复上,疾斗者,队二人赐上奉[3]。而胜围,城周里以上,封城将三十里地,为关内侯[4];辅将如今赐上卿;丞及吏比于丞者,赐爵五大夫;官吏、豪杰与计坚守者[5]，十人及城上吏比五官者，皆赐公乘。男子有守者，爵人二级；女子，赐钱五千；男女老小先分守者，人赐钱千。复之三岁，无有所与，不租税。此所以劝吏民坚守胜围也。

[1]《说文》云："术，邑中道也。"

[2] 言离其所。

[3]《玉篇》云："俸，房用切，俸禄也。"此作"奉"，古字。

[4]《韩非子·显学》云："关内之侯，虽非吾行，吾必使执禽而朝。"《史记·春申君列传》黄歇上书云"韩必为关内之侯"，又云"魏亦关内侯"，则战国时有关内侯也。

[5] 二字旧倒，以意改。

吏卒侍大门中者，曹无过二人[1]。勇敢为前行，伍坐，令各知其左右前后。擅离署，戮。门尉昼三阅之，莫[2]，鼓击门闭一阅，守时令人参之，上逋者名。铺食[3]皆于署，不得外食。守必谨微察视谒者、执盾、中涓及妇人侍前者志意、颜色、使令、言语之请；及上饮食，必令人尝，皆非请也，击而请故。守有所不说谒者、执盾、中涓及妇人侍前者，守曰断之。冲之，若缚之不如令，及后缚者，皆断。必时素诚之。诸门下朝夕立若坐，各令以年少长相次，旦夕就位，先佑有功有能[4]，其余皆以次立。五日官各上喜戏、居处不庄、好侵侮人者一。

[1]《说文》云："曹，狱之两曹也。在廷东，从棘；治事者，从曰。"案：即两造，造、曹音近。而《蜀志》林琼曰："古者名夏职不言曹，始自汉以来，名夏尽言曹，吏言属曹，卒言侍曹。"非也。

[2]《说文》云："莫，日且冥也。"

[3] 此铺食字义当作䭯，《说文》云："䭯，日加申时食也。"

[4] "佑"旧作"估"，非。此"右"字，俗加人。

　　诸人士外使者来，必令[1]有以执将[2]。出而还若行县，必使信人先戒舍室，乃出迎，门守乃入舍。为人下者，常司上之[3]，随而行，松上不随下，必须□□随。客卒守主人，及以为守卫，主人亦守客卒。城中戍卒，其邑或以下寇，谨备之，数录其署，同邑者勿令共所守。与阶门吏为符，符合，入劳；符不合，牧守言。若城上者，衣服，他不如令者。

[1] 旧作"合"，以意改。

[2] 依义当为"将"。

[3] 司，即"伺"字。

　　宿鼓在守大门中，莫，令骑若使者操节闭城者，皆以执戾。昏鼓鼓十，诸门亭皆闭之。行者断，必击问行故，乃行其罪。晨见掌文，鼓纵行者，诸城门吏各入请籥，开门已，辄复上籥。有符节不用此令。寇至，楼鼓五，有周鼓，杂小鼓乃应之。小鼓五后从军，断。命必足畏，赏必足利，令必行，令出辄入随，省其可行、不行。号[1]，夕有号[2]，失号，断[3]。为守备，程而署之曰某程，置署街，街衢阶若门，令往来者皆视而放。诸吏、卒、民有谋杀伤其将长者，与谋反同罪；有能捕告，赐黄金二十斤，谨罪。非其分职而擅之取，若非其所当治而擅治为之，断。诸吏、卒、民非其部界而擅入他部界，辄收[4]，以属都司空若候，候以闻守；不收而擅纵之，断。能捕得谋反、卖城、逾城敌者一人[5]，以令为除死罪二人，城旦四人。反城事父母去者，去者之父母妻子。

[1] 句。
[2] 句。
[3] 句。
[4] 旧作"牧"，以意改。
[5] 当作"归敌"，脱"归"字。

悉举民室材木凡若蔺石数，署长短小大，当举不举，吏有罪。诸卒、民居城上者，各葆其左右，左右有罪而不智也[1]，其次伍有罪。若能身捕罪人，若告之吏，皆构之。若非伍而先知他伍之罪，皆倍其构赏。

[1] 智，同"知"。

城外令任，城内守任。令、丞、尉亡得入当，满十人以上，令、丞、尉夺爵各二级；百人以上，令、丞、尉免以卒戍。诸取当者，必取寇虏，乃听之。

募民欲财物粟米以贸易儿器者，卒以贾予。邑人知识、昆弟有罪，虽不在县中而欲为赎，若以粟米、钱金、布帛、他财物免出者，令许之。传言者十步一人，稽留言及乏传者，断。诸可以便事者，函以疏传言守。吏、卒、民欲言事者，函为传言请之吏，稽留不言诸者，断[1]。县各上其县中豪杰若谋士、居大夫[2]、重厚口数多少[3]。

[1] 诸，当为"请"。
[2] 其大夫之家居者。
[3] 重厚，言富厚。

官府城下吏、卒、民家，前后左右相传保火。火发自
燔[1]，燔曼延[2]，燔人[3]，断[4]。诸以众强凌弱少及强奸人妇
女[5]以讙哗者，皆断。

[1] 句。
[2] 句。
[3] 句。
[4] 句。
[5]《玉篇》云："奸，同姦，俗。"

诸城门若亭，谨候视往来行者符，符传疑，若无符，皆诣
县延言，请问其所使。其有符传者，善舍官府；其有知识、兄
弟欲见之，为召，勿令里巷中。三老、守闾令厉缮夫为答。
若他以事者微者，不得入里中。三老不得入家人。传令里
中有以羽，羽在三所差，家人各令其官中。失令，若稽留令
者，断。家有守者治食。吏、卒、民无符节而擅入里巷官府，
吏、三老、守闾者失苛止[1]，皆断。

[1] 言不诃止之。旧作"心"，以意改。

诸盗守器械、财物及相盗者,直一钱以上,皆断。吏、卒、民各自大书于杰,著之其署同,守案其署,擅入者,断。城上日壹发席蓐,令相错发,有匿不言人所挟藏在禁中者,断。

吏、卒、民死者,辄召其人,与次司空葬之,勿令得坐泣。伤甚者令归治,病家善养,予医给药,赐酒日二升、肉二斤,令吏数行间,视病有瘳[1],辄造事上。诈为自贼伤以辟事者[2],族之。事已,守使吏身行死伤,临户而悲哀之。

[1]《说文》云:"瘳,疾愈也。"
[2]辟,同"避"。言诈为废疾以避事。

寇去事已,塞祷[1]。守以令益[2]邑中豪杰力斗诸有功者,必身行死伤者家以吊哀之,身见死事之后。城围罢,主函发使者往劳,举有功及死伤者数使爵禄,守身尊宠,明白贵之,令其怨结于敌。

[1]塞,即"赛"正文。
[2]此字疑衍。

城上卒若吏各保其左右,若欲以城为外谋者,父母、妻子、同产皆断。左右知不捕告,皆与同罪。城下里[1]中家人皆相葆,若城上之数。有能捕告之者,封之以千家之邑;若非其左右及他伍捕告者,封之二千家之邑。

[1] 旧作"理"，以意改。

城禁：使、卒、民不欲寇微职和旌者断。不从令者，断。
非擅出令者，断。失令者，断。倚戟县不城，上下不与众等
者，断。无应而妄讙呼者，断。总失者，断。誉客内毁者，
断[1]。离署而聚语者，断。闻城鼓声而伍后上署者，断。人
自大书版，著之其署隔[2]，守必自谋其先后，非其署而妄入
之者，断。离署左右，共入他署，左右不捕，挟私书，行请谒
及为行书者，释守事而治私家事，卒民相盗家室、婴儿，皆断
无赦。人举而藉之。无符节而横行军中者，断。客在城下，
因数易其署而无易其养，誉敌，少以为众，乱以为治，敌攻拙
以为巧者，断。客、主人无得相与言及相藉，客射以书，无得
誉，外示内以善，无得应，不从令者，皆断。禁无得举矢书，
若以书射寇，犯令者父母、妻子皆断，身枭城上[3]。有能捕
告之者，赏之黄金二十斤。非时而行者，唯守及掺太守之节
而使者[4]。

[1] 言称敌而自毁，以其惑众。

[2] 旧作"鄜"，以意改。

[3] 《说文》云："嘦，到首也。贾侍中说，此断首到县。"嘦字今多用
枭者，《说文》云："枭从鸟头在木上。"义亦通。

[4] 《史记·赵世家》云："孝成王令赵胜告冯亭曰：敝国君使致命，
以万户都三封太守，千户都三封县令。"《正义》云："尔时未合言太守，至
汉景帝始加太守。此言太，衍字。"沅案：此书亦云太守，则先秦时已有
此官，张守节言衍字，非也。掺，即"操"异文。《广雅》云："掺，操也。"以
为二字，非。言行不以时，唯守者及操节人可，余皆禁之。

　　守人临城,必谨问父老、吏大夫,请有怨仇雠不相解者,召其人,明白为之解之。守必自异其人而藉之,孤[1]之。有以私怨害城若吏事者,父母、妻子皆断。其以城为外谋者,三族[2]。有能得若捕告者,以其所守邑小大封之,守还授其印,尊宠官之,令吏大夫及卒民皆明知之。豪杰之外多交诸侯者,常请之,令上通知之,善属之,所居之吏上数选具之,令无得擅出入,连质之。术乡长者、父老、豪杰之亲戚父母、妻子,必尊宠之,若贫人食不能自给食者,上食之。及勇士父母亲戚妻子,皆时酒肉,必敬之,舍之必近太守。守楼临质宫而善周[3],必密塗楼,令下无见上,上见下,下无知上有人无人。

　　[1] 旧作“狐”,以意改。

　　[2]《史记》云:“秦文公二十年,法初有三族之罪。”然《家语》云:“宰予与田常之乱,夷三族。”《楚世家》云:“铜人曰:新王法,有敢饷王从王者,罪及三族。”《酷吏列传》云:“光禄徐自为曰:古有三族。”则知三族是古军法,非始于秦。

　　[3] 质宫,言质人妻子之处。守楼临之,所以见远,必周防之也。古者贵贱皆谓之宫。

　　守之所亲,举吏贞廉、忠信、无害、可任事者,其饮食酒肉勿禁,钱金、布帛、财物各自守之,慎勿相盗。葆宫之墙必三重,墙之垣,守者皆累瓦釜墙上。门有吏,主者门里,筦闭,必须太守之节。葆卫必取戍卒有重厚者。请择吏之忠信者,无害可任事者。令将卫自筑十尺之垣,周还墙。门、闺者,非令卫司马门。

望气者舍必近太守，巫舍必近公社，必敬神之。巫祝吏与望气者必以善言告民，以请报守上，守独知其请而已[1]。无与望气妄为不善言惊恐民，断勿赦。

[1] 言望气纵有不善，而必以善告民，但私以实告守耳。

度食不足，食民各自占家五种石升数，为期，其在葌害，吏与杂訾；期尽匿不占，占悉，令吏卒款得，皆断。有能捕告，赐什三。牧粟米、布、钱金，出内畜产，皆为平直其贾，与主人券书之。事已，皆各以其贾倍偿之[1]。又用其贾贵贱、多少赐爵，欲为吏者许之，其不欲为吏，而欲以受赐赏爵禄，若赎士亲戚、所知罪人者，以令许之。其受构赏者令葆官见，以与其亲。欲以复佐上者，皆倍其爵赏。某县某里某子家食口二人，积粟六百石；某里某子家食口十人，积粟百石。出粟米有期日，过期不出者王公有之，有能得若告之，赏之什三。慎无令民知吾粟米多少。

[1] 古偿只作“赏”，此俗写。

守入城，先以候为始，得辄宫养之，勿令知吾守卫之备。候者为异宫，父母、妻子皆同其宫，赐衣食酒肉，信吏善待之。候来若复，就间，守宫三难，外环隔为之楼，内环为楼，楼入葆宫丈五尺为复道，葆不得有室。三日一发席蓐，略视之，布茅宫中，厚三尺以上。发候，必使乡邑忠信、善重士，有亲戚、妻子，厚奉资之。必重发候，为养其亲，若妻子，为异舍，无与员同所，给食之酒肉。遣他候，奉资之如前候；反，相参审信，厚赐之。候三发三信，重赐之。不欲受赐而欲为吏者，许之二百石之吏，守珮授之印[1]。其不欲为吏而欲受构赏禄，皆如前。有能入深至主国者，问之审信，赏之倍他候。其不欲受赏而欲为利者，许之三石之候。扞士受赏赐者，守必身自致之其亲之其亲之所，见其见守之任。其欲复以佐上者，其构赏、爵禄、罪人倍之。

[1]"佩"字俗写从王。

士候无过十里，居高便所树表，表三人守之；北至城者三表，与城上烽燧相望[1]，昼则举烽，夜则举火。闻寇所从来，审知寇形必攻，论小城不自守通者，尽葆其老弱、粟米、畜产。遣卒候者无过五十人，客至堞去之。慎无厌建。候者曹无过三百人，日暮出之[2]，为微职[3]。空队、要塞之人所往来者，令可□迹者，无下里三人，平而迹。各立其表，城上应之。候出越陈表，遮坐郭门之外内，立其表，令卒之少居门内，令其少多无知可也。即[4]有惊，见寇越[5]陈表，城上以麾指之[6]，迹坐击柝期，以战备[7]从麾所指。望，举一垂；入竟，举二垂；狎郭[8]，举三垂；入[9]，举四垂；狎城，举五垂。夜以火，皆如此。去郭百步，墙垣、树木小大尽伐除之。外空井尽窒之，无可得汲也。外空室尽发之，木尽伐之。诸可以攻城者尽内城中，令其入各有以记之。事以，各其记取之。事为之券[10]，书其枚数。当遂枚木不能尽[11]内，既烧之，无令客得而用之。

[1]《说文》云："燹、燧，表候也。边有警，则举火。""䍡，塞上亭，守燹火者。燹，篆文省。"《汉书注》云："孟康曰：燹，如覆米薁，县著契皋头，有寇则举之。燧，积薪，有寇即燔然之也。"此二字省文。

[2] 据上文暮当为"莫"。

[3] 即徽织。微，当为徽，《说文》云："徽，识也，以绛帛箸于背，从巾，微省声。《春秋传》曰：扬徽者公徒。"《东京赋》云："戎士介而扬挥。"薛综注云："挥为肩上绛帜，如燕尾。"亦即徽也。《说文》又无帜字，当借织为之。

[4] 旧作"节"，以意改。

[5]《说文》云："越，度也。"言逾越而来。

[6] 麾，即"摩"字异文；摩，即"麾"字省文。《说文》云："麾，旌旗，所以指麾也。从手靡声。"《玉篇》云："摩，呼为切。"

[7]《杂守篇》云："斥步鼓整旗，旗以备战。"此作"坐击正期"，即击鼓正期也。

[8] 狎，近。

[9] 疑脱一字。

[10] 各，当为"名"。

[11] 遂，同"术"。

人自大书版，著之其署忠。有司出其所治，则从淫之法，其罪射[1]。务色谩乽，淫嚣不静，当路尼众[2]，舍事[3]后就路[4]，逾时不宁，其罪射。谨嚣骇众[5]，其罪杀。非上不谏，次主凶言，其罪杀。无敢有乐器、弊骐军中[6]，有则其罪射。非有司之令，无敢有车驰、人趋，有则其罪射。无敢散牛马军中，有则其罪射。饮食不时，其罪射。无敢歌哭于军中，有则其罪射。令各执罚尽杀，有司见有罪而不诛，同罚；若或逃之，亦杀。凡将率斗其众失法，杀。凡有司不使去卒、吏民闻誓令，伐之服罪。凡戮人于市，死上目行。

[1]谓贯耳。

[2]尼，止。

[3]言舍其事。

[4]言缓。

[5]骇，"骇"字异文。《周礼》云："鼓皆骇。"陆德明《音义》云："本亦作骇，胡楷反，李一音亥。"又《大仆》"戒鼓"，郑君注云："故书戒为骇。"则骇本"戒"之俗加也。

[6]句。

　　谒者侍令门外，为二曹，夹门坐，铺食更，无空。门下谒者一长，守数令入中，视其亡者，以督门尉与其官长，及亡者入中报。四人夹令门内坐，二人夹散门外坐。客见，持兵立前，铺食更，上侍者民。守室下高楼，候者望见乘车若骑卒道外来者，及城中非常者，辄言之守。守以顺城上候城门及邑吏来告其事者以验之。楼下人受候者言，以报守[1]。中涓二人夹散门内坐，门常闭，铺食更，中涓一长者。环守宫之术衢，置屯道，各垣其两旁，高丈，为埤阓[2]，立初鸡足置，夹挟视葆食。而札书得，必谨案视参食者，节不法，正请之。屯陈垣外，术衢街皆楼，高临里中，楼一鼓聋灶。即有物故，鼓，吏至而正。夜以火指鼓所。城下五十步一厕，厕与上同圂。请有罪过而可无断者，令杍厕利之[3]。

[1]言传其言。

[2]阓，当为"倪"。

[3]似言罚之守厕。

杂 守

禽子问曰："客众而勇，轻意见威，以骇主人。薪土俱上，以为羊坽，积土为高，以临民[1]，蒙櫓俱前，遂属之城[2]，兵弩俱上，为之奈何？"

[1] 句。脱一字。
[2] 民、城为韵。

子墨子曰："子问羊坽守邪？羊坽者，攻之拙者也，足以劳卒，不足以害城。羊坽之政，远攻则远害，近城则近害，不至城[1]。矢石无休，左右趣射，蘭为柱后[2]，望以固[3]。厉吾锐卒，慎无使顾，守者重下，攻者轻去[4]。养勇高奋，民心百倍，多执数少，卒[5]乃不殆[6]。

[1] 句。脱一字。
[2] 休、后为韵。
[3] 句。脱一字。
[4] 旧作"云"，以意改。固、顾、去为韵。
[5] 旧脱此字，据下文增。
[6] 倍、殆为韵。

"作士不休，不能禁御，遂属之城，以御云梯之法应之。

322

凡待煙[1]、冲、云梯、临之法，必应城以御之，曰不足，则以木
椁之。左百步，右百步，繁下矢、石、沙、炭以雨之，薪火、水
汤以济之。选厉锐卒，慎无使顾，赏审行罚，以静为故，从之
以急，无使生[2]虑，恚癏高愤[3]，民心百倍，多执数赏，卒乃
不[4]怠[5]。冲、临、梯皆以冲冲之。

[1] 同"堙"。

[2] 旧作"主"，以意改。

[3] 《说文》云："恚，恨也。""悪，古文勇，从心"，则字当为"悪"。

[4] 旧二字倒，以意改。

[5] 顾、故、虑、倍、怠为韵。

"渠长丈五尺，其埋[1]者三尺，矢长丈二尺。渠广丈六
尺，其弟丈二尺，渠之垂者四尺。树渠无傅枼五寸[2]，梯渠
十丈一梯，渠荅大数，里二百五十八，渠荅百二十九。

[1] 旧作"理"，以意改。

[2] 枼，即"堞"字。

"诸外道可要塞以难寇，其甚害者为筑三亭，三亭隅，织
女之[1]，令能相救。诸距[2]阜、山林、沟渎、丘陵、阡陌[3]、郭
门、若闾术，可要塞及为微职[4]，可以迹知往来者少多及所
伏藏之处。

[1] 当云"织如之"。织，古帜字。

〔2〕旧作"讵"，以意改。

〔3〕古只为"仟伯"。

〔4〕同"织"。

"葆民，先举城中官府、民宅、室署，大小调处，葆者或欲从兄弟、知者许之。外宅粟米、畜产、财物诸可以佐城者，送入城中，事即急，则使积门内。候无过五十，寇至，随弃[1]去，唯葆逮。民献粟米、布帛、金钱、牛马、畜产，皆为置平贾，与主券书之。

〔1〕旧作"葉"，以意改。

"使人各得其所长，天下事当[1]；钧其分职，天下事得[2]；皆其所喜，天下事备[3]；强弱有数，天下事具矣[4]。

〔1〕长、当为韵。

〔2〕职、得为韵。

〔3〕喜、备为韵。

〔4〕数、具为韵。

"筑邮亭者圜之，高三丈以上，令侍杀。为辟梯[1]，梯两臂长三尺，连门三尺，报以绳连之。椠再杂为县梁。聋灶，亭一鼓。寇烽、惊烽、乱烽，传火以次应之，至主国止[2]，其事急者引而上下之。烽火以举，辄五鼓传，又以火[3]属之，言寇所从来者少多，且葆还，去来属次烽勿罢。望见寇，举一烽;入境[4],举二烽;射妻[5],举三烽蓝;郭会[6],举四烽二蓝;城会,举五烽五蓝。夜以火,如此数[7]。守烽者事急。

[1] 辟,即"臂"字。

[2] 旧作"正",以意改。

[3] 旧作"又",以意改。

[4] 《号令篇》作"竟",是。

[5] 当是"女垣"讹字。

[6] 蓝、阑声相近,言阑郭也,谓近之。

[7] 句。

"日暮出之,令皆为微职。距阜、山林,皆令可以迹,平明而迹。无迹,各立其表,下城之应。候出置田表,斥坐郭内外立旗帜,卒半在内,令多少无可知。即有惊,举孔表;见寇,举牧表。城上以麾指之,斥步鼓整旗,旗以备战从麾所止。田者男子以战备从斥,女子函走入。即见放,到传到城正。守表者三人,更立捶表而望。守数令骑若吏行旁视,有以知为所为。其曹一鼓,望见寇,鼓传到城止。

"升食[1],终岁三十六石;参食,终岁二十四石;食,终岁十八石;五食,终岁十四石[2]升;六食,终岁十二石。升食食五升,参食食参升,四食食二升半,五食食二升,六食食一升大半,日再食。救死之时,日二升者二十日,日三升者三十日,日四升者四十日,如是,而民免于九十日之约矣。

[1] 疑"斗食"。

[2]卢云："疑十四石五升,否或升字衍。"

"寇近,函收诸杂乡金器,若铜铁及他可以左守事者。先举县官室居、官府不急者,材之大小长短及凡数,即急先发。寇薄,发屋,伐木,虽有请谒,勿听。入柴,勿积鱼鳞簪[1],当队,令易取也。材木不能尽入者,燔之,无令寇得用之。积木,各以长短大小恶美形相从,城四面外各积其内。诸木大者皆以为关鼻[2],乃积聚之。

[1]疑"椮"字假音,读若高诱注《淮南子》"积柴之㑊"。
[2]言为之纽,令事急可曳。

"城守司马以上,父母、昆弟、妻子,有质在主所,乃可以坚守。署都司空,大城四人;候二人,县候面一;亭尉、次司空,亭一人。吏侍守所者财足,廉信[1],父母、昆弟、妻子有在葆宫中者,乃得为侍吏。诸吏必有质,乃得任事。守大门者二人,夹门而立,令行者趣其外。各四戟,夹门立,而其人坐其下。吏日五阅之,上逋者名。

[1]言厚禄足以养其廉信。

"池水廉有要有害,必为疑人,令往来行夜者射之,谋其疏者。墙外水中为竹箭[1],箭尺广二步,剪于下水五寸,杂长短,前外廉三行,外外乡,内亦内乡。三十步一弩庐,庐广十尺,袤丈二尺。

[1] 旧作"箭",今改,下同。

"队有急,极发其近者往佐,其次袭其处。

"守节出入,使主节必疏书,署其情,令若其事,而须其还报以剑验之。节出,使所出门者,辄言节出时掺者名[1]。

[1] 言操节人即出,门者当记其名。

"百步一队。阁通守舍,相错穿室。治复道,为筑墉,墉善其上。

"先行德计谋合,乃入葆。葆入守,无行城,无离舍。诸守者,审知卑城浅池,而错守焉。晨暮卒歌以为度,用人少易守。

"取疏[1],令民家有三年畜蔬食,以备湛旱岁[2]不为。常令边县豫种畜芫、芸、乌喙、袾叶,外宅沟井可實塞[3],不可置此其中[4]。安则示以危,危示以安。

[1] 此正字,下作"蔬",俗。
[2] 言湛溺大水与旱。
[3] 實,同"填"。
[4] 言此数物有毒,可置外宅,不可置中。

"寇至,诸门户令皆凿而类窍之,各为二类,一凿而属绳,绳长四尺,大如指。寇至,先杀牛、羊、鸡、狗、乌、雁[1],收其皮革、筋、角、脂、䕡[2]、羽,矞皆剥之。吏樿桐㕛[3],为

327

铁鏂,厚简为衡枉。事急,卒不可远,令掘外宅林。谋多少,若治城□为击,三隅之。重五斤已上诸林木,渥水中,无过一莈[4]。塗茅屋若积薪者,厚五寸已上。吏各举其步界中财物可以左守备者上。

[1]《说文》云:"雁,鹅也。"此与鸿雁异。《吕氏春秋》云:"庄子舍故人之家,故人令竖子为杀雁飧之。"亦见《庄子》。《新序·刺奢》云:"邹穆公有令,食凫雁必以秕,无得以粟。"皆即鹅也。今江东人呼鹅犹曰雁鹅。

[2]旧"收"作"牧","皮"作"支",俱以意改。"葪"即《考工记》刲字,本塯字之讹也。

[3]未详。

[4]《说文》云:"橃,海中大船。(臣铉等曰:今俗别作筏。)"案:唐《隆阐禅师碑》又作"栰",此作"莈",皆"橃"假音字。

"有谖人,有利人,有恶人,有善人,有长人;有谋士,有勇士,有巧士,有使士;有内人者,外人者;有善人者,有善门人者。守必察其所以然者,应名乃内之。民相恶,若议吏,吏所解,皆礼书藏之,以须告之至以参验之。睆者小五尺,不可卒者,为署吏,令给事官府若舍。蔺石、厉矢,诸材[1]器用,皆谨部,各有积分数。为解车以枱,城矣以轺车[2],轮轱[3]广十尺,辕长丈,为三辐,广六尺,为板箱长与辕等,四高尺,善盖上治,令可载矢。"

[1]旧作"林",以意改。

[2]《汉书注》服虔云:"轺音瑶,立乘小车也。"

[3]此"毂"字异文无疑。《广雅》云:"轱,车也。"曹宪音枯,又音姑。

　　子墨子曰："凡不守者有五：城大人少，一不守也[1]；城小人众，二不守也；人众食寡，三不守也；市去城远，四不守也；畜积在外，富人在虚，五不守也。率万家而城方三里[2]。"

　　[1] 旧作"者"，以意改。
　　[2] 言大率万家而城方三里，则可守。

佚　文

乐者,圣王之所非也,而儒者为之,过也[1]。

[1] 见《荀子》,当是《非乐篇》文。

孔子[1]见景公。曰:"先生素不见晏子乎?"对曰:"晏子
事三君而得顺焉,是有三心,所以不见也。"公告晏子,晏子
曰:"三君皆欲其国安,是以婴得顺也。闻君子独立不惭于
影,今孔子伐树削迹,不自以为辱,身穷陈、蔡,不自以为约。
始吾望儒贵之,今则疑之。"景公祭路寝,闻哭声,问梁邱据。
对曰:"鲁孔子之徒也。其母死,服丧三年,哭泣甚哀。"公
曰:"岂不可哉?"晏子曰:"古者圣人非不能也,而不为者,知
其无补于死者,而深害生事故也[2]。"

[1] "子"字皆鲋所更,《墨》本用孔子讳。
[2] 见《孔丛·诘墨篇》,疑《非儒上第三十八篇》文。

堂高三尺[1],土阶三等,茅茨不翦,采椽不刮;食土簋,
啜土刑,粝粱之食,藜藿之羹;夏日葛衣,冬日鹿裘;其送死,
桐棺三寸,举音不尽其哀[2]。

[1]《索隐》云:"自此已下,韩子之文,故称曰也。"

[2] 见《史记·太史公自序》，又见《文选注》、《后汉书注》，文皆微异，今《韩非子》虽有之，然疑《节用中、下篇》文。

年逾十五，则聪明思虑无不徇通矣[1]。

[1] 见裴骃《史记集解》，《索隐》"十五"作"五十"，"无不"作"不"，云"作十五非是"。

禽滑釐问于墨子曰："锦绣絺纻，将安用之？"墨子曰："恶！是非吾用务也。古有无文者得之矣，夏禹是也。卑小宫室，损薄饮食，土阶三等，衣裳细布。当此之时，黻无所用，而务在于完坚。殷之盘庚，大其先王之室而改迁于殷，茅茨不翦，采椽不斵，以变天下之视。当此之时，文采之帛将安所施？夫品庶非有心也，以人主为心。苟上不为，下恶用之？二王者，以化身先于天下，故化隆于其时，成名于今世也。且夫锦绣絺纻，乱君之所造也。其本皆兴于齐景公喜奢而忘俭，幸有晏子以俭镌之，然犹几不能胜。夫奢安可穷哉！纣为鹿台糟邱、酒池肉林，宫墙文画，雕琢刻镂，锦绣被堂，金玉珍玮，妇女优倡，钟鼓管弦，流漫不禁，而天下愈竭，故卒身死国亡，为天下戮。非惟锦绣絺纻之用邪？今当凶年，有欲予子随侯之珠者，不得卖也，珍宝而以为饰；又欲予子一钟粟者。得珠者不得粟，得粟者不得珠，子将何择？"禽滑釐曰："吾取粟耳，可以救穷。"墨子曰："诚然，则恶在事夫奢也。长无用、好末淫，非圣人之所急也。故食必常饱，然后求美；衣必常暖，然后求丽；居必常安，然后求乐。为可长,行可久,先质而后文,此圣人之务。"禽滑釐曰:"善[1]。"

[1] 见《说苑》,疑《节用中、下篇》文。

吾见《百国春秋》史[1]。

[1] 见隋李德林《重答魏收书》。

禽子问:"天与地孰仁?"墨子曰:"翟以地为仁。太山之上则封禅焉。培塿之侧[1]则生松柏,下生黍苗莞蒲,水生鼋鼍龟鱼,民衣焉,食焉,死焉,地终不责德焉。故翟以地为仁[2]。"

[1]《太平御览》作"沉"。

[2] 见《艺文类聚》,又见《北堂书钞》、《太平御览》、吴淑《事类赋》,文微异。

申徒狄曰:"周之灵珪,出于土石;楚之明月,出于蚌蜃[1]。"

[1] 见《艺文类聚》。

画衣冠,异章服,而民不犯[1]。

[1] 见《文选注》。

墨子献书惠王，王受而读之，曰："良书也[1]。"

[1] 见《文选注》。

时不可及，日不可留[1]。

[1] 见《文选注》。

《备冲篇》[1]

[1] 见《诗正义》。

备冲法，绞善麻长八丈，内有大树则系之，用斧长六尺，令有力者斩之[1]。

[1] 见《太平御览》。疑《备冲篇》文。

申徒狄谓周公曰："贱人何可薄也！周之灵珪，出于土石；随之明月，出于蚌蜃；少豪大豪，出于污泽；天下诸侯皆以为宝。狄今请退也[1]。"

[1] 见《太平御览》。又一引云："周公见申徒狄，曰：'贱人强气则罚至。'申徒狄曰：'周之灵珪，出于土石；楚之明月，出于蚌蜃；五象出于汉泽。和氏之璧、夜光之珠、三棘六异，此诸侯之良宝也。'"疑今《耕柱篇》脱文。

桀女乐三万人，晨噪闻于衢。服文绣衣裳[1]。

[1] 见《太平御览》。

秦穆王遗戎王以女乐二八，戎王沈于女乐，不顾国亡，政国之祸[1]。

[1] 见《太平御览》。

良剑期乎利，不期乎莫邪[1]。

[1] 见《太平御览》。

禹造粉[1]。

[1] 见《太平御览》。

子禽问曰："多言有益乎？"墨子曰："虾蟆蛙蝇日夜而鸣，舌干擗，然而不听[1]。今鹤鸡时夜而鸣，天下振动。多言何益？唯其言之时也[2]。"

[1] 一引作"口干而人不听之"。
[2] 见《太平御览》。

昔夏之衰也，有推侈、大戏；殷之衰也，有费仲、恶来，足走千里,手制兕虎[1]。

[1] 见《太平御览》。

神机阴开,刳劂无迹,人巧之妙也;而治世不以为民业。又工人下漆而上丹则可,下丹而上漆则不可,万事由此也。又神明钩绳者,乃巧之具也,而非所以为巧。又神明之事,不可以智巧为也,不可以功力致也。天地所包,阴阳所呕,雨露所濡,以生万殊。翡翠瑇瑁碧玉珠,文采明朗,泽若濡,摩而不玩,久而不渝,奚仲不能放,鲁般弗能造,此之大巧。又夫至巧不用剑。又大匠大不斫。又夫物有以自然,而后人事有治也。故大匠不能斫金,巧冶不能铄木,金之势不可斫,而木之性不可铄也。埏埴以为器,刳木而为舟,烁铁而为刃,铸金而为钟,因其可也[1]。

[1] 见《太平御览》,而文不似《墨子》,或恐误引他书。

右二十一条,今本所脱,由沉采摭书传,附十五卷末。其《意林》所称,已见《篇目考》中,不更入也。

第十六卷

原　目

墨　子

案旧本皆无目,《隋书·经籍志》云:"《墨子》十五卷,目一卷。"马总《意林》云:"《墨子》十六卷。"则是古本有目也。考《汉书·艺文志》云"《墨子》七十一篇",高诱注《吕氏春秋》云七十二篇,疑当时亦以目为一篇耳。《藏》本云阙者八篇而有其目,《节用下》、《节葬上、中》、《明鬼上、中》、《非乐中、下》、《非儒上》是也。当是宋本如此。而《馆阁书目》云"自《亲士》至《杂守》为六十一篇,亡九篇",恐是八讹为九。又七十一篇亡其九,当存六十二,而云六十一,亦二之讹也。其十篇者,《藏》本并无目,亦当是宋时亡之。然则宋时所存实止五十三篇耳。然《诗正义》引《备冲篇》,则尚存其目,而不知列在第几。《太平御览》引有备冲法,正在此篇,则宋初尚多存与? 南宋人所见十三篇一本,乐台曾注之,即自《亲士》至《上同》是。而潜溪《诸子辩》云:"上卷七篇,号曰经;下卷六篇,号曰论。共十三篇。"又有可疑。夫《墨子》自有《经上、下》、《经说上、下》,在十三篇之后。此所谓经,乃《亲士》、《修身》、《所染》、《法仪》、《七患》、《辞过》、《三辩》七篇,与下《尚贤》、《尚同》各三篇文例不异,似无经论之别,未知此说何据? 以意求之,或以《经上、下》、《经说上、下》及《亲士》、《修身》六篇为经。其说或近,以无子墨子云云故也。然古人亦未言之。至乐台所注,见郑樵《通志·艺文略》,而焦竑《国史经籍考》亦载之,似至明尚存,卒亦不传,何也? 若钱曾云藏会稽钮氏世学楼本,共十五卷七十一篇,内亡《节用》等九篇者,实即今五十三篇之本,内著阙字者八篇,钱不深核耳。

附录

篇目考

《汉书·艺文志》：

　　《墨子》七十一篇[1]。

　　[1] 名翟，为宋大夫，在孔子后。

《隋书·经籍志》：

　　《墨子》十五卷，目一卷[1]。

　　[1] 宋大夫墨翟撰。

马总《意林》：

　　《墨子》十六卷[1]。

　　[1] 案：墨子名翟，高诱曰鲁人，一曰宋人，为宋大夫。善守御，
务俭啬。所著书，《汉志》七十一篇，《隋》、《唐志》十五卷、目一卷，
《宋志》十五卷，杨倞《荀子注》云三十五篇，宋潜溪曰二卷，《亲士》至
《经说》十三篇。明堂策槛刊本十五卷、七十一篇，与旧志合，阙《节用
下》、《节葬上、中》、《明鬼上、中》、《非乐中、下》、《非儒上》共八篇。
盖杨据篇名总计之，宋则未见全书也。明刻文多重复，似亦非古本，

但次第正与此同。

君子自难而易彼[1]，众人自易而难彼[2]。

　　[1]"彼"字补，同下。
　　[2]《亲士篇》。

灵龟先灼，神蛇先暴[1]。

　　[1]"先"原作"近"。

君子虽有学，行为本焉。战虽有陈，勇为本焉。丧虽有礼，哀为本焉[1]。

　　[1]《修身篇》。

墨子见染丝而叹曰：染于苍则苍，染于黄则黄。非独染丝然也，国亦有染。舜染许由，桀染干辛[1]，纣染崇侯也[2]。

　　[1]"干"旧作"予"，《说苑》作"干莘"，原有"推哆"，《韩非子》曰："桀有侯哆。"
　　[2]《所染篇》。

圣人为舟车，完固轻利，可以任重致远[1]。

[1]《辞过篇》。

子自爱,不爱父,欲亏父而自利;弟自爱,不爱兄,欲亏兄而自利;非兼爱也[1]。盗爱其室,不爱异室,故窃异室以利其室,亦非[2]兼爱[3]。

[1]句非原文。

[2]旧讹"能"。

[3]《兼爱上篇》。

节葬之法:三领之衣[1]足以朽肉[2],三寸之棺[3]足以朽骸,深则通于泉[4]。

[1]原作"衣三领"。

[2]《节葬篇》作"蔽形"。

[3]原作"棺三寸"。

[4]原作"掘穴深不通于泉,流不发泄则止"。《节葬篇》亦云"下无及泉,上无通臭"。《节用中篇》。

诸侯不得恣己为政,有三公政之[1];三公不得恣己为政,有天子政之;天子不得恣己为政,有天[2]政之[3]。

[1]"政之"之"政"原作"正",下同。

[2]旧有"下"字。

[3]《天志下篇》。案:此文两见,皆作"有天政之"。

断指以存胫[1]，以免于身者，利[2]。

[1] 原作"股"。下云"利之中取大，害之中取小也。害之中取小，非取害也，取利也"。

[2] 原作"遇盗人，而断指以免身，利也"。言虽受伤而身得免，即谓之利。《大取篇》。

君子如钟，扣则鸣，不扣则不鸣。美[1]女处不出，则争求之；行而自衒，人莫之娶[2]。

[1] 原作"义"。

[2]《公孟篇》。

墨子劝弟子学，曰："汝速学，君[1]当仕汝。"弟子学期年，就墨子责仕[2]。墨子曰："汝闻鲁人[3]乎？有昆弟五人，父死，其长子嗜酒，不肯预葬，其四弟曰：'兄若送葬，我当为兄沽酒[4]。'葬讫，就四弟求酒。四弟曰：'子葬父，岂独吾父也？吾恐人笑，欺以酒耳！'今不学，人自笑子，故劝子也。"遂不复求仕。墨子谓门人曰："汝何不学？"对曰："吾族无学者。"墨子曰："不然。岂谓欲好美，而曰吾族无此，辞不欲耶？欲富贵，而曰吾族无此，辞不用耶？强自力矣！"

[1] 原作"吾"。

[2] 二字补。责，求也。

[3] 原作"语"。

[4] 此下与原文小异。

甘瓜苦蒂,天下物无全美[1]。

[1]二句原书阙,见《埤雅》引。下二条亦原书所无。

古之学者得一善言,附于其身;今之学者得一善言,务以说人,言过而行不及[1]。

[1]《书钞》引《新序》"齐王问墨子曰:'古之学者为己,今之学者为人,何如?'对曰'古之学者'"云云说人,则为墨子之言甚明。

君子服美则益敬,小人服美则益骄[1]。

[1]案:《史记》墨翟"或曰并孔子时,或曰在其后"。张衡谓当子思时,出仲尼后也。《抱朴子》、小司马皆言在七十子后。《史》邹阳书曰"宋信子之计囚墨翟",《汉书》"子罕"作"子冉"。意其生稍后孔子,而先于孟子者欤?窃谓儒与杨、墨犹阴与阳,而墨较近理,故与杨同一塞路,同经孟子辞辟,而墨氏之书至今犹有传者。其至尸佼谓孔子贵公,墨子贵兼,其实则一;《韩非子·显学篇》孔、墨并尊,《史·传》以墨附孟,范书言墨、孟之徒;韩昌黎谓孔子必用墨子,墨子必用孔子。是岂特秦越同舟已哉!荀卿书虽不醇,其《礼论篇》讥墨子薄葬,反覆数百言,大旨谓以倍叛之心事亲,棺椁三寸、衣衾三领,为刑余罪人之丧,又谓刻死而附生,所见实出孔鲋诘墨之上,唐开元从祀孔庭,其以此欤?

《唐书·经籍志》:

《墨子》十五卷[1]。

［1］墨翟撰。

《新唐书·艺文志》：

《墨子》十五卷[1]。

［1］墨翟。

《宋史·艺文志》：

《墨子》十五卷[1]。

［1］宋墨翟撰。

郑樵《通志·艺文略》：

《墨子》十五卷[1]。又三卷[2]。

［1］宋大夫墨翟撰。墨翟与孔子同时。《汉志注》"在孔子后"。

［2］乐台注"《唐志》不载，当考"。

马端临《文献通考·经籍考》：

《墨子》十五卷。

王应麟《玉海》：

《书目》云："《墨子》十五卷，自《亲士》至《杂守》为六十一篇[1]。一本自《亲士》至《上同》凡十三篇。"

［1］亡九篇。

晁公武《郡斋读书志》：

　　《墨子》十五卷，宋墨翟撰，战国时为宋大夫，著书七十一篇，以贵俭、兼爱、尊贤、右鬼、非命、尚[1]同为说云。荀、孟皆非之，而韩愈独谓辨生于末学，非二师之道本然也。

　　[1] 衢本作"上"。

陈振孙《直斋书录解题》：

　　《墨子》三卷，宋大夫墨翟撰，孟子所谓邪说诐行，与杨朱同科者也。韩吏部推尊孟氏，而《读墨》一章，乃谓孔、墨相为用，何哉？《汉志》七十一篇，《馆阁书目》有十五卷六十一篇者，多讹脱不相联属。又二本止存十三篇者，当是此本也。方杨、墨之盛，独一孟子讼言非之，谆谆焉惟恐不胜。今杨朱书不传，《列子》仅存其余；墨氏书传于世者亦止于此。《孟子》越百世益光明，遂能上配孔氏，与《论语》并行。异端之学，安能抗吾道哉！

钱曾《读书敏求记》：

　　《墨子》十五卷。潜溪《诸子辨》云："《墨子》三卷，战国时宋大夫墨翟撰。上卷七篇号曰经，中卷、下卷六篇号曰论，共十三篇。考之《汉志》七十一篇，《馆阁书目》则六十一篇，已亡《节用》、《节葬》、《明鬼》、《非乐》、《非儒》等九篇，今书则又亡多矣。"潜溪之言如此。予藏弘治己未旧抄本，卷篇之数恰与其言合；又藏会稽钮氏世学楼本，共十五卷七十一篇，内亡《节用》等九篇，盖所谓《馆阁书目》本或即此欤？潜溪博览典籍，其辨订不肯聊且命笔，而止题为三卷，岂犹未见完本欤？抑此书两行于世而未及是正欤？姑识此，以询藏书家。

焦竑《国史经籍考》：

《墨子》十五卷，又三卷^[1]。

[1] 乐台注。

后 叙

孙星衍

乾隆四十八年癸卯十二月，弇山先生既刊所注《墨子》成，以星衍涉于诸子之学，命作后叙。星衍以固陋辞，不获命，叙曰：

墨子与孔异者，其学出于夏礼。司马迁称其善守御，为节用。班固称其贵俭、兼爱、上贤、明鬼、非命、上同。此其所长，而皆不知墨学之所出。淮南王知之，其作《要略训》云："墨子学儒者之业，受孔子之术，以为其礼烦扰而不说，厚葬靡财而贫民，服伤生而害事，故背周道而用夏政。"其识过于迁、固。古人不虚作，诸子之教或本夏，或本殷，故韩非著书亦载弃灰之法。《墨子》有《节用》，节用，禹之教也。孔子曰："禹菲饮食，恶衣服，卑宫室，吾无间然。"又曰："礼与其奢宁俭。"又曰："道千乘之国，节用。"是孔子未尝非之。又有《明鬼》，是致孝鬼神之义；《兼爱》，是尽力沟洫之义。孟子称墨子摩顶放踵，利天下为之。而庄子称禹亲自操橐耜而杂天下之川，腓无胈，胫无毛，沐甚风，栉甚雨。列子称禹身体偏枯，手足胼胝。吕不韦称禹忧其黔首，颜色黎墨，窍藏不通，步不相过。皆与《书传》所云"予弗子，惟荒度土功"，"三过其门而不入，思天下有溺者犹己溺之"同。其节葬，亦禹法也。尸子称禹之丧法"死于陵者葬于陵，死于泽者葬于泽，桐棺三寸，制丧三日"当为"月"，见《后汉书注》。《淮南子·要略》称禹之时，天下大水，死陵者葬陵，死泽者葬泽，故节财、薄葬、闲服生焉。又《齐俗》称三月之服，是绝哀而迫切之性也。高诱注云："三月之服，是夏后氏之礼。"《韩非子·显学》称墨者之葬也，冬日冬服，夏日夏服，桐棺三寸，服丧三月。而此书《公孟篇》墨子谓公孟曰："子法周而未法夏也，子之古非古也。"又公孟谓子墨子曰"子以三年之丧为非，子之三日当为"月"之丧亦非也"云云，然则三月之丧，夏有是制，墨始法之矣。孔子则曰："吾说夏礼，杞不足征；吾学周礼，今用之，吾从周。"又曰："周监于二代，郁郁乎文哉，吾从周。"周之礼尚文，又贵贱有法，其事具《周官》、《仪礼》、《春秋传》，则与墨书节用、兼爱、节葬之旨甚异。孔子生于周，故尊周礼而不用夏制，孟子亦周人而宗孔，故于墨非之，势则然焉。

若览其文，亦辩士也。《亲士》、《修身》、《经上》、《经下》及《说》，凡六篇，皆翟自著。《经上、下》略似《尔雅·释诂》文，而不解其意指。又怪汉、唐以来，通人硕儒，博贯诸子，独此数篇莫能引其字句，以至于今，传写讹错，更难钩乙。《晋书·鲁胜传》云："胜注《墨辩》，存其《叙》，曰：'墨子著书，作《辩经》以立名本。惠施、公孙龙祖其学，以正刑名显于世。孟子非墨子，其辩言正词则与墨同。荀卿、庄周等皆非毁名家，而不能易其论也。'又曰：'《墨辩》有上下《经》，

《经》各有《说》，凡四篇，与其书众篇连第，故独存。今引《说》就《经》，各附其章，疑者阙之。又采诸众杂集为《刑》、《名》二篇，略解指归，以俟君子。'"如所云，则胜曾引《说》就《经》，各附其篇，恨其注不传，无可征也。

《备城门》诸篇具古兵家言，惜其脱误难读。而弇山先生于此书，悉能引据传注类书，匡正其失。又其古字古言，通以声音训故之原，豁然解释。是当与高诱注《吕氏春秋》、司马彪注《庄子》、许君注《淮南子》、张湛注《列子》，并传于世。其视杨倞、卢辩空疏浅略，则倜然过之。

时则有仁和卢学士抱经、大兴翁洗马覃溪，及星衍三人者，不谋同时共为其学，皆折衷于先生，或此书当显，幸其成帙，以惠来学，不觉僭而识其末也。

阳湖孙星衍撰。

《国学典藏》丛书已出书目

杜甫诗集 [唐] 杜甫 著　　　　　　花间集 [后蜀] 赵崇祚 集

　　　　[清] 钱谦益 笺注　　　　　　　　　[明] 汤显祖 评

李贺诗集 [唐] 李贺 著 [清] 王琦等 评注　绝妙好词 [宋] 周密 选辑；

李商隐诗集 [唐] 李商隐 著　　　　　　　[清] 项絪 笺；[清] 查为仁 厉鹗 笺

　　　　[清] 朱鹤龄 笺注　　　　　词综 [清] 朱彝尊 汪森 编

杜牧诗集 [唐] 杜牧 著 [清] 冯集梧 注　花庵词选 [宋] 黄昇 选编

李煜词集（附李璟词集、冯延巳词集）　阳春白雪 [元] 杨朝英 选编

　　　　[南唐] 李煜 著　　　　　唐宋八大家文钞 [清] 张伯行 选编

柳永词集 [宋] 柳永 著　　　　　　宋诗精华录 [清] 陈衍 评选

晏殊词集·晏幾道词集　　　　　　　古文观止 [清] 吴楚材 吴调侯 选注

　　　　[宋] 晏殊 晏幾道 著　　唐诗三百首 [清] 蘅塘退士 编选

苏轼词集 [宋] 苏轼 著 [宋] 傅幹 注　　　　　[清] 陈婉俊 补注

黄庭坚词集·秦观词集　　　　　　　宋词三百首 [清] 朱祖谋 编选

　　　　[宋] 黄庭坚 著 [宋] 秦观 著　文心雕龙 [南朝梁] 刘勰 著

李清照诗词集 [宋] 李清照 著　　　　　　[清] 黄叔琳 注 纪昀 评

辛弃疾词集 [宋] 辛弃疾 著　　　　　李详 补注 刘咸炘 阐说

纳兰性德词集 [清] 纳兰性德 著　　诗品 [南朝梁] 钟嵘 著

六朝文絜 [清] 许梿 评选　　　　　　　古直 笺 许文雨 讲疏

　　　　[清] 黎经诰 笺注　　人间词话·王国维词集 王国维 著

古文辞类纂 [清] 姚鼐 纂集　　　　西厢记 [元] 王实甫 著

玉台新咏 [南朝陈] 徐陵 编　　　　　　[清] 金圣叹 评点

　　[清] 吴兆宜 注 [清] 程琰 删补　牡丹亭 [明] 汤显祖 著

古诗源 [清] 沈德潜 选评　　　　　　　[清] 陈同 谈则 钱宜 合评

乐府诗集 [宋] 郭茂倩 编撰　　　　长生殿 [清] 洪昇 著 [清] 吴人 评点

千家诗 [宋] 谢枋得 编　　　　　　桃花扇 [清] 孔尚任 著

　　　　[清] 王相 注 [清] 黎恂 注　　　　　[清] 云亭山人 评点

部分将出书目
（敬请关注）